Continuously Reinforced Concrete Pavements

连续配筋混凝土路面

张洪亮　左志武　编著

王秉纲　主审

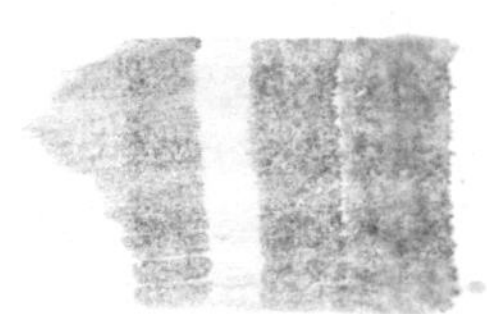

人民交通出版社

内 容 提 要

本书基于已建成的连续配筋混凝土路面调查，确定了连续配筋混凝土路面设计指标；在考虑多个设计参数变异性的基础上，通过增量分析和蒙特卡罗方法，研究横向裂缝的出现过程，获得了横向裂缝间距和宽度的分布；研究了温度梯度、湿度梯度和车辆荷载综合作用下，连续配筋混凝土路面应力分析模型；建立了基于横向裂缝沿公路纵向不均匀分布的冲断预估方法和连续配筋混凝土配合比设计方法；对于连续配筋混凝土路面端部锚固结构进行了分析和设计；通过修筑试验路，研究了连续配筋混凝土路面的施工技术。最后，介绍了《公路水泥混凝土路面设计规范》(修订稿)中连续配筋混凝土路面配筋设计相关内容。

本书可供从事道路工程科研、教学和设计的专业人员参考使用，也可作为道路工程专业研究生教材或学习参考书。

图书在版编目(CIP)数据

连续配筋混凝土路面/张洪亮，左志武编著. —北京：人民交通出版社，2011.2

ISBN 978-7-114-08679-3

Ⅰ.连… Ⅱ.①张… ②左… Ⅲ.①连续配筋混凝土路面—研究 Ⅳ.①U416.216

中国版本图书馆 CIP 数据核字(2010)第 178107 号

书　　名：**连续配筋混凝土路面**
著 作 者：张洪亮　左志武
责任编辑：丁润铎
出版发行：人民交通出版社
地　　址：(100011)北京市朝阳区安定门外外馆斜街 3 号
网　　址：http://www.ccpress.com.cn
销售电话：(010)59757969，59757973
总 经 销：人民交通出版社发行部
经　　销：各地新华书店
印　　刷：北京鑫正大印刷有限公司
开　　本：787×960　1/16
印　　张：13
字　　数：224 千
版　　次：2011 年 2 月　第 1 版
印　　次：2011 年 2 月　第 1 次印刷
书　　号：ISBN 978-7-114-08679-3
印　　数：0001－2000 册
定　　价：35.00 元

前　言

水泥混凝土路面作为一种高级路面结构形式，由于具有使用寿命长、养护工作量小、能源消耗少、施工简便、对交通等级和环境适应性强等优点，在国外得到广泛应用。我国优质的沥青资源比较匮乏，尤其近年来随着石油价格的上涨，沥青价格大幅度升高，发展沥青路面受到沥青材料和优质石料资源的严重制约，建设和养护成本大幅度增加。我国是水泥生产大国，水泥价格一直稳定在较低的水平，这种形势为我国发展水泥混凝土路面提供了有利条件和竞争优势。我国水泥混凝土路面总里程约占高级和次高级路面总里程的一半，但在高等级公路(尤其是高速公路)路面中所占比例较小，并且仍在下滑。究其原因，主要是普通水泥混凝土路面由于接缝的存在，易产生渗水、唧泥、错台、脱空等病害，严重影响水泥混凝土路面的行车舒适性和使用寿命，而且一旦损坏，修复比较困难。连续配筋混凝土路面(简称CRCP)指面层内配置纵向连续钢筋和横向钢筋，横向不设缩缝的水泥混凝土路面。CRCP行车平顺舒适，耐久性好，使用寿命长，对养护要求很低，是符合公路交通发展趋势的高性能路面结构形式之一，在国外已大量应用于干线公路和机场道路。随着汽车运输向大流量、大型化方向发展，可以预见CRCP将在我国高等级公路获得广泛的应用。

近几年，CRCP技术获得了长足的发展。在设计指标方面，在1993版的美国各州公路工作者协会(AASHTO)设计指南中采用了裂缝间距、裂缝宽度和裂缝处钢筋的应力，而现行的美国《力学-经验法公路设计指南》中采用了冲断和平整度。此外，国内外还针对CRCP的性能影响因素、环境荷载和汽车荷载作用下的力学响应、施工技术以及裂缝间距、裂缝宽度、冲断预估、端部锚固等进行了大量研究。但是，目前国外的CRCP研究也存在一些不足，如冲断基本发生在宽裂缝或密集裂缝处，与平均裂缝间距和平均裂缝宽度没有相关性，但美国《力学-经验法公路设计指南》仍根据平均裂缝间距和平均裂缝宽度来预估冲断；没有为连续配筋混凝土建立专门的配合比组成设计方法；对于CRCP设计参数的变异性研究得很少等。而国内的CRCP研究除存在以上不足外，相对于国外先进水平还存在较大差距，如对冲断的研究很少，目前的《公路水泥混凝土路面设计规范》(JTG D40—2002)没有采用冲断作为设计指标，没有对CRCP集料选择、裂缝主动控制等施工技术进行系统研究等。

依托国家自然科学基金项目《连续配筋混凝土路面设计理论与方法研究》、交通运输部《公路水泥混凝土路面设计规范》(修订稿)(其中的连续配筋混凝土路面设计方法)修订项目、山东省交通科技项目《水泥混凝土路面耐久性结构关键技术研究》以及河南、陕西等省的交通科技项目，作者从1998年至今针对CRCP进行了长达12年的研究，在山东、河南和陕西等省修建了多条CRCP试验路。本书是作者12年来CRCP研究工作的总结。全书系统介绍了CRCP设计理论、设计方法与施工技术。第2章对CRCP进行病害调查，根据调查结果选择CRCP设计指标；第3章进行温降和干缩作用下CRCP力学分析；第4章考虑设计参数的变异性进行横向裂缝间距和宽度沿公路纵向分布预估；第5章进行车辆荷载、温度梯度和湿度梯度综合作用下CRCP应力分析；第6章基于横向裂缝纵向不均匀分布预估CRCP冲断；第7章建立连续配筋混凝土配合比设计方法；第8章进行CRCP端部锚固结构分析与设计；第9章介绍CRCP施工技术；第10章介绍CRCP试验路。在王秉纲教授的指导下，作者参加起草了《公路水泥混凝土路面设计规范》(修订稿)中CRCP配筋设计的内容，将这部分内容作为附录列在本书中。

张洪亮撰写了第3、4章、第6～9章、附录A以及第1、5章的部分内容，并负责书稿的修改和定稿；左志武撰写了第2章、第10章以及第1章和第5章的部分内容；张永平撰写了第5章部分内容。研究生王衍辉参加了第3、4、6、10章的研究；研究生宋柳参加了第5、6、10章的研究，研究生陈江参加了第7、9、10章的研究，研究生贾建峰参加了第10章的研究。

在CRCP研究过程中先后得到了我国著名公路专家胡长顺教授和王秉纲教授的指导；在起草《公路水泥混凝土路面设计规范》(修订稿)中CRCP配筋设计时得到了规范编写组各位专家的帮助和指正，在此深表感谢。另外，感谢国家自然科学基金委、山东省交通厅公路管理局、陕西省铜川市公路管理局、河南省许昌市公路管理局等单位对于研究工作的资助和支持。

因时间紧张，加之作者水平有限，书中的疏漏和不当之处在所难免，恳请各位专家、学者和读者不吝指正。

张洪亮
2010年7月
于长安大学

目　　录

1 绪 论

普通水泥混凝土路面是高等级公路路面的主要形式之一，但由于存在接缝，易产生渗水、唧泥、错台、脱空等病害，成为混凝土路面断裂、破碎等严重病害的隐患。近年来，随着我国经济的迅猛发展，公路运输日益呈现车辆大型化、重型化及交通流量大的特点，从而对路面的承载能力提出了更高的要求，因此，尽快提出适应交通运输发展趋势的更高品质的路面，已成为公路科研工作者面临的重要问题。

连续配筋混凝土路面（Continuously Reinforced Concrete Pavement，CRCP）指面层内配置纵向连续钢筋和横向钢筋，横向不设缩缝的水泥混凝土路面，是符合公路交通发展趋势的高性能路面结构形式之一。CRCP 具有以下优点：

（1）消除了横向接缝，整体性和平整度好，行车平顺舒适。

（2）耐久性好，使用寿命长。如果设计、施工得当，养护费用很少，虽然初期投资较高，但全寿命效益是经济合理的。

（3）在路面内增设了纵向和横向钢筋，控制了裂缝宽度，使得裂缝紧密闭合，减少了裂缝处剥落，提高了裂缝处的传荷能力。

最早的 CRCP 于 1921 年出现在美国，当时美国公路局在华盛顿区修建了长 60m 的试验路，其中含有不同数量的纵向钢筋。随后在得克萨斯州、弗吉尼亚州、宾夕法尼亚州、马里兰州等开展了大规模的工程试验，得到了比较满意的结果。此外，CRCP 在加拿大、澳大利亚、日本、法国、比利时、荷兰、英国等国家也获得了广泛的使用。

我国 CRCP 研究及应用起步较晚。1989 年东南大学在江苏省盐城一级公路上修筑了第一条 CRCP 试验路段。1996 年，西安公路交通大学（后合并为长安大学）与铜川公路管理局在 210 国道上修建了一段长 335m 的 CRCP 试验工程。1997 年西安公路交通大学与河南许昌公路局在 107 国道上修筑了单幅总长 10km 的 CRCP。2001 年长沙交通学院与湖南省高速公路公司在京珠高速公路耒宜段修建了长 40.1km 的 CRCP。2001 年，长安大学与山东省公路局在山东济枣西线水泥混凝土路面改造中，铺筑了连续配筋混凝土加铺层。2003 年，长安大学与山东省公路局在济聊高速公路上修筑了连续配筋混凝土（CRC）基层沥青路面试验段。2005年，交通部公路科研院在粤赣高速修建了长1.574km的CPCR试验段。2007年，原交通部公路科研院在山西省道孙吴公路修建了长900m的CRCP试验段。2008年，张石高速公路石家庄段建成了长41.961km的连续配筋混凝土(CRC)基层沥青路面。

尽管国外对于CRCP已经进行了大量的研究，但在横向裂缝的纵向分布以及基于该分布的冲断预估方面，尚存在一定缺陷，而我国的CRCP修筑水平与国际水平仍有很大差距。为了适应我国高等级公路和重交通道路发展的需要，使汽车运输向大吨位、大流量、大型化方向发展，对CRCP的横向裂缝分布和冲断预估进行研究，具有重大的工程意义和广阔的应用前景。

1.1 连续配筋混凝土路面国外研究现状

1.1.1 CRCP病害调查和影响因素分析

美国联邦公路局和得克萨斯州运输部门等对路面长期使用性能LTPP GPS-5 CRCP试验路进行了广泛的调查，包括裂缝调查(间距、宽度、形状等)、板边及裂缝处的弯沉调查、行驶质量调查等。Hawks等学者从调查中发现冲断、横向裂缝、纵向裂缝、疲劳裂缝、剥落、唧泥等病害，给出了调查和评价的方法，具体成果如下。

(1)边缘冲断

La Coureiere等学者提出CRCP的主要病害是边缘冲断，因此美国《力学-经验法公路设计指南》将冲断作为设计指标。冲断产生的机理如下：对新建的路面，由于加筋的作用，裂缝窄，传荷能力强。随后，由于重车的反复作用及温度和湿度波动导致裂缝宽度变化及局部边缘支撑丧失，部分横向裂缝出现剥落现象。裂缝变宽或者剥落以后，盐和水会进入板底。板底的水加剧基层侵蚀、钢筋腐蚀、唧泥，最终板底失去支撑。由于裂缝处剥落及板底的不均匀支撑，在重车作用下板顶产生较大的横向拉应力。Selezneva等学者指出当车辆荷载反复作用时，便累积疲劳，产生纵向裂缝，进而出现冲断。

(2)横向裂缝

尽管裂缝宽度是预估冲断的一个重要因素，但对其研究较少。部分学者(Burke和Dhamrait，Mc Cullough和Cawley)利用显微镜测试路表下一定深度处的裂缝宽度，部分学者(Kohler等)采用传感器等测试路表的裂缝宽度，或者在裂缝处钻取芯样测试裂缝宽度。Mc Cullough等学者发现早期产生的裂缝比后期产生的裂缝要宽,增加了裂缝的变异性。Kohler 调查发现裂缝宽度服从 Weibull 分布,Zollinger 认为初始的横向裂缝由环境因素产生。Zollinger 还调查了 6 个州的 23 条 CRCP,并利用了 LTPP 中 83 条 CRCP 的调查数据,发现宽裂缝和冲断是 CRCP 的两大主要病害。同时 Zollinger 研究表明裂缝的变宽主要是由钢筋锈蚀后有效断面减小,钢筋中的应力达到屈服或断裂强度引起的。

(3)纵向裂缝

伊利诺伊州运输部调查分析了纵向裂缝产生的原因。Roesler 等学者发现纵向裂缝通常伴随着嵌入的纵向钢筋,不是由于钢筋锈蚀、混凝土的蜕化或不适当的结构设计引起的,而是与施工时钢筋在混凝土内部下沉有关。

为分析病害产生的原因,部分学者(Nam 等)还用传感器在试验路测试与应力无关的应变及车辆荷载、温度变化、湿度变化等共同产生的总应变等。

影响 CRCP 开裂和冲断等的主要因素有以下 10 种。

(1)板厚

La Coureiere 等学者研究认为随着板厚的增加,冲断减少,平整度提高。美国《力学-经验法公路设计指南》指出板厚是否合适依赖于施工条件和其他设计因素。

(2)横向裂缝宽度和间距

美国《力学-经验法公路设计指南》研究表明裂缝宽度非常重要,它影响裂缝处的传荷能力,特别是在使用除冰盐的地区。将平均裂缝宽度(钢筋深度处)控制在 0.05cm 可以将裂缝间距控制在合理的水平。LTPP 试验路调查表明,冲断多发生在较窄的裂缝间距处,约 90%的冲断发生在横向裂缝间距为 0.3~0.6m 时;Selezneva 认为平均裂缝间距和冲断之间没有相关性。此外,Selezneva 等学者研究指出冲断也容易在靠近宽裂缝处产生,Kohler 指出冲断与宽裂缝有关,与平均裂缝宽度无关。Colley 认为虽然大部分的路面病害发生在宽裂缝或密集横向裂缝处,但也发现部分路面尽管平均裂缝间距小于 0.6m,但是状况完好。

(3)混凝土材料

混凝土强度越高对路面越有利,模量、干缩和线膨胀系数越小对路面越有利。强度的增大通常会伴随着高的模量、干缩和线膨胀系数,会抵消强度增加的有利影响。美国《力学-经验法公路设计指南》等研究表明线膨胀系数对路面性能影响最大,粗集料类型对线膨胀系数影响最大。得克萨斯大学运输研究中心的 Suh 等学者发现使用石灰岩做粗集料的 CRCP 具有较大的裂缝间距、较窄的裂缝宽度及更长的寿命,后来 Cho 等学者尝试对两种集料混合使用,但效果不理想。

(4)纵向配筋率

La Coureiere 等学者的研究表明裂缝间距一般会随着钢筋用量的增加而降低。

美国《力学-经验法公路设计指南》认为在美国(主要是寒冷地区)0.6%～0.8%的配筋率会产生较好的裂缝开裂模式和性能。La Coureiere 等研究人员在野外调查表明，增加钢筋用量会减少冲断和提高平整度。美国《力学-经验法公路设计指南》研究表明，某纵向配筋率是否合适像板厚一样依赖于施工条件和其他设计因素。

(5)纵向钢筋的埋置深度

Gharaibeh 等学者研究表明，钢筋越靠近路表，裂缝宽度越小，冲断也越少，但是会造成施工困难。美国《力学-经验法公路设计指南》建议在离路表 8.8cm 到板中这段深度内放置钢筋。得克萨斯州施工指南中对厚度超过 330mm 的混凝土板建议采用双层配筋(Won 等)。

(6)裂缝传荷能力

美国《力学-经验法公路设计指南》研究表明，裂缝传荷能力对直接造成冲断的纵向裂缝非常重要，传荷系数应在 95%以上。Jeong 指出，由混凝土路面性能表明，基层侵蚀、集料嵌挤的的损失、钢筋的锈蚀、过宽的裂缝和其他类型的接缝损坏会减小裂缝剪切刚度。

(7)板宽

一般情况下，板宽与车道宽度相同。有少数工程也使用宽的路面板以提高路面性能。Tang 等学者的野外调查和研究表明，较宽的路面板使得车辆的轴载远离板的自由边，从而减少板边顶面的横向拉应力，因而减少边缘冲断的产生。

(8)横向加筋

横向加筋主要用于固定纵向钢筋。但部分研究表明，横向裂缝经常与横向钢筋的位置重合(源自美国《力学-经验法公路设计指南》)。

(9)纵向接缝处的传荷能力

Zollinger 等学者研究指出混凝土板与路肩之间的连接越强，板顶的拉应力越小，冲断越少。

(10)基层

混凝土板与基层之间的黏结影响裂缝的间距。放在沥青稳定基层上的 CRCP 的裂缝模式比较理想，而采用无结合料的碎石作为基层时裂缝间距较大。Zollinger 认为在水泥稳定基层上设一层薄的沥青混凝土层效果比较理想。如果连续配筋混凝土(Continuos Reinforced Concrete,CRC)直接修筑在水泥稳定碎石或贫混凝土上，基层和面层之间需要使用润滑剂，以减小层间黏结，防止反射裂缝的产生。Darter 研究指出基层模量和强度越高，冲断就越小。基层侵蚀造成的不均匀支撑对冲断也有很大影响。Heckel 认为在开级配排水层上的 CRCP 容易破坏。南达科他州修建的 CRCP 过早出现了严重的横向裂缝，Johunston 等将 LTPP

数据根据基层类型划分成几个子数据库，则该路的横向裂缝与粒料基层对应的回归方程比较吻合。综合以上情况，基层类型对 CRCP 的长期性能有较大的影响。

此外，底基层、路肩、地下排水系统和路基处治等也影响 CRCP 的性能。

1.1.2 规范中 CRCP 设计指标和设计方法

设接缝的普通水泥混凝土路面最主要的病害是板底的横向疲劳开裂，因此设计时主要控制车辆荷载和环境荷载作用下板底的纵向拉应力不超过混凝土的疲劳强度。而板底的横向疲劳开裂在 CRCP 中很少，CRCP 中影响行车的病害主要是冲断，故需根据 CRCP 的冲断等病害建立相应的设计指标和设计方法。

美国混凝土学会（American Concrete Institute，ACI）、波特兰水泥工作者协会（Portland Cement Association，PCA）和 1993 年版的 AASHTO（美国各州公路工作者协会）中 CRCP 板厚设计均采用接缝式水泥混凝土路面设计方法，只是作了若干修正。1993 年版的 AASHTO 规范中钢筋用量的确定依据静力平衡的关系，采用维托公式来计算最小配筋率。最小配筋率应满足下面两个条件：混凝土的最大拉应力不大于极限拉应力；裂缝处钢筋的最大拉应力不大于其屈服强度。得克萨斯州运输部提出以下钢筋用量设计标准（Cho 等）：①平均裂缝间距为 0.9～2.4m；②裂缝宽度小于 0.64mm，以避免水进入路基；③钢筋应力小于钢筋的屈服强度。

美国《力学-经验法公路设计指南》中 CRCP 设计以冲断和平整度作为基本的指标，将裂缝宽度作为一个附加指标。在确定设计标准时，必须满足一定的可靠度的要求。冲断会严重影响路面的平整度，规定在 95% 的可靠度水平下冲断数（10～20）/mile① 比较合适。平整度的容许值由用户确定。过宽的裂缝会降低裂缝处的传荷能力，会导致冲断的发生，规定最大裂缝不能宽于 0.02in②，裂缝处的传荷能力不能低于 95%。

美国《力学-经验法公路设计指南》指出，冲断的产生起源于相邻横向裂缝之间的纵向裂缝的形成，纵向裂缝的发展与横向弯曲应力造成的累积疲劳损伤有关，因此，通过研究形成纵向裂缝的累积疲劳损伤来预测冲断的发展。

美国《力学-经验法公路设计指南》提出的冲断预估模型如下：

$$\mathrm{PO} = \frac{A}{1 + \alpha \cdot \mathrm{FD}^{\beta}} \tag{1.1}$$

式中：PO——预估的每英里的冲断数；

---

①1mile＝1 609.344m。

②1in＝0.025 4m。

FD——累积疲劳损伤；

A,α,β——校正系数，分别为105.26、4.0、−0.38。

需要指出，当横向接缝处的传荷能力较强，而且板底(尤其是纵向接缝处)支撑条件良好时，板顶的横向弯曲应力很小，疲劳损伤累积速度很慢，产生冲断所需的时间可能无限长。基于以上原因，美国《力学-经验法公路设计指南》把横向接缝处的传荷能力和板底支撑条件作为两个最重要的设计因素。

美国《力学-经验法公路设计指南》基于平均的横向裂缝间距和平均的横向裂缝宽度进行冲断预估，包括以下11个步骤。

①列表输入所有所需的数据。

②处理交通数据，计算等效轴载作用次数。

③处理路面温度数据，将不同小时沿板厚非线性变化的温度转化成等效的线性温度梯度。

④确定裂缝间距。准确地预测裂缝模式对于CRCP的设计是很重要的。裂缝模式包括裂缝间距、裂缝宽度。而大的裂缝间距会增加裂缝的宽度以及降低裂缝的传荷能力。如果对于CRCP进行预切缝，要么裂缝间距已知，反之，平均裂缝间距可以利用下式计算：

$$\bar{L}=\frac{\left[f_{\mathrm{t}}-C\sigma_0\left(1-\frac{2\zeta}{H}\right)\right]}{\frac{f}{2}+\frac{U_{\mathrm{m}}P_{\mathrm{b}}}{c_1 d_{\mathrm{b}}}} \tag{1.2}$$

式中：$\bar{L}$——平均裂缝间距(in)；

f_{t}——混凝土抗拉强度(psi①)；

f——基层摩擦系数；

U_{m}——黏结应力峰值(psi)；

P_{b}——纵向钢筋含量(%)；

d_{b}——纵向钢筋直径(in)；

c_1——第一黏结应力系数；

H——板厚(in)；

ζ——钢筋埋置深度(in)；

C——Bradbury's 翘曲应力系数；

σ_0——Westergaard's 正应力系数。

①1psi=6 894.76Pa。

⑤计算每月内裂缝宽度和 LTE。纵向钢筋深度处的裂缝宽度计算公式如下：

$$cw = \max\left[L \cdot \left(\varepsilon_{shr} + \alpha_{PCC} \Delta T_{\zeta} - \frac{c_2 f_{\sigma}}{E_{PCC}}\right) \cdot 1\,000 \cdot CC, 0.001\right] \tag{1.3}$$

式中：cw——纵向钢筋深度处的平均裂缝宽度；

L——裂缝间距(in)；

ε_{shr}——无限制条件下混凝土的干缩应变(10^{-6})；

α_{PCC}——混凝土线膨胀系数(°F^{-1})；

ΔT_{ζ}——每一季节在钢筋深度处，混凝土温度相对于混凝土硬化温度的下降值(°F^{-1})；

c_2——第二黏结力系数；

f_{σ}——在钢筋深度处混凝土中的纵向最大拉应力(psi)；

E_{PCC}——混凝土弹性模量(psi)；

CC——当地校正系数。

裂缝处的荷载传递能力和刚度对于 CRCP 的性能是非常重要的。裂缝抗剪切能力与裂缝宽度和季节有关，影响路面的裂缝传荷系数(记作 LTE)。完好接缝的初始抗剪切能力计算公式如下：

$$s_{oi} = 0.05 \cdot h_{PCC} \cdot e^{-0.032 cw_i} \tag{1.4}$$

式中：s_{oi}——对于时间增量 i 的裂缝初始抗剪切能力；

h_{PCC}——板厚(in)。

同时，可以计算不同时间内的抗剪切能力损失，从而得到路面使用年限内任一时刻裂缝的抗剪切能力。

确定出裂缝的抗剪切能力以后，横向裂缝的刚度可以按照下式计算：

$$\lg J_c = a \cdot e^{-e^{-\left(\frac{J_s - b}{e}\right)}} + d \cdot e^{-e^{-\left(\frac{s-e}{f}\right)}} + g \cdot e^{-e^{-\left(\frac{J_s - b}{c}\right)}} \cdot e^{-e^{-\left(\frac{s-e}{f}\right)}} \tag{1.5}$$

式中：J_c——横向裂缝处的刚度；

a,b,c,d,e,f,g——系数；

s——剪切能力；

J_s——路面板与路肩之间的接缝的荷载传递。

在 LTE 能够被用于预测临界的疲劳应力前，必须考虑基层类型和纵向配筋对其影响，计算公式如下：

$$LTE_{TOT} = 100 \times \left\{1 - \left[1 - \frac{1}{1 + \lg^{-1}\left[(0.214 - 0.183\frac{a}{l} - \lg J_c - R)/1.18\right]}\right]\left(1 - \frac{LTE_{Base}}{100}\right)\right\} \tag{1.6}$$

式中：LTE_{TOT}——由于集料嵌锁、钢筋加固以及基层支撑所产生的裂缝总的 LTE；

l——相对刚度半径；

a——荷载作用半径(in)；

R——加固钢筋所提供的残余荷载传递能力；

LTE_{Base}——基层对于裂缝 LTE 的贡献。

⑥计算混凝土板的纵向边缘支撑的损失。如果板边缘的支撑损失严重，将会造成临界应力的增加，进而会加速疲劳损伤的累积，促进冲断的发展。

⑦处理每月的相对湿度数据。湿度变化会产生湿度翘曲应力。以月为时间单位，将湿度的变化等效为温度的变化，规范中给出了换算公式。在应力计算时，将该等效温度变化加到等效线性温度变化中。

⑧计算临界应力。考虑不同的轴载类型、荷载水平、温度梯度和荷载横向位置等对于 CRCP 进行力学分析，计算板顶面的临界横向应力。

⑨确定横向裂缝刚度和 LTE 的衰减。车辆荷载的反复作用会导致裂缝抗剪能力的衰减，衰减公式如下：

$$\Delta s_i = \sum_j \left[\frac{0.005}{1+\left(\frac{cw_i}{h_{PCC}}\right)^{-5.7}}\right]\left(\frac{n_{ji}}{10^6}\right)\left(\frac{\tau_{ij}}{\tau_{refi}}\right)ESR,\ \frac{cw_i}{h_{PCC}} \leqslant 3.7 \tag{1.7}$$

$$\Delta s_i = \sum_j \left[\frac{0.068}{1+6\cdot\left(\frac{cw_i}{h_{PCC}}-3\right)^{-1.98}}\right]\left(\frac{n_{ji}}{10^6}\right)\left(\frac{\tau_{ij}}{\tau_{refi}}\right)ESR,\ \frac{cw_i}{h_{PCC}} > 3.7 \tag{1.8}$$

式中：Δs_i——每种荷载水平 j、每种荷载作用次数累积得到的裂缝抗剪能力损失；

cw_i——时间增量 i 的裂缝宽度(in)；

n_{ji}——荷载水平 j 时的荷载作用次数；

τ_{ij}——横向裂缝由于水平 j 的荷载所导致的剪应力；

τ_{refi}——从混凝土板测试得到的参考剪应力(psi)；

ESR——考虑荷载横向分布的等效剪切率。

若混凝土板承受更多的荷载作用次数，将每个时间增量下的抗剪切能力损失叠加可以得到某一时刻之前总的抗剪切能力损失。

⑩计算疲劳损伤。增量分析用于评价混凝土板由于横向弯拉造成的疲劳损伤。分析期被分为多个每月一次的时间增量，对每个时间增量进行单独分析。混凝土板的温度条件在一天内均持续在变化，对路面的结构响应有很大的影响，故温度梯度的影响要分小时进行考虑。

对所有时间增量的疲劳损伤累加得到总的疲劳损伤。对于不同的时间增量，部分参数需要调整。

对于每个时间增量，计算第 j 个荷载水平的荷载作用次数 n_{ij}。预估轴载谱，得到每个轴型的轴载分布，进而计算每个时间增量下的最大板顶横向拉应力。

利用最大弯拉应力（σ_{ij}）和弯拉强度可以计算最大容许的荷载作用次数（N_{ij}），公式如下：

$$\lg N_{ij} = C_1 \cdot \left(\frac{\mathrm{MR}_i}{\sigma_{ij}}\right)^{C_2} - 1 \tag{1.9}$$

式中：N_{ij}——时间增量 i 内荷载水平 j 的容许作用荷载作用次数；

σ_{ij}——时间增量 i 内荷载水平 j 所产生的应力；

MR_i——在时间增量 i 时的混凝土模量(psi)；

C_1, C_2——校正系数。

将各个时间增量、各个荷载水平下的疲劳损伤按照 Miner 原理累加可以得到总的疲劳损伤，公式如下：

$$\mathrm{FD} = \sum \frac{n_{ij}}{N_{ij}} \tag{1.10}$$

式中：FD——在目前的裂缝间距条件下，设计期限内板临界位置处的累积疲劳损伤。

⑪确定冲断的数量

总的疲劳损伤确定以后，可以利用冲断预估模型计算得到每英里内的平均冲断数。

如果冲断数超出规范的要求，可以对设计参数进行以下更改：增加混凝土板厚、增加纵向配筋率、减小配筋的深度、增加混凝土的强度、减小混凝土线膨胀系数、增加最大集料尺寸、采用高强防侵蚀的基层等。然后按照上述 11 个步骤重新预估冲断数。

采用上述的冲断预估模型进行的 CRCP 设计有 50%的可靠度。在有些情况下，需要提高可靠度水平。在不同可靠度水平下的平均冲断数可按下式计算：

$$\mathrm{PO}_R = \mathrm{PO} + \mathrm{Z}_R \mathrm{S}_P \tag{1.11}$$

式中：PO_R——在可靠度水平 R 下的冲断数(个/mile)；

PO——在可靠度水平 50%下的冲断数(个/mile)；

Z_R——在给定可靠度水平 R 下的标准正态偏差；

S_P——在平均的冲断水平下 PO 的标准偏差(个/mile)。

CRCP 的平整度受初始平整度、冲断以及路基土通过 200 号筛孔的百分率和冰冻指数等环境因素的影响。美国《力学-经验法公路设计指南》提出的 CRCP 平整度预测模型如下：

$$IRI_M = IRI_I + C_1 \cdot PO + C_2 \cdot SF \tag{1.12}$$

式中：IRI_I——初始 IRI(in/m)；

PO——各种严重程度的冲断数(个/m)；

SF——环境因素，$SF = AGE \cdot (1+0.556FI) \cdot (1+P_{200}) \times 10^{-6}$

AGE——路龄(年)；

FI——冰冻指数；

P_{200}——路基土通过 200 号筛孔的百分率(%)；

C_1——3.15；

C_2——28.35。

上式预测得到的平整度具有 50%的可靠度，类似冲断同样可以得到不同可靠度水平下的 CRCP 平整度。

1.1.3 CRCP 结构分析与设计

(1)力学分析

CRCP 的第一个程序称作 CRCP-1，在国家公路合作研究计划(NCHRP)的资助下产生于 20 世纪 70 年代中期(Mc Cullough 等)。1991 年，Won 等学者对原有 CRCP 程序进行改进，建立了 CRCP-5，它可通过改变混凝土抗拉强度来反映材料的变化，并且还包括疲劳预估模型。Dossey 和 Mc Cullough 等为具有不同粗集料的混凝土建立了归一化的养生曲线，这些曲线及修正后的病害预估模型包含在 CRCP-7 中(Jimenez 等)。1995 年，所有以前版本的 CRCP 程序被合成一个程序，称作 CRCP-8，它简化了使用者的输入过程(Won 等)。但由于该程序采用过于简化的一维分析，其使用有一定的局限性。1996 年，一项研究通过考虑温度和湿度沿板厚的非线性分布来扩展 CRCP-8 的适用性。作为该研究的成果之一，Kim 等建立了二维有限元模型。1998 年，得克萨斯州运输部门扩展了该项研究，建立了 CRCP-9(Kim 等)。为降低计算成本，CRCP-9 采用二维有限元模型。Kim 和 Won 为增加二维有限元模型的计算精度，对三维有限元模型也作了计算，并对两者之间的误差进行分析。直到 CRCP-9，都采用 Westergard 方程进行静态单轴车辆荷载作用下应力分析。为了考虑运动的双轴荷载的影响，Kim 等研究人员提出了新的荷载应力分析程序，并组合到 CRCP-10 中。计算机程序 CRCP-10 利用有限元、频域变换分析、可靠度等理论和方法对 CRCP 进行应力分析。它考虑了温度的变化和干缩沿板厚的非线性分布、翘曲的影响、混凝土蠕变的影响、钢筋与混凝土之间非线性的黏结—滑移本构关系、材料特性随时间的变化、动态荷载的影响等。在进行荷载应力分析时,由于裂缝间的传荷能力较强,将 CRCP 板视作黏弹性地基上的无限大板。Won 等研究者为了考虑材料参数的变异性,每个单元的混凝土抗拉强度使用正态分布随机确定。

许多学者(Kim 等)通过和三维有限元模型对比,对二维 CRCP 有限元模型的精度进行了评价。结果表明,相对三维有限元模型,采用二维平面应变和平面应力模型,混凝土的应力分别高估 10%和低估 1%。Khazanovich 联合使用神经网络技术和有限元技术,提出了一种预估板顶极限拉应力的快速解法,它可以直接用于力学—经验法的设计中。Haque 采用室内试验和有限元两种方法分析了小尺寸试件承受拉应力时的开裂特性,重点研究了纵向钢筋的配筋率和倾斜度对开裂的影响。Nishizawa 分析了温度胀缩应力和翘曲应力,考虑了非线性的影响,并对试验路混凝土板中的温度和温度应力进行了现场测试。

(2)横向裂缝间距、宽度和传荷能力预估

Beyer 首先建立了分别考虑温度下降、干缩及两种因素均考虑条件下的裂缝间距的预估方程。Suh 研究的 CRCP-8 程序中裂缝间距模型最初由 Mc Cullough 基于得克萨斯州的 51 个试验段建立。美国《力学-经验法公路设计指南》中的平均裂缝间距预估公式由 Reis 等提出。Schindler 等利用得克萨斯州的试验路成果研究了 CRCP-8 程序(Suh)中的裂缝间距预估模型,结论认为除夏天之外,裂缝间距预估比较准确。Buch 等建立了接缝传荷能力与接缝刚度的关系式及抗剪切能力与裂缝宽度的关系式。Zuk 在 Vetter 研究的基础上率先最先提出了裂缝宽度的预估公式。Sato 等也提出了一系列计算裂缝宽度的公式,并进行了现场测试。美国《力学-经验法公路设计指南》中的模型则由 Seleneva 等提出。Zollinger 对 CRCP 的设计进行了研究,给出了平均裂缝间距、平均裂缝宽度、裂缝处的传荷能力、板疲劳损坏等的计算公式。路肩和纵向接缝处支撑的损失是导致冲断发展的关键因素,Van 等给出了基层侵蚀的预估方程。

(3)冲断预估

Gharaibeh 等基于伊利诺伊州的 400 个 CRCP 试验段和 900 个冲断观测点提出了第一个冲断预测的经验模型。冲断预测力学模型最早由 Mc Cullogh 等人提出,后来 La Coursiere 和 Darter、Zollinger 和 Barenberg 均进行了研究,并将研究结果用于伊利诺伊州混凝土路面设计。后来,Zollinger 等在 FHWA 的资助下进行了为期 6 年的 CRCP 性能研究,并研究了冲断的力学预估方法。该研究的主要结果是强调冲断预估在 CRCP 设计中的重要性,直接促成美国《力学-经验法公路设计指南》的 CRCP 设计以冲断作为设计指标。

(4)设计变异性

Zollinger 提出按照下述方法考虑裂缝间距、裂缝宽度、混凝土强度等的变异性对冲断或开裂的影响：

$$\mathrm{Var}(C)=\sum_{i=1}^{n}c_i{}^2\mathrm{Var}(X_i)+\sum_{i=1}^{n}\sum_{j=1}^{n}c_ic_j\mathrm{Cov}(X_i,X_j) \tag{1.13}$$

式中：　C——开裂面积百分比；

c——$\partial C/\partial X_i$；

$\mathrm{Var}(X_i)$——参数 X_i的变异性；

$\mathrm{Cov}(X_i,X_j)$——X_i和 X_j的协方差。

类似地，该文献也给出了裂缝宽度变异性计算公式。

Selezneva 等用 Weibull 分布描述裂缝间距沿路纵向的变异性，并且用 47 段 LTPP 试验路进行了验证。Kohler 用先进的运输加载系统(ATLAS)和 FWD 分别测试了裂缝宽度，发现裂缝宽度服从 Weibull 分布。公式中的系数与 Selezneva 等提出的裂缝间距 Weibull 分布公式中的系数相同。

1.1.4 CRCP 施工技术

Zollinger 等学者于 1992 年在 Cypress 修建了试验路，从集料选择、养生方法、裂缝主动控制等方面对 CRCP 的施工技术进行了研究。养生方法包括薄膜养护剂养生、聚乙烯薄膜养生、棉垫养生。发现后两种方法能降低每日内的温度变化和湿度损失，因此表面裂缝的数目更少。一般情况下，CRCP 允许自然开裂，即不对裂缝进行主动控制。直接带来的后果是出现不希望发生的开裂形式(如 Y 形开裂、密集裂缝、错开的裂缝、不均匀的裂缝间距等)，进一步造成了裂缝处剥落和冲断的发生。为避免以上病害，采用锯缝和压金属条两种方法进行了裂缝主动控制，给出了具体的施工方法，发现锯缝比压金属条或者加密横向裂缝能更有效地控制裂缝的开裂。在集料方面，提出粗集料类型选择依据是线膨胀系数及黏结强度，提出了夏天和冬天施工的技术要求，纵向钢筋倾斜放置、采集料类型选择、养生方法等，均随施工季节和温度而变。

此外，Walton 证明了玻璃纤维加强的聚合物加筋代替钢筋的可行性。Folliard 研究表明在 CRCP 中采用纤维混凝土，可以减少裂缝处的剥落。Kohler 采用压条和锯缝两种方法来对 CRCP 的开裂进行主动控制。结果表明，该法可以有效避免以上不良开裂形式的出现，从而延长 CRCP 的寿命。Mc Cullough 提出了高温和蒸发率大时的施工建议，确定了临界的施工温度和蒸发率。

1.1.5 连续配筋混凝土(CRC)基层沥青路面

美国和法国等国家均将 CRC 基层沥青路面作为高速公路典型结构的一种,但对其研究很少,可以从 CRCP 上沥青加铺层的研究中进行借鉴。对 CRCP 上沥青加铺层的设计,美国《力学-经验法公路设计指南》提出,以沥青面层的纵向裂缝、温缩裂缝、车辙、平整度及 CRC 的冲断作为设计指标。除了纵向接缝处外,若旧 CRCP 的冲断和裂缝损坏已经修复,则一般不会出现反射裂缝。纵向裂缝、温缩裂缝、车辙的预估方法与一般的沥青路面相同,只是其中的应力等变量不同。冲断的预估方法也与普通的 CRCP 相同,仅是路面结构的应力分析结果不同。平整度预估公式与普通水泥混凝土路面上沥青加铺层的相同。

1.2 连续配筋混凝土路面国内研究现状

在规范方面,《公路水泥混凝土路面设计规范》(JTG D40—2002)中 CRCP 设计参考了 1993 版的 AASHTO 规范,具体如下:CRCP 的厚度,可按普通混凝土路面厚度设计的各项设计参数及规定进行,即面板厚度的计算以行车荷载和温度梯度综合作用产生的板底疲劳断裂作为设计的极限状态,在一定的可靠度水平下,行车荷载和温度梯度分别产生的疲劳应力之和要小于混凝土弯拉强度标准值。CRC 面层的纵向配筋率按允许的裂缝间距(1.0~2.5m)、缝隙宽度(<1mm)和钢筋屈服强度确定,给出了平均裂缝间距、裂缝宽度和钢筋应力的计算公式。

长安大学胡长顺、曹东伟、张洪亮、王虎、田寅春、丁润铎等依托国家自然科学基金项目对连续钢筋混凝土路面设计理论与方法进行了研究,依托多项科研项目,对 CRCP 的施工技术、CRC 基层沥青路面、旧水泥路面上连续配筋混凝土加铺层等进行了研究,取得了以下研究成果:

(1)田寅春等将 CRCP 中纵向钢筋作连续化处理,建立了正交各向异性薄膜单元,对考虑裂缝条件下的 CRCP 荷载应力进行了三维有限元分析,得到了 CRCP 的两种临界荷位和配筋率等参数对板底应力的影响规律,并与普通混凝土板的荷载应力进行了对比。

(2)根据复合材料层合板理论,将钢筋所在层视为正交各向异性材料层,得到了 CRCP 在横向荷载作用下的解析解。运用行波原理、振型叠加和傅里叶变换法,获得了移动荷载作用下 CRCP 的动态响应解。根据结构弹性理论,王虎等对简支梁桥梁两端处桥面铺装层在汽车荷载和温度梯度作用下的变形和应力进行了分析。

(3)根据钢筋与混凝土间的黏结滑移线性本构关系,建立了 CRCP 温度应力分析下的计算模型与应力平衡微分方程,给出了 CRCP 在温降、干缩和翘曲变形条件下,混凝土和钢筋的应力及位移计算表达式。根据混凝土徐变试验结果,曹东伟等计算了 CRCP 干缩应力的松弛系数,对年温度变化条件下稳定的松弛应力进行了分析,得到了混凝土温度应力松弛影响的修正系数。

(4)根据路面板与基层之间的剪应力-相对位移关系,采用分段迭代法和解析法计算了由于升温产生的 CRCP 端部锚固力。曹东伟等分别使用有限元法和矩阵位移法分析了凸形锚固地梁的应力和位移,用分项综合效应系数法进行了混凝土灌注桩锚固分析。

(5)依托陕西铜川的试验路和河南许昌的实体工程,研究了 CRCP 的施工技术,并实地考察了 CRCP 的路用性能。胡长顺等通过对 CRCP 裂缝的跟踪观测,调查分析了横向裂缝宽度、间距和发展情况,并对横向裂缝间距的概率分布模型进行了检验,初步验证裂缝间距符合对数正态分布。

(6)将可靠度引入 CRCP 设计。根据概率论中求解随机向量函数概率分布的有关定理,曹东伟等建立了计算 CRCP 裂缝间距可靠度的直接积分公式。

(7)长安大学对旧水泥路面上连续配筋混凝土加铺层技术进行了系统研究,深入分析了温度应力、考虑裂缝条件下荷载应力及端部锚固结构,并在山东枣庄修建了试验路。

(8)对 CRC 基层沥青路面进行了研究。在山东济聊高速公路上铺筑了试验路段,丁润铎等结合理论分析与国内外使用经验,进行了 CRC 基层设计及验证。

长沙理工大学的主要研究成果有:巨锁基等采用三维有限元法对地基局部脱空条件下的 CRCP 进行荷载应力分析。肖秋明等考虑钢筋与混凝土之间的非线性黏结滑移关系及混凝土面板与地基之间的非线性摩阻滑移关系,采用数值迭代法建立了 CRCP 在温缩和干缩作用下横向开裂的一维非线性力学分析方法,从而同时获得裂缝间距、裂缝宽度与钢筋应力三个设计指标的结果。阳宏毅采用弹性层状体系软件 BISAR 和有限元软件对 CRCP 和沥青混凝土组成的复合式路面的层间剪应力进行了分析,采用便携式岩土剪切仪对 CRC 和沥青混凝土组成的试件进行了剪切试验。苏清贵等研究得到了路面板温度变化时,CRCP 端部位移的解析解,并通过实体工程的长期观测结果验证了计算结果的合理性。李卓等结合耒宜高速公路 CRCP 的修建,分析了 CRCP 早期横向开裂的影响因素以及裂缝长期发展规律,从设计、施工、交通荷载和排水等方面分析了宽翼缘工字梁接缝损坏的原因,肖秋明提出了改进建议,查旭东等人总结了 CRCP 滑模摊铺的施工工艺和注意事项。根据耒宜高速公路 CRCP 三个路段的裂缝宽度检测结果，肖秋明等进行了用可拓方法评价 CRCP 裂缝宽度的研究。刘朝晖等对于连续配筋混凝土与沥青混凝土组成的复合式路面进行了温度应力分析，并介绍了其工程应用。

东南大学的主要研究成果有：陈云鹤等将 CRCP 视为无限长，根据 CRCP 荷载应力和温度应力的各自特点，探讨了 CRCP 结构总应力的计算方法。视 CRCP 为复合材料，利用复合材料力学等理论推导了配筋板的自生温度应力；邓学钧建立了受温度作用时路面板的平衡微分方程组，将地基反力和板与地基间的摩擦力函数按照切比雪夫多项式展开，得到配筋板的约束变形与应力。采用空间有限元方法对 CRCP 荷载应力作了分析，建立了裂缝弹簧模型并提出考虑裂缝处传递水平力的局部迭代法。唐益民通过计算，确定了车辆荷载作用下的临界荷位、钢筋受力的最不利荷位及最佳裂缝间距的下限值，分析了横向裂缝间距、地基模量及配筋率对荷载应力的影响。陈云鹤运用流变力学等理论对 CRCP 早期裂缝开裂过程作了深入分析，建立了 CRCP 早期裂缝宽度的简易计算模型；顾星宇通过长期观测获得了裂缝的长期发展规律。高英等研究了基于可靠度的 CRCP 配筋设计方法。黄晓明分析了连续配筋路面端部移动计算原理，提出了端部锚固应力计算的迭代法。倪富健对于连续配筋混凝土和沥青混凝土组成的复合式路面进行了应力分析。

天津大学的王铁成等研究人员采用有限元方法，对连续配筋混凝土机场道面节点的动载响应进行了分析。吉林大学的刘寒冰、钟春玲等研究人员对于 CRCP 的早期裂缝和温度应力分析进行了研究。

1.3 对国内外研究现状的评价

1.3.1 对国外研究现状的评价

国外对于 CRCP 的研究比较完善，但也存在一些不足之处。

(1)设计中对 CRCP 的变异性考虑存在重大缺陷

冲断基本发生在宽裂缝或密集裂缝处，与平均裂缝间距和平均裂缝宽度没有相关性，故美国《力学-经验法公路设计指南》中根据平均裂缝间距和平均裂缝宽度来预估冲断是不合理的。实际上，应该根据宽裂缝或密集裂缝的数量来预估冲断，但目前尚未见这方面的研究报道。另外，由于对变异性的重要性考虑不足，对于部分 CRCP 设计参数(如面层和基层之间的摩擦系数、混凝土与钢筋之间的黏结滑移系数)的变异性研究得很少，而且没有从力学上分析横向裂缝前后出现的过程，不能从理论上得到不同时刻横向裂缝间距和宽度的分布。

(2)温度梯度、湿度梯度和车辆荷载作用下应力分析模型存在不足

Kim 等在对 CRCP 进行车辆荷载作用下应力分析时,认为裂缝处传荷能力良好,故将 CRCP 视作黏弹性地基上无限大板。实际上,冲断经常发生在裂缝有剥落和板底部分脱空时,故在预估冲断时假设裂缝处传荷能力良好是不合理的。

Selezneva 等建立的温度梯度、湿度梯度和车辆荷载作用下应力分析模型也存在不足,如将基层和面层视作双层板,不能考虑面层和基层之间薄的沥青层的影响,而且只能用路基的脱空来代替基层的脱空;假设基层与面层间完全滑动与实际不符;没有考虑行车道与路肩之间的纵向接缝处传荷系数的影响等。

(3)缺乏专门的连续配筋混凝土配合比设计方法

CRCP 虽然已经在许多国家应用,甚至大面积使用,但目前尚没有专门配合比设计方法。但是,CRCP 与普通接缝式水泥混凝土路面(JPCP)的性能差异会影响混凝土配合比设计方法。JPCP 最重要的病害是板底的横向疲劳开裂,开裂原因主要是在车辆荷载、温度梯度和湿度梯度作用下产生的应力超过了混凝土的疲劳强度,故在混凝土参数中影响 JPCP 性能的主要是混凝土弯拉强度。而 CRCP 最重要的病害是冲断,而且冲断主要发生在密集裂缝处。横向裂缝是由于干缩和温度下降引起的,混凝土干缩和线膨胀系数对于 CRCP 的横向开裂则有较大影响。另外,横向裂缝在路面纵向上的不均匀分布以及密集裂缝是由混凝土材料沿路面纵向的变异性引起的。影响 CRCP 的混凝土材料参数不仅有混凝土弯拉强度,还应包括混凝土干缩、线膨胀系数以及材料的变异性。

因此,以弯拉强度和工作性为控制指标的普通道路混凝土配合比设计方法不适于连续配筋混凝土配合比设计,应考虑材料的弯拉强度、干缩、线膨胀系数、工作性等方面建立专门的连续配筋混凝土配合比设计方法。

1.3.2 对国内研究现状的评价

对于前文论述的国外 CRCP 研究的不足之处,国内同样也没有研究,而且国内 CRCP 研究水平与国际先进水平之间的差距依然很大,具体表现以下 3 个方面:

(1)在设计方法和设计指标上,在现行《公路水泥混凝土路面设计规范》(JTG D40—2002)中,板厚设计以板底疲劳断裂作为设计的极限状态,纵向配筋率按允许的裂缝间距、缝隙宽度和钢筋屈服强度确定,未直接采用冲断作为设计指标。由于冲断的影响因素很多,特别是冲断与平均裂缝宽度和平均裂缝间距不相关,目前的板厚及配筋设计不能有效预防冲断的发展。也正是由于这个原因,美国《力学-经验法公路设计指南》才不再通过控制裂缝间距、缝隙宽度和裂缝处钢筋的应力来

间接控制冲断，而改成直接控制冲断(Cho 等)。

(2)国内对于冲断预估的研究基本上为空白。

(3)由于认为板底的横向疲劳断裂是 CRCP 的主要病害，因此国内的 CRCP 车辆荷载应力分析均用于计算板底的纵向拉应力，没有计算预估冲断所需的板顶横向拉应力，更没有在温度梯度、湿度梯度和车辆荷载的综合作用下计算板顶的临界横向拉应力。

2 连续配筋混凝土路面病害调查和设计指标选择

尽管冲断是国外 CRCP 的最重要病害,但鉴于国内外气候、材料、施工技术、交通状况等存在差异,故对于冲断是否为我国 CRCP 的主要病害还需进行论证。本章对于国内已经建成的耒宜高速、G210 铜川段、山西省道孙吴线二级公路和粤赣高速四条公路 CRCP 的交通状况、路面结构、病害等进行调查,根据调查结果确定是否采用冲断作为 CRCP 的设计指标。

2.1 连续配筋混凝土路面调查方案

2.1.1 路段选择

(1)调查路段应具有代表性,如涵盖不同的路面厚度、配筋率、基层类型、路龄、端部类型、路肩类型、气候类型、钢筋防锈类型等,并以没有大修过的路面为主。

(2)当 CRCP 里程较长时,可选择 3～4 段有代表性的路段进行调查,每段调查长度为 300～500m。

2.1.2 调查方案

1)资料调查

对于选定的 CRCP 调查路段,调查内容包括:地理位置、气候等基本情况,交通量、车辆组成等交通资料,路面结构、路肩类型、路肩与路面的连接、配筋率、路基、端部结构、排水设施等设计资料,施工工艺、材料组成、施工时间等施工资料,养护及维修的资料。

2)现场调查

(1)路表病害调查

CRCP 的病害可以分为以下三类:①裂缝类,包括横向裂缝、纵向裂缝和冲断(见图 2.1)或 D 型裂缝;②表面损害,包括网裂、剥落、表面磨光、坑槽;③其他病害，包括拱起、施工缝的损坏、车道和路肩之间的错台、车道和路肩的分离、修补处的损坏等。

确定裂缝具体位置，在米格纸上画出各裂缝的基本形状及位置，特别是不利的裂缝形状，如 Y 形裂缝(见图 2.2)、密集裂缝(见图 2.3)、错开裂缝(见图 2.4)、蚯蚓状裂缝(见图 2.5)等，最后对裂缝的位置、间距等进行分析、统计。

图 2.1 冲断

图 2.2 Y 形裂缝

图 2.3 密集裂缝

图 2.4 错开裂缝

采用两种方法进行裂缝宽度测试，一种是利用裂缝探测仪进行测试(见图 2.6)；另一种是对裂缝用数码相机进行拍照，然后用 CAD 等软件处理得到裂缝宽度(见图 2.7)。

调查除裂缝以外的病害的类型、纵横向位置、严重程度、数量等，为其拍照，并将其标在米格纸上。

图 2.5 蚯蚓状裂缝

(2)排水设施调查

图 2.6 裂缝探测仪测试裂缝宽度

图 2.7 裂缝放大后的数码照片

调查排水设施的组成、损坏情况、地下水位、地表水等。

(3)端部调查

调查 CRCP 端部的类型和病害。

2.2 连续配筋混凝土路面原始资料调查

2.2.1 耒宜高速连续配筋混凝土路面调查结果

1)基本状况

耒(阳)宜(章)高速公路是京珠高速在湖南境内最南端的一段。该公路主线长 135.4km,按高速公路山岭重丘区标准建设,双向 4 车道,设计速度 100km/h。沿线经过湖南岩溶地区,煤层和地质断裂层、地下溶洞和采空分布较多,路基填挖交接频繁,且多为高填深挖,存在不均匀沉降。全线有普通水泥混凝土路面、CRCP、钢筋混凝土路面和沥青混凝土路面四种路面结构形式,于 2001 年底开放交通。

CRCP 调查试验段位于湖南东南部与广东省接壤的郴州市,该市境内南北为山区,中部低洼。年平均最高气温出现在 7 月份,为 34.4℃;最低气温出现在 1 月份,为 3.4℃;多年平均气温为 17.4℃,多年平均降水量为 1 452.1mm。

2)交通量和轴载

该路段交通量很大,图 2.8 列出了 2002～2008 年交通量,表 2.1 列出了 2002～2005年通行的各类车辆比例,各类车辆轴重见表 2.2。

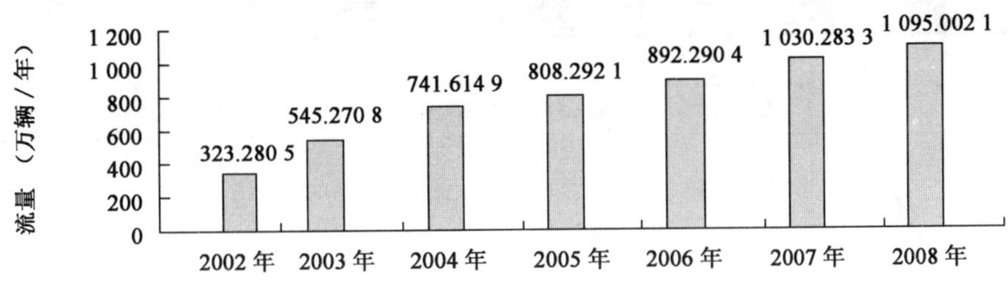

图 2.8 2002～2008 年交通量统计

2002～2005 年各类车型比例(单位:%)　　表 2.1

年份＼类型	1 类	2 类	3 类	4 类	5 类	6 类
2002 年	37.38	9.62	51.94	0.86	0.16	0.03
2003 年	33.65	7.58	56.50	1.84	0.31	0.12
2004 年	35.22	5.04	51.23	4.96	2.04	1.51
2005 年	33.99	4.30	40.44	10.72	7.24	3.31

各类车型分类表　　表 2.2

车型	0 类	1 类	2 类	3 类	4 类	5 类	6 类
载重(t)		≤2	2～5	5～11	11～18	18～25	＞25

3)设计和施工

(1)设计

CRCP 的路面结构形式为:18cm 的 4%水泥稳定碎石底基层＋18cm 的 6%水泥稳定碎石基层＋1cm 沥青表处＋28cm 水泥混凝土面层。连续配筋混凝土面层设置单层钢筋网,纵向钢筋配筋率为 0.61%,采用 ϕ18II 级钢筋,横向间距 15cm,布置在距板顶 1/2 板厚处;横向钢筋采用 ϕ18II 级钢筋,间距为 100cm。

该公路路面超车道、行车道和路肩的设计宽度分别为 4.5m、3.75m 和3.5m。设置了边沟、排水沟等排水设施。CRCP 端部采用了凸形地梁和宽翼缘工字梁两种锚固形式。

(2)施工资料

①施工配合比。表 2.3 中列出了每千平方米路面材料用量,其中面层混凝土采用了 52.5 级普通硅酸盐水泥,基层和底基层采用了 32.5 级普通硅酸盐水泥。

每千平方米路面材料用量表　　表 2.3

结构层	材料用量					
	水泥(t)	石屑(m^3)	碎石(m^3)	砂(m^3)	粉煤灰(m^3)	沥青(t)
水泥混凝土面层	100.25		232.813	135.418	14.612	
水泥稳定碎石基层	23.378		255.22			
水泥稳定碎石底基层	15.88		260.12			
沥青表处		8.16				1.03
透层						0.824

②主要施工工艺。路面施工时,混凝土采用间歇式拌和机拌制,采用自卸机动车运输。待混凝土拉运到工地后由侧向布料机布料,滑模摊铺机摊铺,摊铺时混凝土的坍落度为 2～5cm。在混凝土摊铺 30～45min 后,对其表面进行拉毛处理,再均匀地喷洒养生剂并加塑料薄膜覆盖养生。

4)性能评价记录

长沙理工大学为了考察 CRCP 的受力特点与使用性能,对试验路进行了跟踪调查与测试。

(1)承载能力评价

2005 年,利用落锤式弯沉仪(FWD)测量路表弯沉值,通过采集的大量弯沉盆曲线,对耒宜高速路面各结构层的模量进行评价。结果表明,CRCP 的承载能力基本满足当时交通量和轴载的需要。对该路上普通水泥混凝土路面、CRCP、沥青混凝土路面结构的对比表明,CRCP 最优,沥青混凝土路面次之,普通混凝土路面最差。

(2)路面病害及养护情况

2005 年 6 月,对耒宜高速公路进行了全面的病害调查、检测,CRCP 的主要病害及养护情况如下:

①2002 年 K427 段 CRCP 出现拱胀、冲断、横向开裂、角隅断裂等病害,换板修复 1 078m^2。2003 年,修复坑洞和破碎板 1 208m^2。2004 年,换板 10 769m^2。截至 2005 年 6 月,修复坑洞和换板 16 153m^2。

②裂缝间距不规则,与设计间距不符。实际裂缝间距 0.2～5m 不等,局部裂缝宽度超过 1mm。个别横缝之间有纵向裂缝出现,且逐渐发展,混凝土脱落出现坑槽。

③在裂缝薄弱处,在汽车荷载的作用下,出现严重剥落,剥落宽度远大于剥落深度。

④个别路段钢筋网以下和宽翼缘工字钢梁接缝处混凝土振捣不密实，易发生破坏。

⑤板底脱空严重，其中右幅行车道脱空率为52%，超车道脱空率为42%；左幅行车道脱空率为49%，超车道脱空率为40%。

(3)病害原因分析

对CRCP的破坏原因进行了分析，认为造成路面破坏的原因主要有超载、超限车辆的作用，路面排水不畅，裂缝修补不及时，施工工艺不成熟，以及路基不均匀沉降等。

5)养护和维修记录

从试验段开放交通至今(2001年底至2009年1月)，对路面进行了大量的养护维修工作。针对破坏严重的路面进行了换板，对裂缝进行了灌缝处理，对路面较大的坑洞用沥青混凝土进行了修补。

2.2.2 210国道铜川段连续配筋混凝土路面调查结果

1)基本状况

G210铜川段北起宜君县，南到耀州区，全长92km，途经沟原相间的残塬区和广阔的山区。铜川为关中平原向陕北黄土高原的过渡地带，属暖温带大陆性气候，冬季严寒，夏季炎热，四季分明，雨热同期。冬季干燥寒冷，雨雪稀少；夏季温度、湿度适宜，雨水充沛；春秋为过渡季节，气候多变。常年的年均气温为10.6℃；7月平均气温约23℃，是一年中最热的月份；1月平均气温约零下3℃，是一年中最冷的月份，年平均日照2 350～2 400h；年均降水量约600mm。

2)交通量

该路2003～2008年的日交通量统计见表2.4。

2003～2008年交通量统计表(单位：辆/d)　　表2.4

年份(年)	汽车								摩托车	拖拉机	机动车	人力畜力车	自行车	合计(当量数)
	小货	中货	大货	特大货	拖挂车	集装箱	小客	大客						
2003	271	263	496		7		940	96		197	2 269	9	49	1 812
2004	316	250	513		4		943	98		207	2 337	13	44	1 874
2005	371	435	724		11		1 267	160		182	3 149	16	47	2 534
2006	377	406	620	113	13	4	1 098	156	154	159	3 099	15	61	4 763

续上表

年份(年)	汽车								摩托车	拖拉机	机动车	人力畜力车	自行车	合计(当量数)
	小货	中货	大货	特大货	拖挂车	集装箱	小客	大客						
2007	391	436	604	138	87	89	1 110	275	202	193	3 522	28	62	5 730
2008	362	423	579	254	220	116	1 273	148	230	195	3 798	19	90	6 464

注：1. 2003～2005 年当量数是指将各类型车辆自然数按照对应的车辆换算系数换算成标准当量中型车的交通量。

2. 2006～2008 年当量数是指将各类型车辆自然数按照对应的车辆换算系数换算成标准当量小客车的交通量。

3)设计和施工

(1)设计资料

该路在 1985 年改建为沥青路面，路基宽度为 10m，路面宽度为 9m，路面结构：2cm 沥青石屑封层＋4cm 沥青贯入式＋20cm 碎石灰土＋20cm 手摆片石。由于水文地质不良，岩层裂隙水丰富并未能彻底根治，加之施工中存在的问题，致使路基、路面在使用中均出现严重病害。1989 年该路段改建为水泥混凝土路面，但由于路基水患未能彻底根治，路面又很快出现了诸多病害，成为急需治理的路段。

1996 年 K137 ＋ 915 ～ K138 ＋ 143 段改建为 CRCP，路面结构：22cmCRCP＋15cm碎石灰土基层＋30cm 石灰稳定土底基层＋原路基深层处理。设置单层钢筋网，配筋率为 0.79%，纵横钢筋均采用 ϕ20II 级螺纹钢筋，纵筋间距 18cm，横筋间距 80cm。硬路肩同样采用连续配筋混凝土结构，宽度为 0.75m。端部采用设置锚固地梁加胀缝形式。

(2)施工资料

该路段于 1996 年施工，水泥混凝土配合比：水泥：碎石：砂：水＝1：3.63：1.87：0.48，水泥为 42.5 级普通硅酸盐水泥，用量为 360kg/m^3，砂率为 34%，检测抗压强度大于 40.25MPa，弯拉强度则在 5.75MPa 以上。

混凝土采用强制式拌和机拌制，自卸机动车运输，同时严格控制运输时间。摊铺方式为人工摊铺，按照“三振、一拖滚、二拌、一拉毛”成面法进行施工。用木模人工收面、检查平整度、毛刷拉毛，然后用塑料薄膜覆盖养生，待混凝土达到一定强度后拆模、刻槽。

4)性能评价记录

长安大学为了考察 CRCP 的受力特点与使用性能，对试验路进行了跟踪调查与测试。调查项目为横向裂缝位置、数量和间距；测试项目为 CRCP 车辆荷载引起的路面弯沉及应力两项。

(1)弯沉检测

测试车为康明斯车,后轴重 100kN,前后轴距 3.9m,后轴的轮距 1.88mm,轮宽 20cm。表 2.5 中列出了 CRCP 的弯沉检测数据(已经过支座修正),其中外轮是指靠近板纵缝自由边的测点,内轮是指靠近路中心线的测点。从检测数据可见,外轮弯沉值要大于内轮弯沉值,这说明纵缝自由边是荷载作用的不利荷位。裂缝间距较大板的弯沉要小于裂缝间距较小的板,表明板的平面尺寸对板变形有影响。板中弯沉应略小于板边的弯沉,但由于 CRCP 的连续钢筋具有较大的传荷能力,故这一规律并不明显。

CRCP 试验路测试结果 表 2.5

测　点	测定位置(纵向)	裂缝间距(m)		弯沉值(1/100mm)	
		测定板	相邻板	外轮	内轮
1	板中	3.52		3	2
2	板边	4.48	3.15	4	
3	板边	3.90	3.02		3.2
4	板边	3.05	3.60	6.0	2.4
5	板中	2.30		14.6	3.0
6	板中	6.84		2.0	0.6

(2)应力测试

因弯沉值的大小反映的是路面板及板下基层、土基的整体刚度,并不能充分反映板的受力状态,故在检测中分别从 5 个加载位置对 8 个测点进行了应力测试。

(3)裂缝观测与分析

铜川试验路竣工通车后,分别于第一年至第四年的 12 月份进行裂缝调查。试验段前 4 年的调查结果见表 2.6。调查表明:裂缝数量随路面使用时间延长而增加,相应的裂缝间距随之减小;大部分裂缝产生于路面使用前 3 年,随后 CRCP 的裂缝数量与间距基本保持不变;试验段最后稳定的裂缝间距为 3.081m,检测裂缝宽度约 1.0mm;检测数据的离散性较大,表明影响 CRCP 的裂缝间距的因素较多。

试验段 CRCP 裂缝间距随时间变化情况(单位:m) 表 2.6

时间	路段	裂缝数量	最大值	最小值	均值	标准差
第一年	试验段 1	11	36.1	3.0	20.727	9.986
第二年	试验段 1	50	22.2	1.1	4.560	3.709

续上表

时间	路段	裂缝数量	最大值	最小值	均值	标准差
第三年	试验段 1	75	11.5	0.4	3.081	2.131
第四年	试验段 1	75	11.5	0.4	2.568	2.095

5)养护和维修记录

试验段开放交通后,路面使用性能良好。路面的养护维修工作主要是对较宽的裂缝进行灌缝处理。

2.2.3　山西省道孙吴公路连续配筋混凝土路面调查结果

(1)基本状况

山西省省道孙吴线小站至孙启庄段公路位于山西省最北端大同市大同县附近。路线全长 69.2km,采用二级公路标准进行设计。设计速度为 80km/h,路基宽度为 12m。试验路工程在省道孙吴线小站—孙启庄电煤集运公路工程第七合同段,该合同段主线全长 4km,段落桩号为(K34＋000～K38＋000),全部为新建路段。

试验段所在大同市地处黄土高原,基本上属温带大陆性季风气候,年平均气温只有 6.8℃。该地区年最高气温出现在 7 月,为 29.2℃,年最低气温出现在一月,为－12.2℃。

(2)设计和施工

该路段作为大同地区主要运煤出省通道,长期行驶大型运煤货车,且超载现象严重,实测货车超载率最大达 300%,对路面破坏作用极大。因此,运煤重载水泥混凝土试验路段采用较强路面结构,并加厚了路面厚度以适应重载车辆作用。

该段 CRCP2007 年施工,路面结构:20cm 天然砂砾垫层＋18cm 水泥稳定砂砾底基层＋18cm 水泥稳定砂砾下基层＋1cm 乳化沥青封层＋20cm 贫混凝土基层＋1cm 稀浆封层＋30cm 连续配筋混凝土面层,连续配筋混凝土面层板宽为 5.7m。

布设双层钢筋网,纵向配筋率为 0.98%,横向配筋率为 0.42%。纵向钢筋上下层采用 ϕ18II 级钢筋,上下层布设间距分别为 15cm 和 20cm。横向钢筋均采用 ϕ16II 级钢筋,布设间距为 40cm,上下层钢筋网距混凝土板顶面分别为 10cm 和 20cm。

硬路肩同样采用连续配筋混凝土结构,与行车道为同一块板,宽度为 1.7m。CRCP 的端部采用毛勒伸缩缝。填土高度为 2～5m,两侧无排水设施。

2.2.4 粤赣高速连续配筋混凝土路面调查结果

1)基本状况

粤赣高速公路是国家重点公路阿荣旗—深圳的重要组成部分,是连接广西和江西的重要通道。路线起于粤赣交界陵镇,终于河源市埔前镇。全长 136.103km,全线按双向 4 车道标准设计,设计行车速度为 100km/h,路基宽 26m。

该高速公路由南向北跨越罗浮山脉、粤赣交界山岭重丘区,填挖交界频繁,路堤最高为 36m,桥隧相接,地形、地质、气候水文、降雨等条件复杂。全线路面结构有三种形式:37.7km 水泥混凝土路面结构,1.574kmCRCP,其余为沥青混凝土路面。粤赣高速公路在 2005 年底开放交通。

K117+500～900 试验段所处的河源属热带季风气候,年平均气温在 20～21℃之间,平均降雨量 1 881.8mm,年平均相对湿度 77%,年平均日照 2 051.1h。

K7+700～K8+540 试验段所处的和平县属中亚热带季风气候区,年平均气温在 17.9～20.2℃之间,年均雨量 1 536～1 845.3mm,大多数年份日照 1 704.7h 以上,年平均相对湿度 80%。

2)交通调查

(1)交通量

因试验段为左、右幅各一段,对两试验段的交通量分别进行统计。K7+700～K8+540 段右幅及 K117+500～900 段左幅,2006～2008 年交通量分别见图 2.9 和图 2.10。

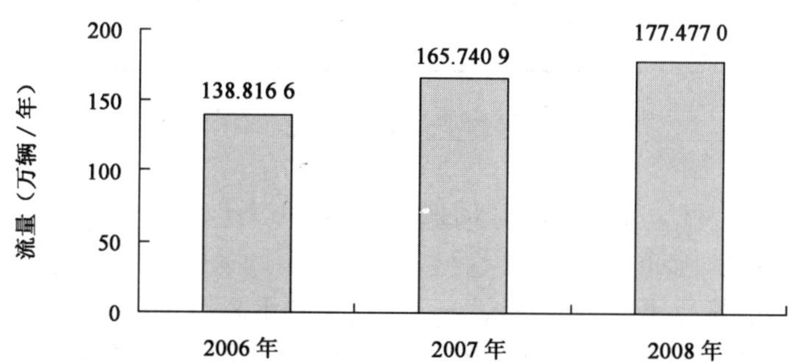

图 2.9 K7+700～K8+540 段右幅历年交通量统计图

(2)车辆构成

K7+700～K8+540 段右幅及 K117+500～900 段左幅交通量的车辆构成分别见表 2.7 和表 2.8。

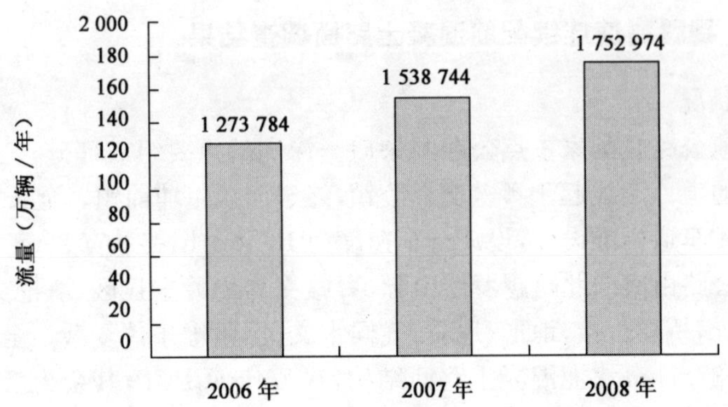

图 2.10　K117＋500～900 段左幅历年交通量统计图

K7＋700～K8＋540 段右幅交通组成（单位：辆）　　表 2.7

年份(年)	一型车	二型车	三型车	四型车	五型车	其他
2006	282 925	26 120	477 150	195 811	406 160	0
2007	398 957	28 689	367 861	244 028	617 874	0
2008	472 703	24 292	337 201	234 327	706 247	0

K117＋500～900 段左幅交通组成（单位：辆）　　表 2.8

年份(年)	一型车	二型车	三型车	四型车	五型车	其他
2006	283 082	24 958	417 583	163 204	384 101	856
2007	400 660	32 821	330 516	192 398	581 003	1 346
2008	503 085	28 227	294 296	230 475	693 777	3 114

3)设计和施工

(1)设计

为了比较双、单层配筋 CRCP 的使用效果，在 K117＋500～K118＋250 左幅铺筑了 750m 单层配筋 CRCP，在 K7＋700～K8＋520 右幅铺筑了 820m 双层配筋 CRCP 试验段。由于 K7＋700～K8＋520 右幅处于高填方段，路基不均匀沉降较大。因此在此路段布设双层连续配筋混凝土试验段，以利用连续配筋路面较强的抵抗不均匀沉降的能力。

路面结构：连续配筋混凝土面层 28cm＋热拌沥青瓜米石滑动封层＋5％水泥稳定级配碎石基层 20cm＋3.5％水泥稳定粒料底基层 20cm＋未筛分碎石垫层＋土质路基。双层配筋路面的纵向配筋率为 1.06％，纵向钢筋上层采用 ϕ18mmII 级钢筋、布设间距为 15cm，下层采用 ϕ22mmII 级钢筋、布设间距为 30cm；横向配筋率为0.27%，上下两层横向钢筋均采用ϕ12mmII级钢筋，布设间距为30cm；钢筋网分别布设在距路面顶面和底面8cm的位置。单层配筋路面纵向配筋率为0.68%，纵向钢筋采用ϕ22mmII级钢筋，间距为20cm；横向配筋率为0.13%，采用ϕ12mmII级钢筋，间距为30cm；钢筋网布设在距路面顶面10cm处。

硬路肩为普通混凝土路面，宽度为3m，每隔5m设置一道胀缝，主车道与硬路肩之间不设拉杆。直线段外侧设置边沟、拦水带、急流槽等排水设施；曲线段外侧从中央分隔带处排水，外侧设置拦水带；高路堤段设置截水沟。在K117+500～900试验段采用纵向刻槽，在K7+700～K8+520试验段采用横向刻槽。

端部采用凸形锚固地梁，其中K7+700～K8+520段起、终点分别设置三道锚固地梁，K117+500～K118+250段起、终点分别设置两道锚固地梁。

(2)施工资料

①主要施工工艺。在基层和底基层施工完成后采用开挖法进行锚固地梁施工。采用ϕ12mm钢筋做成U形支架支撑钢筋网片，支架间距为90cm，当现场施工温度较大时，为避免钢筋网变形，每隔60m采用绑扎方式接长纵向钢筋。

路面混凝土施工时，采用间歇式拌和机拌制，自卸机动车运输，同时严格控制搅拌时间和运输时间。待混凝土拉运到工地后由两台挖掘机一前一后同时均匀地布料于滑模摊铺机前。在混凝土摊铺30～45min后对其表面进行拉毛处理，再均匀地喷洒养生剂，并加塑料薄膜覆盖、养生。

②施工工艺控制要点。原材料方面：碎石采用当地的硬质花岗岩，用反击破破碎生产，按三级进行控制，强度达到100MPa以上；中砂细度模数为3.0，水泥采用韶峰P·O42.5水泥，进场温度控制在55℃以下。

为了满足施工和易性的要求，确保混凝土能够容易地注入钢筋网底部并振捣密实，对配合比进行调整。相比普通混凝土路面配合比降低了19～26.5mm规格碎石的用量，同时相应增加了9.5～19mm的碎石用量。调整后配合比为水泥350kg∶砂686kg∶粗集料(4.75～26.5mm)1 167kg∶水147kg∶外加剂3.85kg。

另外，拌和机出料时坍落度控制在30～40mm，摊铺时控制在15～30mm。摊铺机的振捣频率调整为10 000～12 000次/min，摊铺速度控制在0.7～1.0m/min。水泥混凝土的施工温度在25℃以下。

4)性能评价记录

原交通部公路科研院为了考察CRCP的受力特点与使用性能，对试验路进行了跟踪调查与测试。

(1)钢筋应力测试

在粤赣高速公路CRCP试验段埋设钢筋传感器。测试结果表明应力值均很小，说明路面铺筑质量较好，没有发生明显的破坏。

(2)裂缝观测

路面建成开放交通后，两条试验段的使用状况良好，没有出现任何结构性破坏。双层 CRCP 裂缝细密，间距不均匀；单层连续配筋路面的裂缝间距较均匀，但能观测到端部出现更宽的裂缝。开放交通之前，单、双层 CRCP 平均裂缝间距分别为 3.28m 和 3.52m，比较接近。具体裂缝间距分布见表 2.9。

开放交通前 CRCP 裂缝间距统计表 表 2.9

裂缝间距(m)		<1	1～2.5	>2.5	总计
双层	裂缝数(条)	68	32	125	225
	比例(%)	30	14	56	100
单层	裂缝数(条)	8	34	73	115
	比例(%)	7	30	63	100

2007 年底(运营两年后)，对两段试验路的裂缝分布重新进行调查，发现 CRCP 的裂缝间距变小。单、双层 CRCP 平均裂缝间距分别为 1.89m 和 1.38m。具体裂缝间距分布见表 2.10，由该表可以看出，双层和单层配筋的 CRCP，分别约有 68%和 67%的裂缝不在设计所要求的 1～2.5m 范围内。

开放交通前 CRCP 裂缝间距统计表 表 2.10

裂缝间距(m)		<1	1～2.5	>2.5	总计
双层	裂缝数(条)	280	183	105	568
	比例(%)	49	32	19	100
单层	裂缝数(条)	66	69	72	207
	比例(%)	32	33	35	100

5)噪声值测试

为了比较不同路面结构类型、不同车型、不同刻槽方式以及不同刻槽间距对车辆行驶噪声的影响，对各种车辆行驶时路面的噪声进行了测试，结果如表 2.11 所示。

路面噪声测试统计表 表 2.11

桩 号	路 幅	车型及相应的平均噪声值(dB)							
		小汽车		大巴		大卡车		中巴/小卡	
		近	远	近	远	近	远	近	远
K7+800	右	82.1	77.7	84.9	80	89.2	79.6	85.8	76.4
K117+800	左	83.5	72.2	88.3	77.9	91	79.9	86.3	76.5

6)养护和维修记录

从试验段开放交通至2009年1月份,路面性能良好,对路面的养护维修工作主要是裂缝灌缝处理。

2.3 连续配筋混凝土路面现状调查及分析

2.3.1 横向裂缝调查与分析

(1)总体情况

通过现场调查,分别对四条公路的横向裂缝数目,一般横向裂缝数目、Y形裂缝数目、X形裂缝数目、密集裂缝数目、错开裂缝数做了汇总,具体见表2.12。

横向裂缝汇总表　　表2.12

调查公路	调查段落	长度(m)	横向裂缝总数(条)	一般裂缝(条)	Y形裂缝(处)	X形裂缝(处)	密集裂缝(处)	错开裂缝(处)
耒宜高速	(Y)K469+200~500	300	221	75	13	0	39	66
	(Y)K491+100~400	300	230	80	15	8	45	2
	(Y)K500+150~450	300	214	85	13	0	23	47
	(Y)K506+550~850	300	161	78	4	0	14	62
	(Z)K475+750~K476+050	300	212	50	65	0	48	3
G210铜川段	K137+923~K138+143	220	332	81	27	1	33	9
孙吴线	K34+000~910	910	1 356	672	32	0	136	43
粤赣高速	(Y)K7+700~K8+540	840	566	110	31	0	76	13
	(Z)K117+500~900	400	178	82	40	0	13	3

注:Y表示右幅,Z表示左幅。

(2)裂缝间距分布情况

按照现行《公路水泥混凝土路面设计规范》(JTG D40—2002),连续配筋混凝土面层的纵向配筋设计时,横向裂缝的平均间距L为1.0~2.5m。当$L>2.5$m时,应增大配筋率,当$L<1$m时应减少配筋率。认为若裂缝间距小于1m,则路面板处于窄板的受力状态,即存在冲断并引发纵向开裂破坏的可能;当裂缝间距大于2.5m时,则裂缝的宽度太宽,接缝传荷能力降低,缝边容易出现楔形碎裂与崩边破坏,且导致表面水渗入结构内部,引起钢筋锈蚀等长期耐久性损坏。对调查路段的横向裂缝间距按照小于1m、1.0~2.5m以及大于2.5m三个

区间进行分类统计，其中不满足设计裂缝间距百分率最大的为粤赣高速右幅K7+700～K8+540段，为62.8%；不满足设计裂缝间距百分率最小的为耒宜高速右幅K491+100～400，为44%。这些路段最大裂缝间距为20m，最小裂缝间距为0.1m。最大平均裂缝间距出现在粤赣高速K117+500～900段左幅，为2.25m；最小平均裂缝间距出现在孙吴线K34+000～910段，为1.27m，具体结果见表2.13。

裂缝间距汇总表

表2.13

调查公路	调查段落	裂缝间距							
		最小值(m)	最大值(m)	平均值(m)	裂缝状态	<1m	1m～2.5m	>2.5m	合计(条)
耒宜高速	(Y)K469+200～500	0.1	5.2	1.35	裂缝(条)	93	105	23	221
					比率(%)	42	48	10	100
	(Y)K491+100～400	0.1	4.1	1.36	裂缝(条)	86	129	15	230
					比率(%)	37	56	7	100
	(Y)K500+150～450	0.1	4.6	1.39	裂缝(条)	94	96	24	214
					比率(%)	44	46	11	100
	(Y)K506+550～850	0.2	5.4	1.86	裂缝(条)	39	85	37	161
					比率(%)	24	53	23	100
	(Z)K475+750～K476+050	0.1	5.7	1.41	裂缝(条)	81	106	25	212
					比率(%)	38	50	12	100
G210铜川段	K137+923～K138+143	0.2	4.6	1.30	裂缝(条)	140	160	32	332
					比率(%)	42.2	48.2	9.6	100
孙吴线	K34+000～910	0.1	20	1.27	裂缝(条)	605	650	101	1356
					比率(%)	44.6	47.9	7.4	100
粤赣高速	(Y)K7+700～K8+540	0.1	13.1	1.47	裂缝(条)	266	211	89	566
					比率(%)	47.1	37.2	15.7	100
	(Z)K117+500～900	0.1	20	2.25	裂缝(条)	46	68	64	178
					比率(%)	25.8	38.2	36	100

为了得到各调查路段裂缝间距的分布，分别求各种裂缝间距占总裂缝间距数的百分率，结果见图2.11～图2.15，由图可知小于1m的裂缝间距所占比例最大。

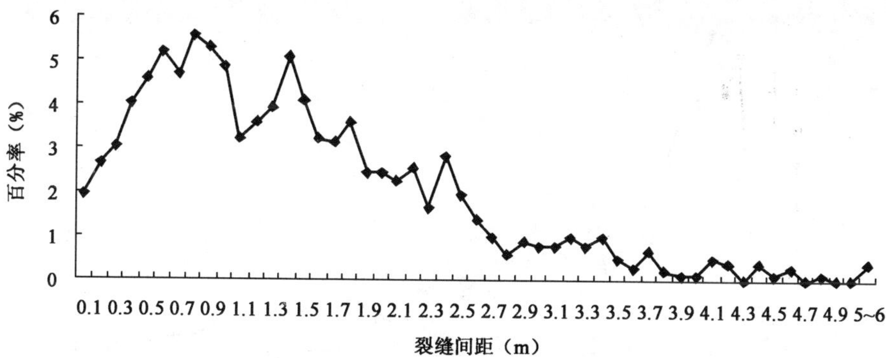

图 2.11　耒宜高速 CRCP 路段裂缝间距分布

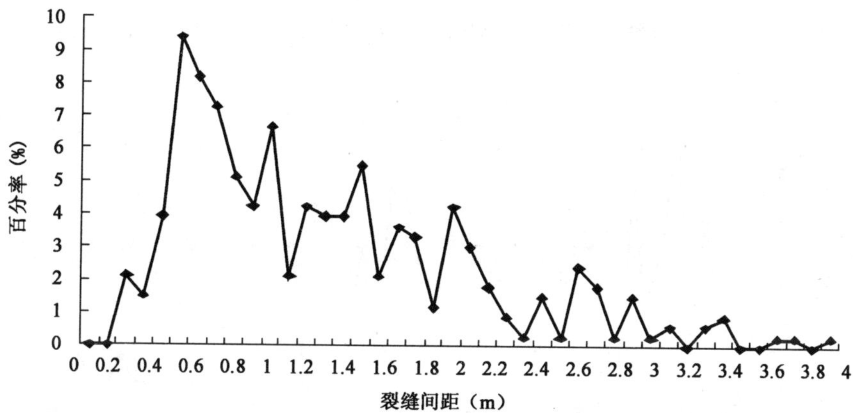

图 2.12　G210 铜川段 CRCP 路段裂缝间距分布

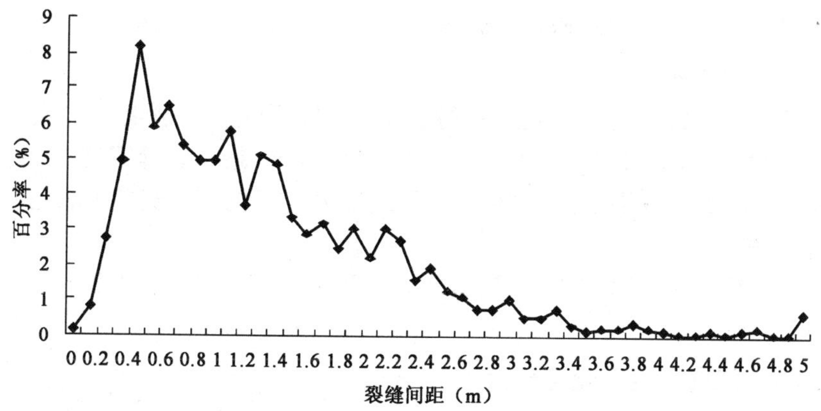

图 2.13　山西省道孙吴线 CRCP 路段裂缝间距分布

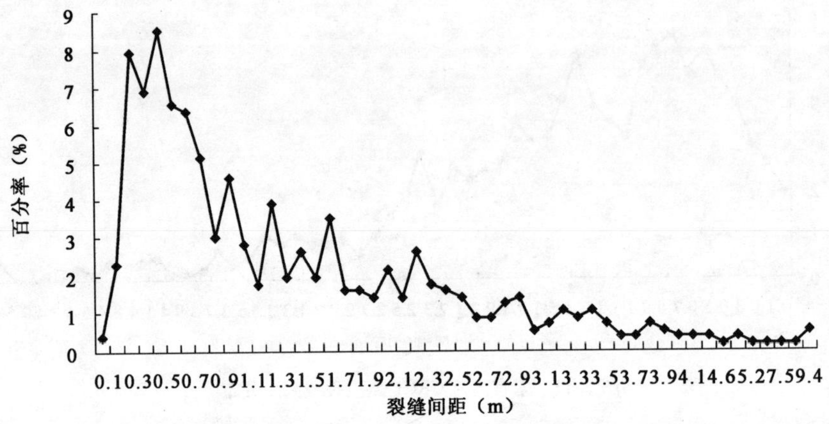

图 2.14　粤赣高速 CRCP 路段右幅 K7＋700～K8＋540 段裂缝间距分布

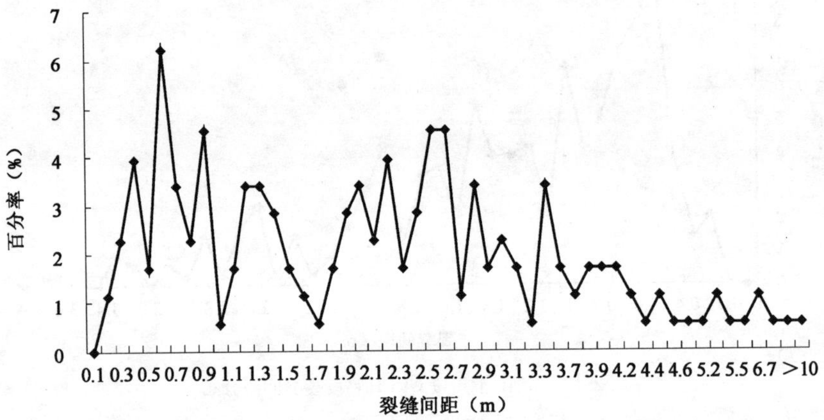

图 2.15　粤赣高速 CRCP 路段左幅 K117＋500～900 段裂缝间距分布

(3)横向裂缝宽度

粤赣高速和耒宜高速对裂缝已进行了灌缝处理，因此无法测量裂缝宽度。

G210 铜川段 CRCP 路段，最大裂缝宽度为 14mm，最小裂缝宽度为 0.1mm。宽度小于等于 1mm 的裂缝占到 64.2%，因此有 35.8%的裂缝宽度不满足设计要求，具体见图 2.16。

山西省道孙吴线 CRCP 路段，裂缝最大宽度为 0.94mm，最小宽度为 0.18mm。平均宽度为 0.52mm。

2.3.2　纵向裂缝调查与分析

最长、最短纵向裂缝均出现在耒宜高速，分别为 49.5m 和 0.3m。各路段纵向裂缝长度详见表 2.14。

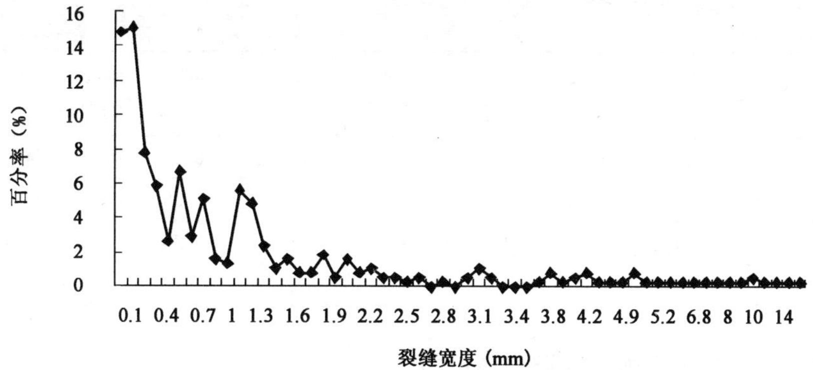

图 2.16 G210 铜川段 CRCP 路段裂缝宽度分布

纵向裂缝情况汇总表 表 2.14

调查公路	路段长度(m)	纵向裂缝总数(条)	纵缝最大长度(m)	纵缝最小长度(m)	纵缝平均长度(m)	纵缝总长度(m)
耒宜高速	1 500	199	49.5	0.3	3.58	712.4
G210 铜川段	220	58	38	0.7	6.6	382.9
孙吴线	910	30	12.3	0.4	1.44	46.1
粤赣高速	1 240	6	6.5	0.7	3.13	18.8

2.3.3 冲断调查与分析

冲断数目最多的为 G210 铜川段 CRCP 路段，最少的为粤赣高速 CRCP 路段。但值得注意的是，虽然 G210 铜川段 CRCP 试验路段冲断数目较多，但目前冲断部分均无明显的沉降迹象，也没有发生影响交通的破坏，不需要进行养护处理。各个路段的具体冲断情况见表 2.15。由该表可以看出，冲断多发生在密集裂缝处。

冲断情况汇总表 表 2.15

调查公路	调查路段	路段长度(m)	冲断数目(处)	冲断面积(m^2)	冲断发生在密集裂缝处的百分率(%)
耒宜高速	(Y)K469+200～500	300	17	61.19	70.6
	(Y)K491+100～400	300	26	50.67	53.8
	(Y)K500+150～450	300	2	2.7	100
	(Y)K506+550～850	300	3	1.88	66.7
	(Z)K475+750～K476+050	300	9	82.16	80

续上表

调查公路	调 查 路 段	路段长度(m)	冲断数目(处)	冲断面积(m^2)	冲断发生在密集裂缝处的百分率(%)
G210 铜川段	K137+923～K138+143	220	234	602	44
孙吴线	K34+000～910	910	5	11.06	100
粤赣高速	(Y)K7+700～K8+540	840	1	1.2	50
	(Z)K117+500～900	400	3	2.81	

2.3.4 其他路表病害调查与分析

调查路段中，耒宜高速各种其他病害最多，具体见表 2.16。

其他路表病害情况汇总表　　表 2.16

公 路 名 称	路段长度(m)	集料磨光(处)	坑槽(处)	修补(处)	网裂(处)
耒宜高速	1 500	2	6	45	0
G210 铜川段	220	0	0	0	7
孙吴线	910	2	1	0	13
粤赣高速	840	0	3	0	0

2.3.5 排水设施调查与分析

耒宜高速 CRCP 调查路段，路基两侧的边沟、排水沟等排水设施情况良好；G210 铜川段 CRCP 调查路段，路右侧设置了边沟，排水情况良好，路线纵坡坡度较大，路表积水能迅速排除；山西省道孙吴线 CRCP 调查路段无排水设施；粤赣高速 CRCP 调查路段，K7+700～K8+540 段为高路堤段，且试验段起始部分处于曲线段外侧，由中央分隔带排水，路面外侧设置拦水带。直线段外侧设置边沟、拦水带、急流槽等排水设施，边坡上设置截水沟。K117+500～900 试验段外侧设置边沟等排水设施。两段的排水设施均维护良好。

2.3.6 端部调查与分析

耒宜高速 CRCP 调查路段，端部采用凸形地梁和宽翼梁工字梁锚固设施，未发现有损坏现象；G210 铜川段 CRCP 调查路段，CRCP 起始端已经被沥青混凝土覆盖，终端部情况良好；山西省道孙吴线 CRCP 调查路段，CRCP 的端部采用毛勒伸缩缝，部分已经损坏；粤赣高速 CRCP 调查路段，端部采用凸形地梁进行锚固，使用情况良好。

2.4 调研结论和连续配筋混凝土路面设计指标选择

通过对耒宜高速、G210铜川段、山西省道孙吴线二级公路和粤赣高速四条公路的CRCP进行的调查，得到以下结论：

(1)各路段的设计均按照《公路水泥混凝土路面设计规范》(JTG D40—2002)进行，设计时均控制裂缝间距在1.0～2.5m。但实际上，耒宜高速、G210铜川段、山西孙吴线、粤赣高速分别有50%、51.7%、51.9%、62.3%的裂缝间距不在这个范围，而且各调查路段均出现了大量的裂缝密集路段。

(2)裂缝宽度是影响CRCP长期性能的关键。当裂缝宽度过大时，在环境因素的影响下，裂缝处可能因渗水而锈蚀钢筋，侵蚀基层，且宽的横向裂缝会引起荷载传递能力损失和裂缝处混凝土剥落，进而导致面板在车轮的作用下容易发生冲断破坏。目前规范规定裂缝宽度应小于1mm。铜川试验段裂缝的平均宽度大于1mm，而且宽度的大小也不均匀。

(3)尽管CRCP病害涉及冲断、坑槽、网裂、剥落、表面磨光等，但除冲断以外的病害仅零星发生，冲断是最主要的病害，能占到影响行车病害总量的90%以上。

(4)造成CRCP冲断的原因主要有：路表水渗入板底造成混凝土板脱空、路基不均匀沉降、重车交通量大、施工工艺不成熟、路面内部排水系统不完善等。在密集裂缝处发生的冲断最多，山西二级公路、G210铜川段、粤赣高速和耒宜高速密集裂缝处的冲断分别占到冲断总量的100%、44%、50%和63%。

(5)为了控制CRCP裂缝的不均匀开裂，个别公路对CRCP进行预切缝处理，以防止混凝土路面不规则的开裂给路面带来病害。粤赣高速公路K117+500～900段对部分CRCP进行预切缝处理，切缝间距为5m，在整个预切缝路段未发现横向和纵向裂缝，且CRCP使用情况良好，除10个轻微的坑槽外，未发现其他病害。由于实行预切缝的路段太短，修筑时间也短，因此预切缝的效果尚需大量的工程验证。

国内CRCP病害调查结果表明，应以冲断作为CRCP的设计指标，同时根据平均裂缝间距来预估冲断是不合理的，应根据密集裂缝的间距来预估冲断。

3 温降和干缩作用下连续配筋混凝土路面力学分析和参数敏感性分析

3.1 温降和干缩作用下连续配筋混凝土路面应力和位移分析

CRCP与普通水泥混凝土路面有很大不同，主要表现在：CRCP的纵向拉应力主要来自温降和干缩受到约束而胀缩无法自由发生引起的应力，而温度梯度引起的纵向拉应力较小，在温降和混凝土干缩所引起应力的1%以内，普通水泥混凝土路面的应力则主要来自于温度梯度引起的翘曲应力；普通水泥混凝土路面设置接缝，地基与面板之间的摩擦阻力很小，在力学分析中通常忽略不计，而CRCP受到的纵向摩阻力一般不可忽略(胡长顺等)。Roesler等人研究表明，CRCP配置纵向钢筋的主要作用是控制温降和干缩引起的横向裂缝，使得横向裂缝间距在合理的范围内，不至于出现较小的裂缝间距和过宽的裂缝宽度而导致冲断。

3.1.1 分析模型

1)应力组成

CRCP主要承受温降荷载和混凝土的干缩作用，分析中假设温降沿板厚均匀分布，并记均匀温降为ΔT，由此引起的路面温度应力称为温缩应力；混凝土硬化过程中水泥的水化以及养护过程中环境因素等影响导致失水引起干缩变形，干缩变形受到纵向钢筋和地基摩阻等的约束作用而产生内应力，即为混凝土干缩应力。

在混凝土应力分析中，记总的应力σ为两部分应力之和，即：

$$\sigma = \sigma_d + \sigma_s \tag{3.1}$$

式中：σ_d——路面均匀温降引起的温缩应力；

σ_s——混凝土干缩变形引起的干缩应力。

2)钢筋与混凝土之间的黏结滑移关系

钢筋与混凝土之间黏结滑移关系是钢筋混凝土结构力学分析中重要的本构关系，是保证钢筋与混凝土共同受力、协调变形的工作基础。Siligar在1936年首先提出了钢筋与混凝土结构的黏结滑移理论，认为混凝土与钢筋的接触面上存在黏结应力，钢筋与混凝土的变形并不一致，而是存在滑移。Kim 等学者研究表明，CRCP 变形与应力的主方向和纵向钢筋平行，常用的钢筋与混凝土之间的黏结滑移本构关系如图 3.1 所示，图中 τ_s 为钢筋与混凝土间的黏结应力，s 为钢筋与混凝土间的相对位移。

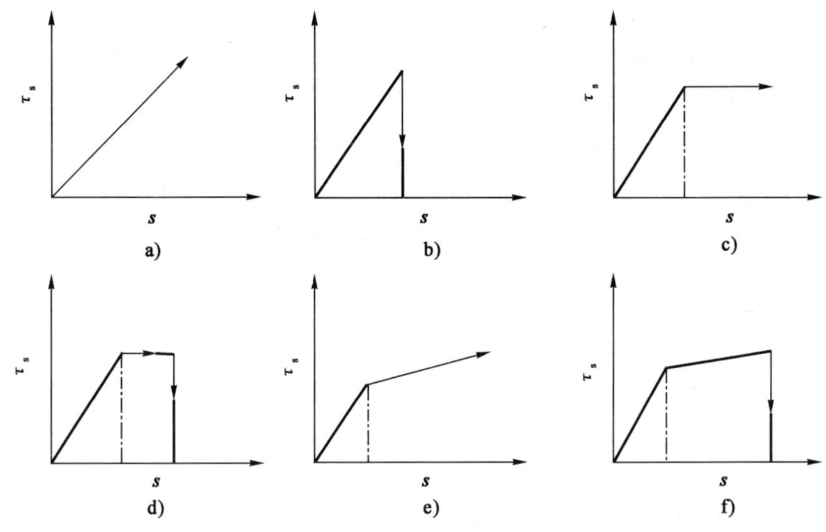

图 3.1　钢筋与混凝土间黏结滑移关系

钢筋与混凝土间的相互作用是非常复杂的，钢筋与混凝土间的黏结作用是两者间进行应力传递的基础，钢筋和混凝土间的黏结应力 τ_s 与两者间相对滑移 s 间的关系是结构分析的依据。Kim 等人指出，通常在有限元等数值分析中采用非线性的钢筋与混凝土间黏结滑移本构关系，图 3.2 为得克萨斯大学奥斯汀分校采用的钢筋与混凝土间黏结滑移关系。

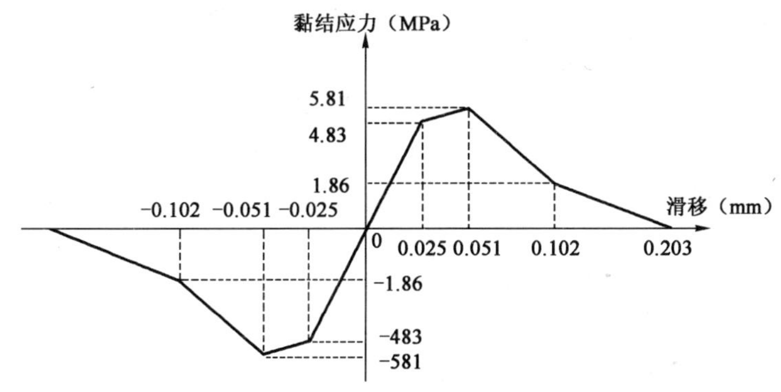

图 3.2　混凝土和钢筋之间的黏结滑移关系示意

本书认为温降和混凝土干缩引起的应力并不能引起钢筋与混凝土间的黏结破坏，在黏结破坏发生之前认为黏结应力-滑移间呈线性变化，如图 3.1a)所示。钢筋与混凝土间线性黏结滑移关系本构方程如下：

$$\tau_s = k_s s \tag{3.2}$$

式中：k_s ——钢筋与混凝土间的黏结刚度系数。

3)基层与面板之间的摩阻关系

不同类型基层与路面板之间的摩阻力（剪应力）大小不同，目前国内外的研究不多，现有的计算模型主要如下。

(1)线性模型

如图 3.1a)所示，认为基层与路面板之间的摩阻力 τ_c 与两者之间的水平位移 u 成正比，即：

$$\tau_c = k_c u \tag{3.3}$$

式中：k_c ——基层与面板间的摩阻力系数。

王铁梦根据剪切试验结果得到了在不同垂直荷载作用条件下混凝土结构与土等材料的相互作用关系，得出结论认为在混凝土结构位移较小时，剪应力与相对滑移满足式(3.3)。

(2)分段线性模型

如图 3.1c)所示，认为当 τ_c 随 u 增长到一定程度后，接触面剪应力保持为一常数，即：

$$\tau_c = \begin{cases} k_c u & u \leqslant u_y \\ \tau_y & u > u_y \end{cases} \tag{3.4}$$

式中：u_y ——面板水平位移临界值；

τ_y ——临界剪应力。

殷宗泽等提出了一种土与结构相互作用的刚塑性模型，即认为剪应力与相对滑移之间的关系是一种分段线性关系，即满足式(3.4)。钟春玲等测试了 CRCP 面层与二灰稳定碎石基层的摩阻滑移关系，得到分段线性模型，即式(3.5)。Kim 等指出得克萨斯大学奥斯汀分校采用的基层与面板间关系如图 3.3 所示，该模型也是分段线性模型。

$$\tau_c = \begin{cases} 4.27u & u \leqslant 2.46 \\ 0.24u + 9.925 & u > 2.46 \end{cases} \tag{3.5}$$

(3)双曲线模型

钱家欢等通过对直剪试验结果的分析，得出了一种如图 3.4 所示的双曲线模型，即：

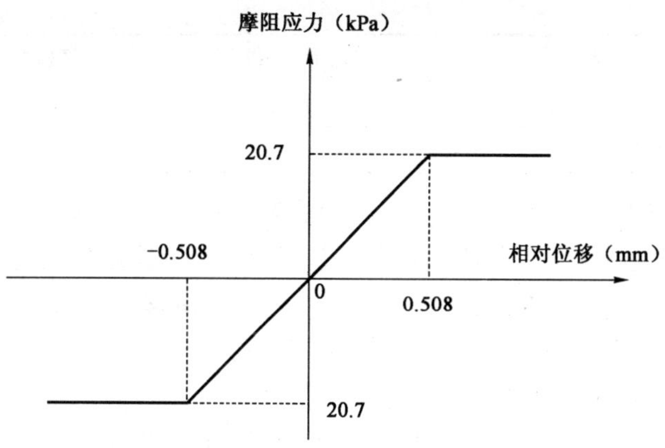

图 3.3 混凝土板与基层间摩阻关系

$$\tau_c = \frac{u}{a + bu} \tag{3.6}$$

式中：a，b——系数，通过剪切试验确定。

美国《力学-经验法公路设计指南》给出的不同类型基层与混凝土面板间的摩擦系数见表 3.1。得克萨斯大学奥斯汀分校进行 CRCP 有限元分析时采用的单位面积黏结刚度如表 3.2 所示。表中第三列为第二列乘以纵向钢筋间距(b=0.15m)的结果。

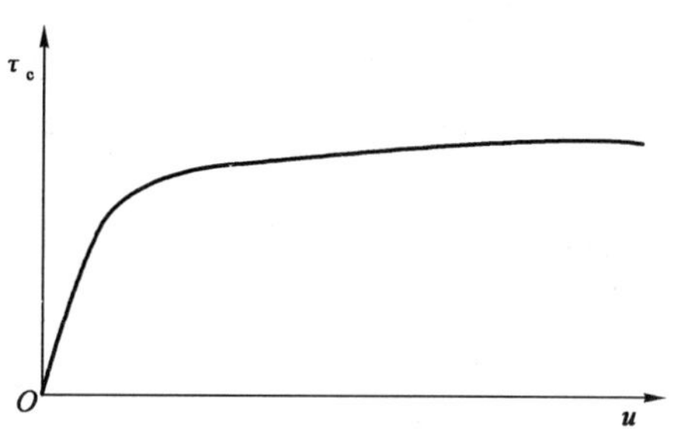

图 3.4 混凝土板与基层间双曲线模型

板-基层摩擦系数　　表 3.1

基层材料	摩擦系数(低—平均—高)	基层材料	摩擦系数(低—平均—高)
细粒土	0.5—1.1—2	水泥稳定土	3.5—8.9—13
砂	0.5—0.8—1	水泥稳定土	6.0—7.9—23
集料	0.5—2.5—4	贫混凝土	1.0—6.6—20
石灰稳定土	3—4.1—5.3	没有养护的贫混凝土	>36
沥青稳定土	2.5—7.5—15		

不同基层与面板间的摩擦滑移刚度和摩阻力系数　　表 3.2

基层类型	黏结刚度(MPa/m²)	摩阻力系数(MPa/m)
密级配沥青碎石基层(ATB)	597.6	89.6
柔性基层(除 ATB 外)	1 555.3	233.3
水泥稳定碎石基层(CTB)	164 621.0	24 693.2

续上表

基 层 类 型	黏结刚度(MPa/m²)	摩阻力系数(MPa/m)
石灰处治土基层	1 651.6	247.7
未处治土基层	235.2	35.3

混凝土板变形的约束主要来自纵向钢筋和基层的摩阻,不同基层对面板的摩阻作用不同,并且在面板反复胀缩作用下基层对面板的摩阻作用逐渐减弱,后文分别按照式(3.2)和式(3.3)考虑钢筋与混凝土间黏结滑移关系和基层与面板间的摩阻关系,对温降和混凝土干缩作用下的CRCP进行应力分析。

4)CRCP应力分析模型

图3.5所示为CRCP模型,板中配置了纵向和横向的钢筋,其中纵向钢筋用来控制温降和干缩作用下的应力,使得横向裂缝被拉紧,横向钢筋主要用来支撑纵向钢筋。在温降和干缩等的影响下路面产生横向裂缝,裂缝间距(即板长)为s,钢筋的横向间距为b,板厚为h_c。由于钢筋是等间距布置的,故可以任意取出带一根钢筋的板条进行分析(图3.6)。板条在温降和干缩作用下的受力分布如图3.7所示。混凝土由于干缩变形受到约束,内部会产生拉应力,钢筋受到来自混凝土的剪应力及两端的拉力。

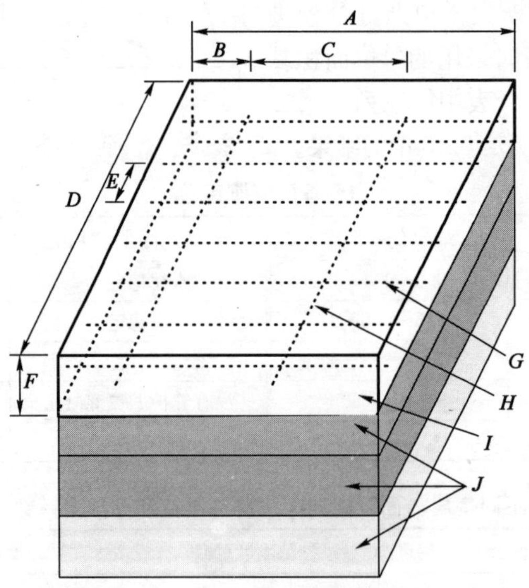

图3.5 CRCP模型图

A-横向裂缝间距s;B-横向钢筋距横缝的距离;C-横向钢筋间距;D-板宽;E-纵向钢筋间距b;F-板厚h_c;G-纵向钢筋;H-横向钢筋;I-混凝土板;J-基层、底基层等

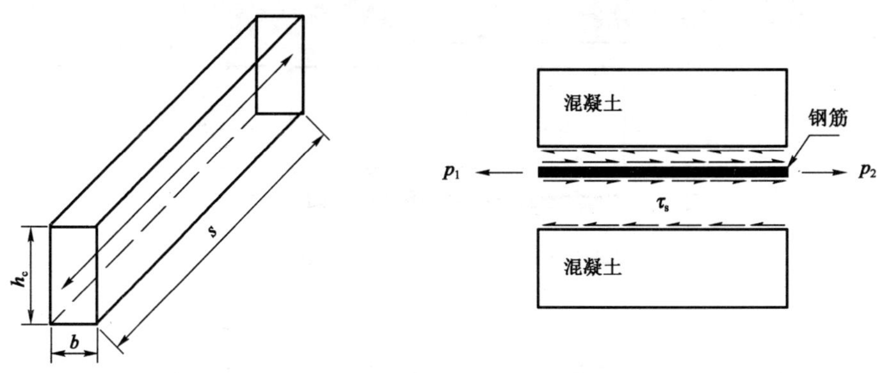

图 3.6 CRCP 带钢筋的板条　　图 3.7 板条中钢筋和混凝土受力分布

温降和干缩的作用下，CRCP 内钢筋与混凝土的应力和位移关于板中对称分布，在两端裂缝处混凝土的应力为零，在板中钢筋和混凝土的位移为零。根据对称条件，取板的二分之一作为应力分析的模型，如图 3.8 所示，其中 L 为裂缝间距 s 的 1/2。

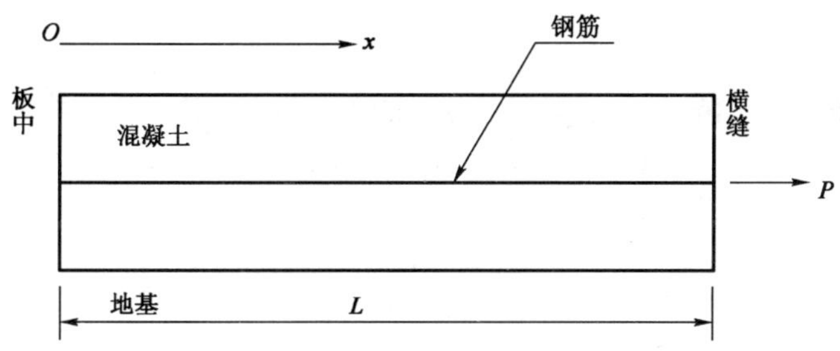

图 3.8 CRCP 温度应力分析模型

3.1.2 应力和位移分析

CRCP 受到来自钢筋和地基的约束，在如图 3.7 所示的计算模型中取混凝土板条长度为 $\mathrm{d}x$ 的微元体(图 3.9)(曹东伟)，假设混凝土应力沿截面均匀分布。微元体中混凝土受到两端大小为 σ_c 和 $\sigma_c+\mathrm{d}\sigma_c$ 的应力作用，并受到来自钢筋的约束应力 τ_s 和基层摩阻力 τ_c 的作用；微元体中钢筋受到两端大小为 σ_s 和 $\sigma_s+\mathrm{d}\sigma_s$ 的应力作用，并受到来自混凝土的约束应力 τ_s 的作用。混凝土面积为 A_c，模量为 E_c；钢筋直径为 d_s，面积为 A_s，模量为 E_s；配筋率 $p=A_s/A_c$；混凝土与钢筋的位移分别为 u_c 和 u_s。

根据图 3.9，由混凝土在 x 方向受力平衡 $\sum x=0$，可得(曹东伟)：

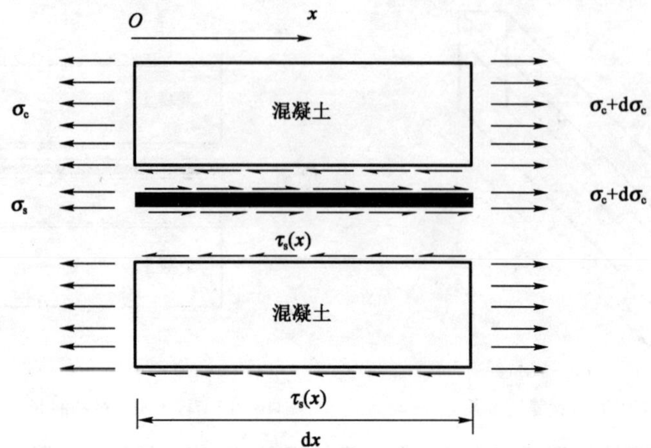

图 3.9 考虑地基摩阻的 CRCP 温缩应力计算模型

$$A_c(\sigma_c + d\sigma_c - \sigma_c) - \pi d_s dx\tau_s - b dx\tau_c = 0 \tag{3.7}$$

整理为：

$$\frac{d\sigma_c}{dx} - \frac{\pi d_s}{A_c}\tau_s - \frac{b}{A_c}\tau_c = 0 \tag{3.8}$$

由钢筋在 x 方向的受力平衡 $\sum x=0$，可得（曹东伟）：

$$A_s(\sigma_s + d\sigma_s - \sigma_s) + \pi d_s dx\tau_s = 0 \tag{3.9}$$

整理为：

$$\frac{d\sigma_s}{dx} + \frac{\pi d_s}{A_s}\tau_s = 0 \tag{3.10}$$

由 $\sigma_c = E_c\varepsilon = E_c\left(\frac{du_c}{dx} + \alpha\Delta T + \varepsilon_{sh}\right)$，可得 $\frac{d\sigma_c}{dx} = E_c\frac{d^2u_c}{dx^2}$。

由 $\sigma_s = E_s\varepsilon = E_s\left(\frac{du_s}{dx} + \alpha\Delta T\right)$，可得 $\frac{d\sigma_s}{dx} = E_s\frac{d^2u_s}{dx^2}$，故：

$$\frac{d^2u_c}{dx^2} - \frac{\pi d_s}{A_cE_c}\tau_s - \frac{b}{A_cE_c}\tau_c = 0 \tag{3.11}$$

$$\frac{d^2u_s}{dx^2} + \frac{\pi d_s}{A_sE_s}\tau_s = 0 \tag{3.12}$$

根据式(3.2)和式(3.3)，可得：

$$\frac{d^2u_c}{dx^2} - \frac{\pi d_s k_s}{A_cE_c}(u_c - u_s) - \frac{bk_c}{A_cE_c}u_c = 0 \tag{3.13}$$

$$\frac{d^2u_s}{dx^2} + \frac{\pi d_s k_s}{A_sE_s}(u_c - u_s) = 0 \tag{3.14}$$

令 $a_1 = \frac{\pi d_s k_s}{A_c E_c}, a_2 = \frac{k_c b}{A_c E_c}, a_3 = \frac{\pi d_s k_s}{A_s E_s}$，整理式(3.13)和式(3.14)可得：

$$\begin{cases} \frac{d^2 u_c}{dx^2} - (a_1 + a_2) u_c + a_1 u_s = 0 \\ \frac{d^2 u_s}{dx^2} - a_3 u_s + a_3 u_c = 0 \end{cases} \tag{3.15}$$

对此方程进行求解，由方程(3.15)得：

$$u_s = \frac{(a_1 + a_2) u_c}{a_1} - \frac{d^2 u_c}{a_1 dx^2} \tag{3.16}$$

对式(3.16)对 x 两次求导得：

$$\frac{d^2 u_s}{dx^2} = (a_1 + a_2) \frac{d^2 u_c}{a_1 dx^2} - \frac{d^4 u_c}{a_1 dx^4} \tag{3.17}$$

将式(3.16)和式(3.17)代入方程(3.15)得：

$$\frac{d^4 u_c}{dx^4} - (a_1 + a_2 + a_3) \frac{d^2 u_c}{dx^2} + a_2 a_3 u_c = 0 \tag{3.18}$$

式(3.18)的特征方程为：

$$r^4 - (a_1 + a_2 + a_3) r^2 + a_2 a_3 = 0 \tag{3.19}$$

则：

$$r_1 = \sqrt{\frac{1}{2}\left[a_1 + a_2 + a_3 + \sqrt{(a_1 + a_2 + a_3)^2 - 4a_2 a_3}\right]}$$

$$r_2 = -r_1$$

$$r_3 = \sqrt{\frac{1}{2}\left[a_1 + a_2 + a_3 + \sqrt{(a_1 + a_2 + a_3)^2 - 4a_2 a_3}\right]}$$

$$r_4 = -r_3$$

故式(3.18)的通解为：

$$u_c = c_1 e^{r_1 x} + c_2 e^{-r_1 x} + c_3 e^{r_3 x} + c_4 e^{-r_3 x} \tag{3.20}$$

代入式(3.16)得：

$$u_s = c_1 b_1 e^{r_1 x} + c_2 b_1 e^{-r_1 x} + c_3 b_2 e^{r_3 x} + c_4 b_2 e^{-r_3 x} \tag{3.21}$$

式中：$b_1 = (a_1 + a_2 - r_1^2)/a_1, b_2 = (a_1 + a_2 - r_3^2)/a_1$。

CRCP 边界条件（$x = L$ 处为裂缝截面）为：

$$\begin{matrix} u_c |_{x=0} = 0 & u_s |_{x=L} = 0 \\ u_s |_{x=0} = 0 & \sigma_c |_{x=L} = 0 \end{matrix} \tag{3.22}$$

代入上述边界条件可得：

$$c_1 + c_2 + c_3 + c_4 = 0$$

$$c_1 r_1^2 + c_2 r_1^2 + c_3 r_3^2 + c_4 r_3^2 = 0$$

$$c_1 b_1 e^{r_1 L} + c_2 b_1 e^{-r_1 L} + c_3 b_2 e^{r_3 L} + c_4 b_2 e^{-r_3 L} = 0$$

$$c_1 r_1 e^{r_1 L} - c_2 r_1 e^{-r_1 L} + c_3 r_3 e^{r_3 L} - c_4 e^{-r_3 L} + a_c \Delta T + \varepsilon_{sh} = 0$$

由前两式易知 $c_1 = -c_2, c_3 = -c_4$，则：

$$c_1 b_1 (e^{r_1 L} - e^{-r_1 L}) + c_3 b_2 (e^{r_3 L} - e^{-r_3 L}) = 0$$

$$c_1 r_1 (e^{r_1 L} + e^{-r_1 L}) + c_3 r_3 (e^{r_3 L} + e^{-r_3 L}) = -\alpha_c \Delta T - \varepsilon_{sh}$$

则：

$$c_1 = \frac{\begin{vmatrix} 0 & b_2(e^{r_3 L} - e^{-r_3 L}) \\ -\alpha_c \Delta T - \varepsilon_{sh} & r_2(e^{r_3 L} + e^{-r_3 L}) \end{vmatrix}}{\begin{vmatrix} b_1(e^{r_1 L} - e^{-r_1 L}) & b_2(e^{r_3 L} - e^{-r_3 L}) \\ r_1(e^{r_1 L} + e^{-r_1 L}) & r_3(e^{r_3 L} + e^{-r_3 L}) \end{vmatrix}} = \frac{(\alpha_c \Delta T + \varepsilon_{sh}) b_2 \operatorname{sh}(r_3 L)}{2b_1 r_3 \operatorname{sh}(r_1 L)\operatorname{ch}(r_3 L) - 2b_2 r_1 \operatorname{ch}(r_1 L)\operatorname{sh}(r_3 L)}$$

$$c_3 = \frac{\begin{vmatrix} b_1(e^{r_1 L} - e^{-r_1 L}) & 0 \\ r_1(e^{r_1 L} + e^{-r_1 L}) & -\alpha_c \Delta T - \varepsilon_{sh} \end{vmatrix}}{\begin{vmatrix} b_1(e^{r_1 L} - e^{-r_1 L}) & b_2(e^{r_3 L} - e^{-r_3 L}) \\ r_1(e^{r_1 L} + e^{-r_1 L}) & r_3(e^{r_3 L} + e^{-r_3 L}) \end{vmatrix}} = \frac{-(\alpha_c \Delta T + \varepsilon_{sh}) b_1 \operatorname{sh}(r_1 L)}{2b_1 r_3 \operatorname{sh}(r_1 L)\operatorname{ch}(r_3 L) - 2b_2 r_1 \operatorname{ch}(r_1 L)\operatorname{sh}(r_3 L)}$$

令：

$$F_1 = \frac{(\alpha_c \Delta T + \varepsilon_{sh}) b_2 \operatorname{sh}(r_3 L)}{b_1 r_3 \operatorname{sh}(r_1 L)\operatorname{ch}(r_3 L) - b_2 r_1 \operatorname{ch}(r_1 L)\operatorname{sh}(r_3 L)}$$

$$F_2 = \frac{-(\alpha_c \Delta T + \varepsilon_{sh}) b_1 \operatorname{sh}(r_1 L)}{b_1 r_3 \operatorname{sh}(r_1 L)\operatorname{ch}(r_3 L) - b_2 r_1 \operatorname{ch}(r_1 L)\operatorname{sh}(r_3 L)}$$

则：

$$u_c = F_1 \operatorname{sh}(r_1 x) + F_2 \operatorname{sh}(r_3 x) \tag{3.23}$$

$$u_s = F_1 b_1 \operatorname{sh}(r_1 x) + F_2 b_2 \operatorname{sh}(r_3 x) \tag{3.24}$$

$$\sigma_c = E_c\left(\frac{du_c}{dx} + \alpha_c \Delta T + \varepsilon_{sh}\right) = E_c[F_1 r_1 \operatorname{ch}(r_1 x) + F_2 r_3 \operatorname{ch}(r_3 x) + \alpha_c \Delta T + \varepsilon_{sh}] \tag{3.25}$$

$$\sigma_s = E_s\left(\frac{du_s}{dx} + \alpha_s \Delta T\right) = E_s[F_1 b_1 r_1 \operatorname{ch}(r_1 x) + F_2 b_2 r_3 \operatorname{ch}(r_3 x) + \alpha_s \Delta T] \tag{3.26}$$

$$\Delta u = u_c - u_s = F_1(1 - b_1)\operatorname{sh}(r_1 x) + F_2(1 - b_2)\operatorname{sh}(r_3 x) \tag{3.27}$$

$$\tau_s = k_s F_1(1 - b_1)\operatorname{sh}(r_1 x) + k_s F_2(1 - b_2)\operatorname{sh}(r_3 x) \tag{3.28}$$

$$\tau_c = k_c u_c = k_c F_1 \operatorname{sh}(r_1 x) + k_s F_2 \operatorname{sh}(r_3 x) \tag{3.29}$$

3.1.3 应力和位移分布

为研究温降和干缩作用下 CRCP 应力应变等的分布规律，需要假定一种

CRCP结构类型，在无特别说明的情况下，用表3.3所列参数为基本参数来研究CRCP应力和位移。

CRCP基本参数取值 表3.3

面层厚度 h_c	0.24m	钢筋线膨胀系数 α_s	9×10^{-6}/℃
混凝土弹性模量 E_c	3×10^{10}Pa	钢筋与混凝土间的黏结刚度系数 k_s	3×10^{10}Pa/m
钢筋弹性模量 E_s	2×10^{11}Pa	基层与面板间的摩阻力系数 k_c	5×10^{7}Pa/m
钢筋直径 d_s	0.016m	温度下降 ΔT	30℃
纵向钢筋间距 b	0.12m	混凝土干缩 ε_{sh}	2×10^{-4}
混凝土线膨胀系数 α_c	10×10^{10}/℃	裂缝间距	1.5m

如表3.4所示为CRCP应力和位移计算结果，如图3.10所示为CRCP混凝土位移、应力和钢筋应力沿路面纵向的分布，如图3.11所示为CRCP钢筋位移、钢筋与混凝土间黏结应力和基层与面板间摩阻应力沿路面纵向的分布。结果表明，当板中处 $x=0$ 和裂缝处 $x=L$ 时，混凝土的位移沿路面纵向增大，在裂缝处最大；混凝土的应力沿路面纵向减小，在板中处最大，在裂缝处为零；钢筋的应力沿路面纵向增加，在裂缝处最大；钢筋的位移沿路面纵向先增大后减小，在裂缝处为零；钢筋与混凝土间的黏结应力沿路面纵向增加，在裂缝处最大；基层与面板间的摩阻力沿路面纵向增加，在裂缝处最大。钢筋与混凝土之间的黏结应力远大于基层与面板间的摩阻力，说明CRCP受到的约束主要来自钢筋的作用，基层对CRCP的约束相对较小。

CRCP的应力与位移计算结果 表3.4

x(m)	u_c (mm)	u_s (mm)	σ_c (MPa)	σ_s (MPa)	τ_s (MPa)	τ_c (kPa)
0.00	0.000	0.000	2.664	−20.911	0.000	0.000
0.05	0.021	0.019	2.661	−20.564	0.056	1.028
0.10	0.041	0.037	2.654	−19.491	0.117	2.057
0.15	0.062	0.055	2.640	−17.583	0.190	3.086
0.20	0.082	0.073	2.619	−14.654	0.282	4.117
0.25	0.103	0.090	2.588	−10.411	0.402	5.150
0.30	0.124	0.105	2.545	−4.435	0.562	6.186
0.35	0.145	0.119	2.486	3.865	0.777	7.226
0.40	0.165	0.130	2.404	15.313	1.069	8.272
0.45	0.187	0.138	2.293	31.041	1.468	9.326
0.50	0.208	0.141	2.140	52.606	2.011	10.391
0.55	0.229	0.138	1.931	82.143	2.753	11.471

续上表

x(m)	u_c (mm)	u_s (mm)	σ_c (MPa)	σ_s (MPa)	τ_s (MPa)	τ_c (kPa)
0.60	0.251	0.126	1.647	122.575	3.768	12.571
0.65	0.274	0.102	1.258	177.903	5.156	13.700
0.70	0.297	0.062	0.726	253.602	7.054	14.866
0.75	0.322	0.000	0.000	357.161	9.650	16.084

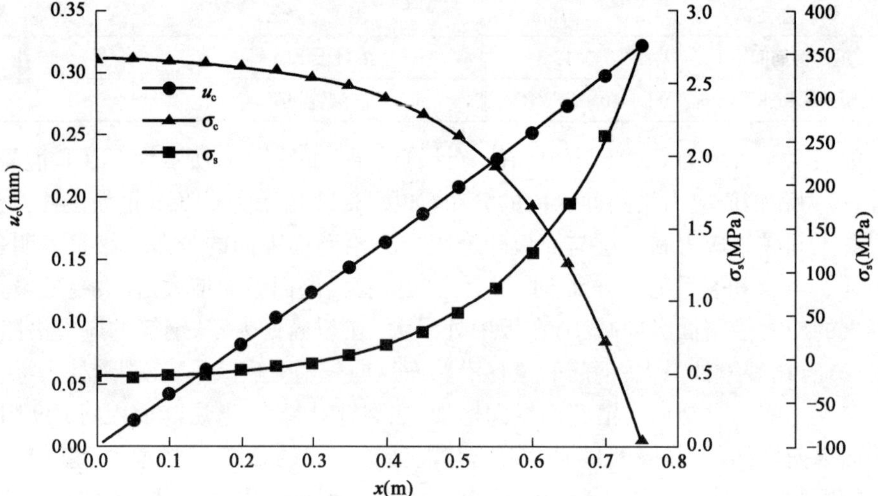

图 3.10　CRCP 应力沿路面纵向分布

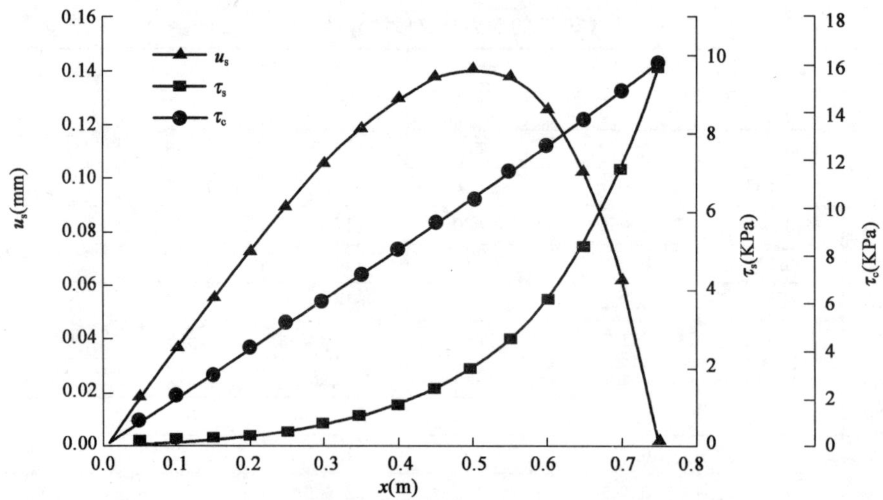

图 3.11　CRCP 位移沿路面纵向分布

混凝土最大位移为：

$$u_c \mid_{x=L} = F_1 \mathrm{sh}(r_1 L) + F_2 \mathrm{sh}(r_3 L) = \frac{(\alpha_c \Delta T + \varepsilon_{sh})(b_2 - b_1)}{b_1 r_3 \mathrm{cth}(r_3 L) - b_2 r_1 \mathrm{cth}(r_1 L)} \tag{3.30}$$

混凝土最大应力为：

$$\begin{aligned}\sigma_c \mid_{x=0} &= E_c(F_1 r_1 + F_2 r_3 + \alpha_c \Delta T + \varepsilon_{sh}) \\ &= E_c(\alpha_c \Delta T + \varepsilon_{sh})\left[\frac{b_2 r_1 \mathrm{csch}(r_1 L) - b_1 r_3 \mathrm{csch}(r_3 L)}{b_1 r_3 \mathrm{cth}(r_3 L) - b_2 r_1 \mathrm{cth}(r_1 L)} + 1\right]\end{aligned} \tag{3.31}$$

钢筋最大应力为：

$$\begin{aligned}\sigma_s \mid_{x=L} &= E_s[F_1 b_1 r_1 \mathrm{ch}(r_1 L) + F_2 b_2 r_3 \mathrm{ch}(r_3 L) + \alpha_s \Delta T] \\ &= E_s\left[b_1 b_2 (\alpha_c \Delta T + \varepsilon_{sh}) \frac{r_1 \mathrm{cth}(r_1 L) - r_3 \mathrm{cth}(r_3 L)}{b_1 r_3 \mathrm{cth}(r_3 L) - b_2 r_1 \mathrm{cth}(r_1 L)} + \alpha_s \Delta T\right]\end{aligned} \tag{3.32}$$

裂缝间距的变化会引起钢筋和混凝土应力与位移的变化，取表 3.3 中数据为基本参数，裂缝间距为 0.5～4m，按 0.5m 递增，计算路面内应力和位移随裂缝间距的变化，结果如图 3.12 所示。结果表明，混凝土应力、钢筋应力和混凝土位移都随裂缝间距增加而增加，且基本呈线性变化；裂缝间距从 0.5m 增加到 4m，混凝土最大应力增加了 23 倍，混凝土最大位移增加了 7 倍，钢筋最大应力增加了近 6 倍，说明裂缝间距对路面使用性能有至关重要的影响。

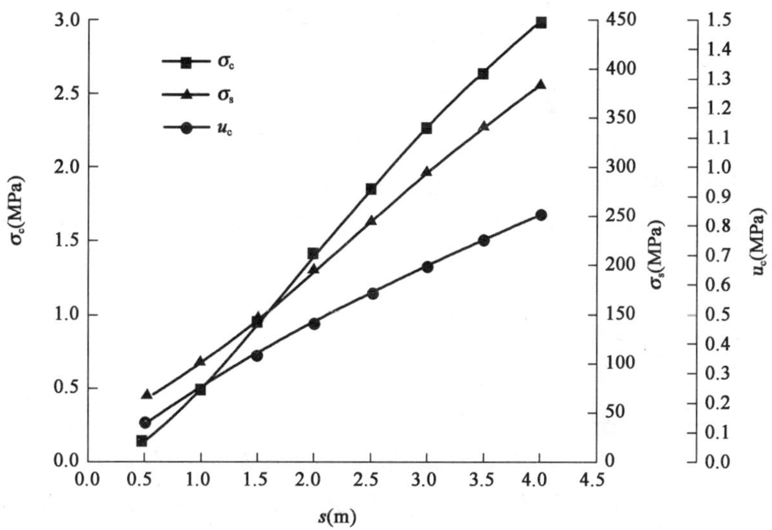

图 3.12 裂缝间距对 CRCP 应力和位移的影响

3.2 温降和干缩作用下连续配筋混凝土路面参数敏感性分析

本节旨在确定对CRCP性能影响较大的参数，为后文分析参数变异性CRCP开裂提供依据。

3.2.1 参数取值

影响CRCP环境应力和位移的参数主要有几何尺寸、混凝土弹性模量、混凝土线膨胀系数、混凝土的干缩、配筋率、钢筋与混凝土之间的黏结刚度系数以及基层类型等。

(1)几何尺寸

影响CRCP性能的主要几何尺寸是混凝土板厚、裂缝间距、纵向钢筋的埋置深度和纵向钢筋的间距，板厚和纵向钢筋间距一定程度上影响配筋率。

我国《公路水泥混凝土路面设计规范》(JTG D40—2002)规定高速公路最小的混凝土面层厚度为240mm，高速公路混凝土路面板厚采用300mm已较普遍。该规范规定裂缝间距为1.0～2.5m，不在该范围时要增大或减小配筋率来重复设计直到满足要求；纵向钢筋要埋置在面层表面下1/3～1/2板厚范围内，纵向钢筋的间距不大于250mm，不小于100mm或集料最大粒径的2.5倍。

(2)混凝土

胡长顺等学者研究表明，影响CRCP性能的混凝土参数主要有混凝土弹性模量、线膨胀系数以及干缩。混凝土的弹性模量一般在25 000～35 000MPa范围内。

混凝土的干缩受单位体积含水量、粗集料类型和所占混凝土比例、水泥类型、相对空气的湿度和养护条件等因素影响。表3.5所示为我国《公路水泥混凝土路面设计规范》(JTG D40—2002)提供的不同强度的混凝土干缩量。

不同强度对应的混凝土干缩量 表3.5

混凝土强度等级	C30	C35	C40
混凝土干缩应变	450×10^{-6}	300×10^{-6}	200×10^{-6}

美国《力学-经验法公路设计指南》指出混凝土的线膨胀系数一般在$(5.4\sim14.4)\times10^{-6}$/℃范围内，混凝土线膨胀系数受粗集料类型影响较大，不同粗集料类型的混凝土线膨胀系数取值不同，表3.6所列为其推荐的不同粗集料类型的混凝土的线膨胀系数。

不同粗集料混凝土的线膨胀系数(单位:10^{-6}/℃)　　表 3.6

粗集料类型	粗集料线膨胀系数	混凝土线膨胀系数
大理石	3.96～7.02	4.14
石灰石	3.6～6.48	6.12～9.18
花岗岩和片麻岩	5.76～9.54	6.84～9.54
黑花岗岩、闪长岩、安山岩、玄武岩、辉长岩、辉绿岩	5.4～8.1	7.92～9.54
云石	7.02～9.9	9.18～11.52
炉渣		9.18～10.62
砂岩	10.08～12.06	10.08～11.7
石英沙和砾石	9.9～12.78	10.8～15.66
石英岩、黑硅石	10.98～12.6	11.88～12.78

(3)配筋率

美国运输研究委员会研究表明,在纵向钢筋确定的情况下,配筋率是板厚和纵向钢筋间距的函数。《公路水泥混凝土路面设计规范》(JTG D40—2002)规定纵向钢筋的配筋率为 0.6%～0.8%。

(4)钢筋与混凝土间黏结刚度系数

胡长顺等研究了钢筋与混凝土间的黏结刚度系数在 5～50MPa/mm 范围内变化时的 CRCP 性能,《公路水泥混凝土路面设计规范》(JTG D40—2002)采用的钢筋与混凝土间的黏结刚度系数为 30～34MPa/mm,而得克萨斯大学奥斯汀分校采用的钢筋与混凝土间的黏结滑移系数为 190MPa/mm(Kim 等)。钢筋与混凝土间黏结刚度系数的取值范围有待进一步研究确定。

(5)基层类型

不同类型基层对混凝土面板的摩阻及支撑作用不同。表 3.2 列出了不同类型基层的摩阻力系数,表 3.1 给出了基层的摩擦系数,摩擦系数存在变化范围说明摩阻力系数也是存在变化范围的。

为方便分析 CRCP 参数敏感性,分析过程中基本参数取值列在表 3.3 中。当分析某参数对计算结果的影响时,仅改变该参数,其余参数均取基本值。

3.2.2　面层与基层间摩阻力系数影响分析

(1)面层与基层间摩阻力系数对混凝土应力的影响

面层与基层间摩阻力系数变化时最大混凝土应力的计算结果见图 3.13。随着面层与基层间摩阻力系数的增加，最大混凝土应力线性增加。当面层与基层间摩阻力系数在 50～500MPa/m 范围内变化时，CRCP 混凝土最大应力由 2.664MPa增加到 2.850MPa，增加了 7%。当基层与面板间的摩阻力系数变化较大时，其对最大混凝土应力的影响是不可忽略的。不同基层与面板间的摩阻力系数准确取值尚需要进一步的研究。不同基层类型的 CRCP，其混凝土最大应力不同，导致 CRCP 的开裂形式不同。

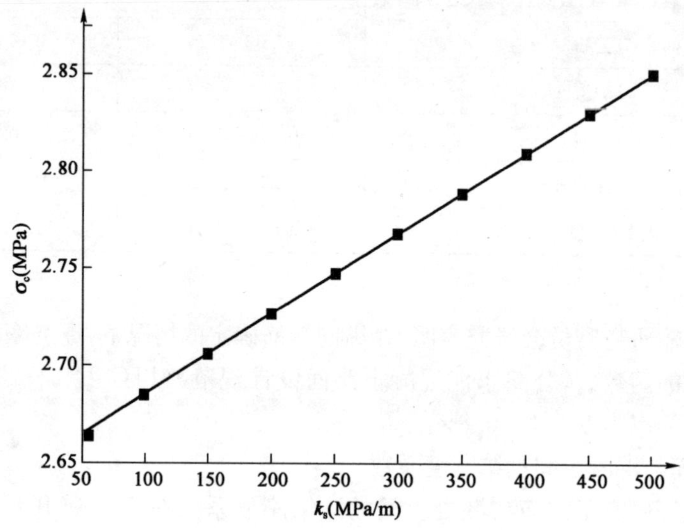

图 3.13　面层与基层间摩阻力系数与混凝土最大应力间关系曲线

(2)面层与基层间摩阻力系数对混凝土位移的影响

面层与基层间摩阻力系数变化时裂缝处混凝土最大位移见表 3.7。面层与基层间摩阻力系数由 50MPa/m 变化到 500MPa/m 时，最大混凝土位移仅减小 0.9%，表明面层与基层间摩阻力系数对裂缝处混凝土最大位移影响很小。

不同摩阻力系数条件下最大混凝土位移　　表 3.7

k_s(MPa/m)	50	100	150	200	250	300	350	400	450	500
$u_{c,max}$ (mm)	0.322	0.321	0.321	0.321	0.320	0.320	0.320	0.319	0.319	0.319

(3)面层与基层间摩阻力系数对钢筋应力的影响

面层与基层间摩阻力系数变化时最大钢筋应力见表 3.8。基层摩阻力系数在 50～500MPa/m 范围内变化时，最大钢筋应力仅减小 0.9%，表明面层与基层间摩阻力系数对钢筋应力的影响很小。

不同摩阻力系数条件下最大钢筋应力　　表 3.8

k_s(MPa/m)	50	100	150	200	250	300	350	400	450	500
$u_{c,max}$ (mm)	357.16	356.79	356.41	356.04	355.67	355.30	354.93	354.56	354.19	353.82

3.2.3 混凝土弹性模量影响分析

(1)混凝土弹性模量对混凝土应力的影响

图 3.14 所示为混凝土弹性模量与最大混凝土应力间关系曲线。最大混凝土应力随着弹性模量的增加而线性增加，混凝土弹性模量由 25GPa 增加到 35GPa 时，最大混凝土应力增加了 5.6%，说明弹性模量对最大混凝土应力的影响较小。

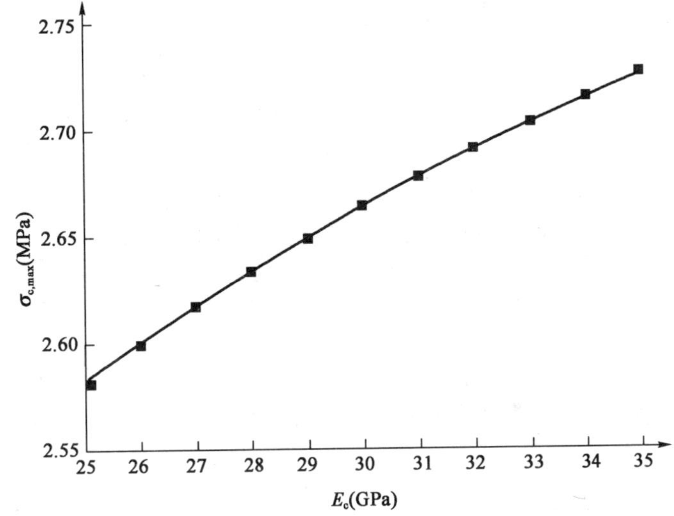

图 3.14　混凝土弹性模量与最大混凝土应力间关系曲线

(2)混凝土弹性模量对混凝土位移的影响

表 3.9 所列为根据不同混凝土弹性模量计算得到的最大混凝土位移。最大混凝土位移随着弹性模量的增加而增加，混凝土弹性模量由 25GPa 增加到 35GPa 时，最大混凝土位移增加了 4.8%，说明混凝土弹性模量对最大混凝土位移的影响较小。

不同混凝土弹性模量条件下最大混凝土位移　　表 3.9

E_c(GPa)	25	26	27	28	29	30	31	32	33	34	35
$u_{c,max}$ (mm)	0.313	0.315	0.317	0.319	0.320	0.322	0.323	0.325	0.326	0.327	0.328

(3)混凝土弹性模量对钢筋应力的影响

表 3.10 所示为根据不同混凝土弹性模量计算得到的最大钢筋应力。最大钢筋应力随着混凝土弹性模量的增加而增加,混凝土弹性模量由 25GPa 增加到 35GPa 时,钢筋应力增加了 4.6%,说明混凝土弹性模量对钢筋应力的影响较小。

不同混凝土弹性模量条件下最大钢筋应力　　表 3.10

E_c(GPa)	25	26	27	28	29	30	31	32	33	34	35
$\sigma_{s,max}$ (mm)	348.0	350.0	352.0	353.8	355.5	357.2	358.7	360.2	361.5	362.8	364.1

3.2.4 混凝土干缩影响分析

(1)混凝土干缩对混凝土应力的影响

如表 3.11 所示为根据不同混凝土干缩计算得到的最大混凝土应力,如图3.15 所示为混凝土干缩变化时最大混凝土应力沿路面纵向分布。CRCP 混凝土应力随着混凝土干缩的增加而增加,混凝土干缩由 100×10^{-6} 增加到 500×10^{-6} 时,最大混凝土应力增加了 100%,说明混凝土的干缩对混凝土的应力影响很大。

不同混凝土干缩计算得到的最大混凝土应力　　表 3.11

$\varepsilon_{sh}(10^{-6})$	100	200	300	400	500
$\sigma_{c,max}$ (MPa)	2.131	2.664	3.197	3.729	4.262

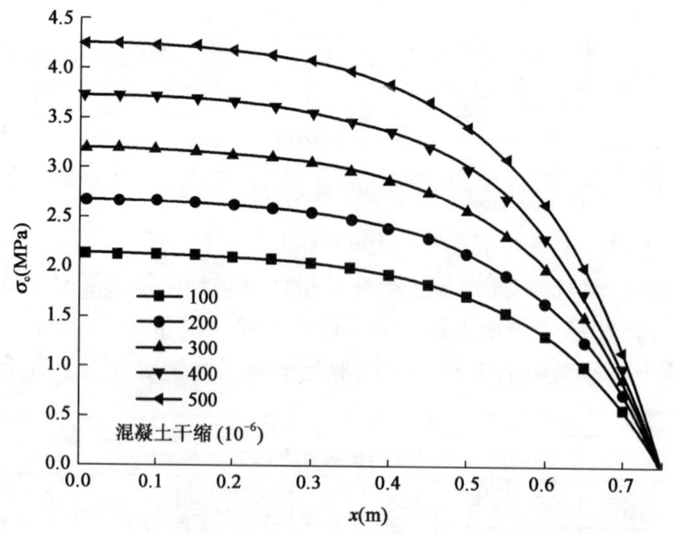

图 3.15　不同混凝土干缩条件下混凝土应力沿路面纵向分布

(2)混凝土干缩对混凝土位移的影响

如表 3.12 所示为根据不同混凝土干缩计算得到的最大混凝土位移,如图3.16所示为混凝土干缩变化时混凝土位移沿路面纵向分布。CRCP 混凝土应力随着混凝土干缩的增加而增加,当混凝土干缩由 100×10^{-6}增加到 500×10^{-6}时,最大混凝土位移增加了 100%,表明混凝土干缩对混凝土位移的影响很大。

不同混凝土干缩条件下最大混凝土位移　　表 3.12

$\varepsilon_{sh}(10^{-6})$	100	200	300	400	500
$u_{c,max}$ (mm)	0.257	0.322	0.386	0.450	0.515

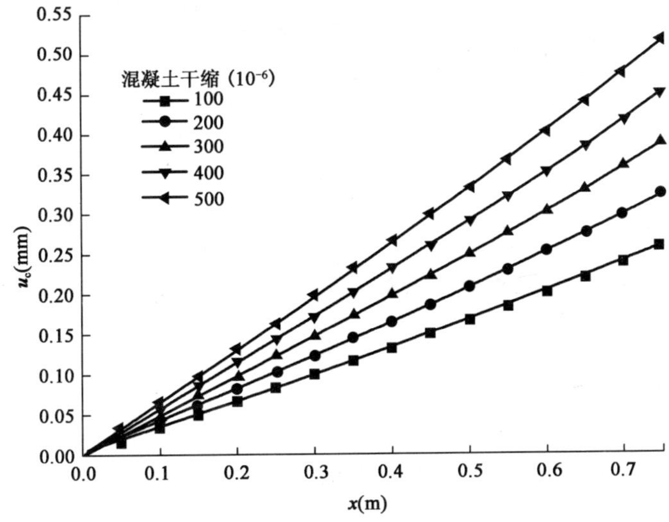

图 3.16　不同混凝土干缩条件下混凝土位移沿路面纵向分布

(3)混凝土干缩对钢筋应力的影响

如表 3.13 所示为根据不同混凝土干缩计算得到的最大钢筋应力,如图 3.17 所示为混凝土干缩变化时 CRCP 钢筋应力沿路面纵向分布。混凝土干缩作用下的钢筋应力存在拉应力和压应力,拉压应力的变化点大概在 $x=0.5$ m 处。混凝土干缩大,则受到的拉压应力均大。钢筋应力随着混凝土干缩增加而增加;当混凝土干缩由 100×10^{-6}增加到 500×10^{-6}时,最大钢筋应力增加 81.8%,表明钢筋应力受混凝土干缩的影响很大。

不同混凝土干缩条件下最大钢筋应力　　表 3.13

$\varepsilon_{sh}(10^{-6})$	100	200	300	400	500
$\sigma_{s,max}$ (MPa)	296.529	357.161	417.793	478.425	539.057

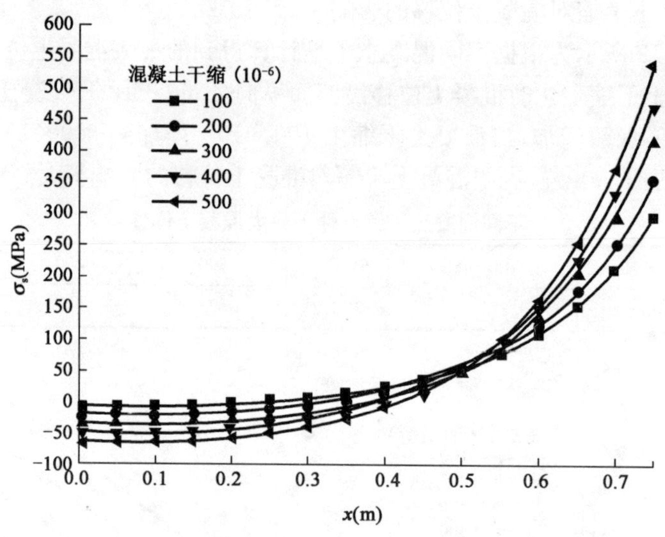

图 3.17 不同混凝土干缩条件下钢筋应力沿路面纵向分布

3.2.5 混凝土线膨胀系数影响分析

(1)混凝土线膨胀系数对混凝土应力的影响

表 3.14 为根据不同混凝土线膨胀系数计算得到的最大混凝土应力，图 3.18 为混凝土线膨胀系数变化时混凝土应力沿路面纵向分布曲线。混凝土应力随着混凝土线膨胀系数的增加而增加；当混凝土线膨胀系数由 4×10^{-6}/℃增加到 12×10^{-6}/℃时，最大混凝土应力增加 75%，表明混凝土线膨胀系数对 CRCP 混凝土应力的影响很大。

不同线膨胀系数条件下最大混凝土应力　　表 3.14

α_c(10^{-6}/℃)	4	5	6	7	8	9	10	11	12
$\sigma_{c,max}$ (MPa)	1.705	1.865	2.025	2.184	2.344	2.504	2.664	2.824	2.984

(2)混凝土线膨胀系数对混凝土位移的影响

如表 3.15 所示为根据不同混凝土线膨胀系数计算得到的最大混凝土位移，如图 3.19 所示为混凝土线膨胀系数变化时混凝土位移沿路面纵向分布曲线。混凝土位移随着混凝土线膨胀系数的增加而增加；当混凝土线膨胀系数由 4×10^{-6}/℃增加到 12×10^{-6}/℃时，混凝土位移增加 75%，表明混凝土线膨胀系数对混凝土位移的影响很大。

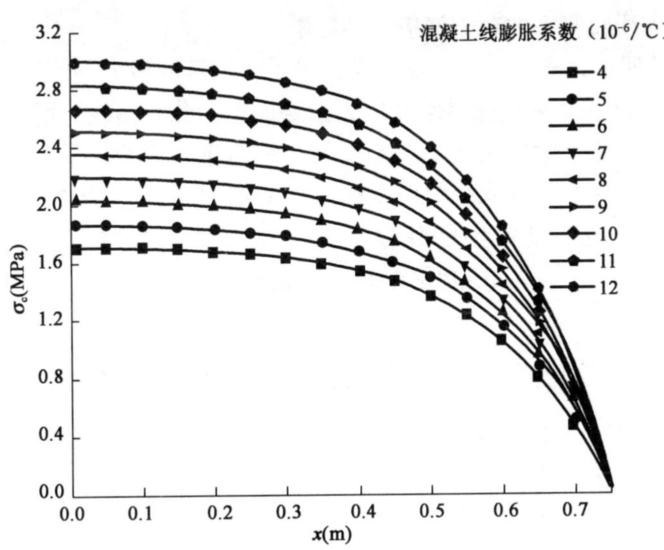

图 3.18 不同混凝土线膨胀系数条件下混凝土应力沿路面纵向分布

不同混凝土线膨胀系数条件下最大混凝土位移 表 3.15

$\alpha_c(10^{-6}/℃)$	4	5	6	7	8	9	10	11	12
$u_{c,\max}$（MPa）	1.705	1.865	2.025	2.184	2.344	2.504	2.664	2.824	2.984

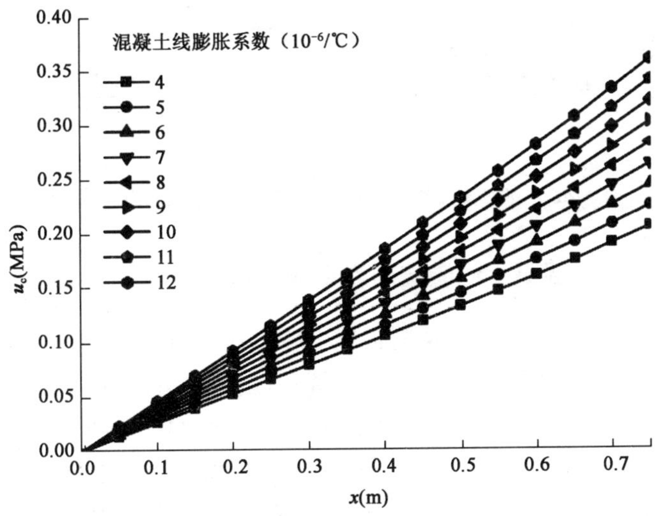

图 3.19 不同混凝土线膨胀系数条件下混凝土位移沿路面纵向分布

(3)混凝土线膨胀系数对钢筋应力的影响

如表 3.16 所示为根据不同混凝土线膨胀系数计算的最大钢筋应力,如图 3.20 所示为混凝土线膨胀系数变化时钢筋应力沿路面纵向分布曲线。钢筋应力存在拉应力和压应力,分界点大概在 $x=0.5$ m 处。钢筋应力随着混凝土线膨胀系数的增加而增加;当混凝土线膨胀系数由 4×10^{-6}/℃增加到 12×10^{-6}/℃时,最大钢筋应力增加 58.7%,说明混凝土线膨胀系数对钢筋应力影响很大。

不同线膨胀系数条件下最大钢筋应力 表 3.16

α_c(10^{-6}/℃)	4	5	6	7	8	9	10	11	12
$\sigma_{c,max}$ (MPa)	248.02	266.21	284.40	302.59	320.78	338.97	357.16	375.35	393.54

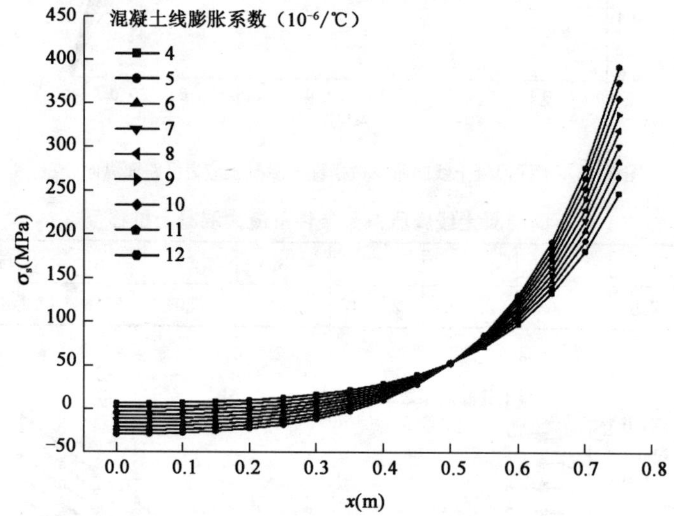

图 3.20 不同混凝土线膨胀系数条件下钢筋应力沿路面纵向分布

3.2.6 钢筋与混凝土间黏结刚度影响分析

(1)钢筋与混凝土间黏结刚度对混凝土应力的影响

如表 3.17 所示为采用不同钢筋与混凝土间黏结刚度计算得到的最大混凝土应力,如图 3.21 所示为同钢筋与混凝土间黏结刚度时混凝土应力沿路面纵向分布。混凝土应力随着钢筋与混凝土间黏结刚度的增加而增加;当钢筋与混凝土间黏结刚度由 30MPa/mm 增加到 180MPa/mm 时,最大混凝土应力增加 97%,说明当钢筋与混凝土黏结刚度变化较大时,其对 CRCP 混凝土应力的影响很大。

不同钢筋与混凝土间黏结刚度条件下最大混凝土应力　　表 3.17

k_s(MPa/mm)	5	15	30	60	90	120	150	180
$\sigma_{c,max}$ (MPa)	0.938	1.892	2.664	3.552	4.135	4.579	4.941	5.246

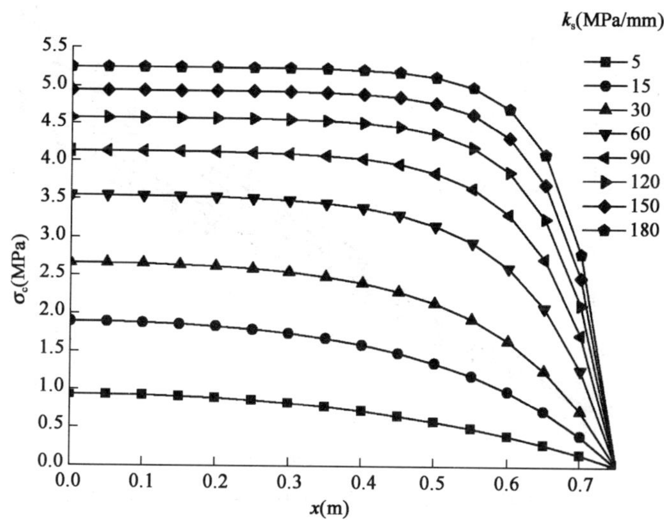

图 3.21　不同钢筋与混凝土间黏结刚度条件下混凝土应力沿路面纵向分布

(2)钢筋与混凝土间黏结刚度对混凝土位移的影响

如表 3.18 所示为采用不同钢筋与混凝土间黏结刚度计算得到的最大混凝土位移，如图 3.22 所示为采用不同钢筋与混凝土间黏结刚度时的 CRCP 混凝土位移沿路面纵向分布。混凝土位移随着钢筋与混凝土间黏结刚度的增大而减小；当钢筋与混凝土间黏结刚度由 30MPa/mm 增加到 180MPa/mm 时，最大混凝土位移减小 20.8%，说明当钢筋与混凝土间黏结刚度系数变化较大时，钢筋与混凝土间黏结刚度对混凝土位移影响较大。

不同钢筋与混凝土间黏结刚度条件下最大混凝土位移　　表 3.18

k_s(MPa/mm)	5	15	30	60	90	120	150	180
$\sigma_{c,max}$ (MPa)	0.359	0.339	0.322	0.299	0.284	0.273	0.263	0.255

(3)钢筋与混凝土间黏结刚度对钢筋应力的影响

如图 3.23 所示为采用不同钢筋与混凝土间黏结刚度时 CRCP 钢筋应力沿路面纵向分布，如表 3.19 所示为采用不同钢筋与混凝土间黏结刚度计算得到的最大钢筋应力。钢筋应力存在拉应力和压应力，钢筋与混凝土间的黏结滑移刚度改变了钢筋拉压应力的变换点。混凝土最大应力随着钢筋与混凝土间黏结刚度的增加而增加，当钢筋与混凝土间的黏结刚度由 30MPa/mm 增加到 180MPa/mm 时，最大钢筋应力增加 106.5%，说明当钢筋与混凝土间黏结刚度变化较大时，其对钢筋应力影响较大。

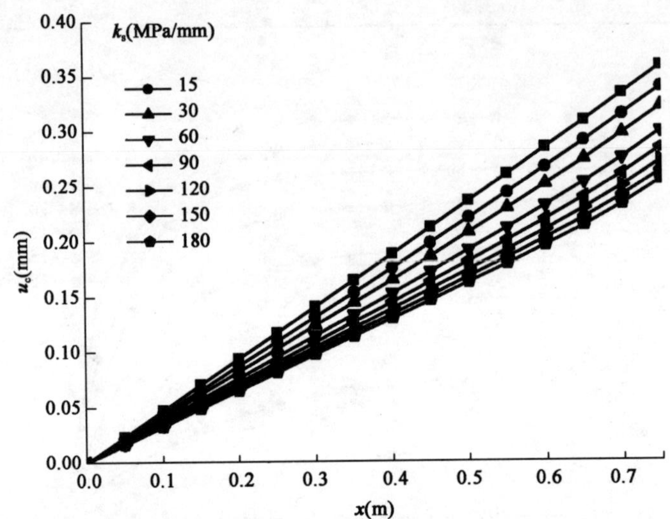

图 3.22　不同钢筋与混凝土间黏结刚度条件下混凝土位移沿路面纵向分布

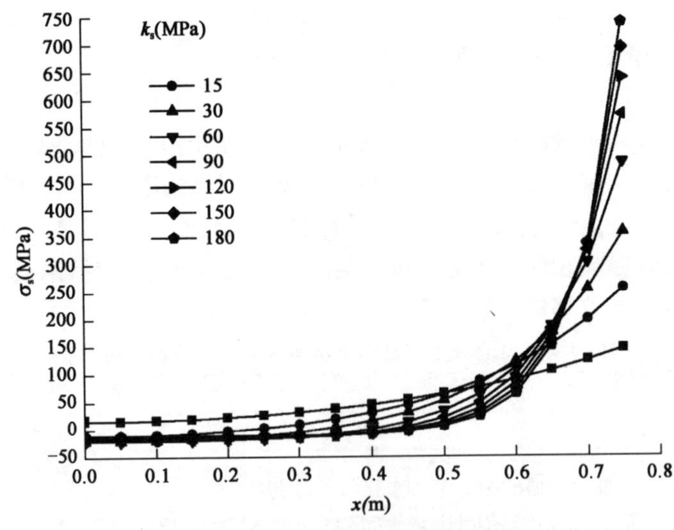

图 3.23　不同钢筋与混凝土间黏结刚度条件下钢筋应力分布

不同钢筋与混凝土间黏结刚度条件下最大钢筋应力　　表 3.19

k_s(MPa/mm)	5	15	30	60	90	120	150	180
$\sigma_{s,max}$ (MPa)	145.589	255.540	357.161	484.651	571.167	637.612	691.822	737.698

4 连续配筋混凝土路面横向裂缝间距和宽度沿公路纵向分布

前文分析表明,基层与面板间的摩阻力系数、混凝土线膨胀系数和混凝土的干缩是影响环境荷载作用下 CRCP 应力和位移的关键参数。在温降和混凝土干缩作用下的 CRCP 是否开裂取决于混凝土拉应力是否大于混凝土抗拉强度,因而混凝土抗拉强度也是影响 CRCP 的关键参数。这些关键参数和温度及混凝土干缩是随时间变化的,并且还存在变异性。同样,CRCP 的开裂也是随时间变化的,并且开裂后的裂缝间距和裂缝宽度存在变异性。考虑混凝土强度、混凝土线膨胀系数、混凝土干缩和地基摩擦阻力的变异性以及混凝土性能和环境荷载随时间的变化,采用 Monte Carlo 方法对 CRCP 开裂进行预估,并对于预估结果进行检验和参数敏感性分析。

4.1 Monte Carlo 方法

Monte Carlo(蒙特卡罗)方法,又名随机模拟法或统计试验法。它是以概率统计理论为基础,依据大数定律(样本均值替代总体均值),利用计算机模拟技术,解决一些很难直接用数学运算求解或用其他方法不能解决的复杂问题的一种近似计算法(曲双石等)。

Monte Carlo 方法最初用于通过投针实验解决蒲丰氏问题。重复进行上千次的投针实验和手工计算,要消耗大量的人力、财力。Monte Carlo 方法虽然能解决此类问题,但得不到推广应用。20 世纪 40 年代以后,随着计算机的出现和发展,人们有可能用计算机来模拟这类实验和计算。计算机具有计算速度高和存储容量大的特点,采用数字模拟技术可以代替许多实际上非常庞大而复杂的实验,并迅速将实验结果进行运算处理,于是 Monte Carlo 方法引起世人重视,应用日渐广泛。

利用 Monte Carlo 方法解决数学问题时,基本的思路是首先建立与描述问题有相似性的概率模型,并利用这种相似性把这个概率模型的某些特征(如随机变量的均值、方差等)与数学计算问题的解答联系起来,最后对模型进行随机模拟或统计抽样，最终利用所得结果求出这些特征的统计估计值作为原来的数学计算问题的近似解。

实际进行 Monte Carlo 模拟时，通常是利用计算机按随机变量的某种分布方式产生足够多的随机变数（相当于进行足够多的试验），然后对这些随机变数进行统计推断，将所得的统计估计值作为随机变量统计特征值的近似解。因此，Monte Carlo 方法为解决许多难以用传统的数学方法进行处理的复杂问题提供了一条有效而又可行的途径。

用 Monte Carlo 法解决问题的关键是给出已知分布的变量的随机数。为了快速、高精度地产生随机数，通常要分两步进行。首先在开区间(0,1)上产生均匀分布随机数，然后在此基础上再变换成给定分布变量的随机数。

由于这些数是按照确定性的算法计算出的，所以它们不是真正的随机数，所得数列经过一定时间会出现周期性的重复。但是，如果计算方法选用得当，它们就近似相互独立，能够经得起数理统计中的独立性检验。正是由于以上原因，人们把这种数称为伪随机数（蒲俊等）。

Hanselman 等人提出在 MATLAB 中通过 normrnd 函数产生正态分布的随机数的方法如下：

(1)$\boldsymbol{R}$=normrnd(MU,SIGMA)，生成均值为 MU，标准差为 SIGMA 的正态分布随机数。MU 和 SIGMA 可以是大小相同的矢量、矩阵或多维数组。

(2)$\boldsymbol{R}$=normrnd(MU,SIGMA,$\boldsymbol{v}$)，生成均值为 MU，标准差为 SIGMA 的正态分布随机数。$\boldsymbol{v}$ 为 1×2 的行矢量，$\boldsymbol{R}$ 是 $\boldsymbol{v}(1)\times\boldsymbol{v}(2)$ 的矩阵。如果 $\boldsymbol{v}$ 是 $1\times n$ 的行矢量，则 $\boldsymbol{R}$ 为 n 维数组。

(3)$\boldsymbol{R}$=normrnd(MU,SIGMA,m,n)，生成均值为 MU，标准差为 SIGMA 的正态分布随机数。m 和 n 分别为 $\boldsymbol{R}$ 的行和列的维数。

4.2 参数变异性

4.2.1 混凝土参数变异性

由于混凝土的组成、集料、施工水平、养护条件和试验条件等存在较大的变异性，因而混凝土的强度、弹性模量、线膨胀系数和干缩也存在较大的变异性。大量的试验表明，在相同配合比、成型条件、养护条件和试验条件下，混凝土强度检验结果仍存在一定的随机性与偶然性。诸多混凝土强度的影响因素是随机的，因此混凝土强度也是随机变化的。申爱琴对某种混凝土随机取样测定其强度，经过数据

整理后，绘制成的强度概率分布曲线接近正态分布曲线。通常认为，混凝土的强度分布服从正态分布。强度特征参数为强度平均值、标准差和变异系数。

混凝土干缩和混凝土线膨胀系数沿路面纵向分布的数据有限，假设其均沿路面纵向服从正态分布。在 MATLAB 中可以通过函数 normrnd($\bar{f}$, σ, 1, m)来生成一维 m 个均值为 $\bar{f}$，标准差为 σ 的随机数来模拟混凝土材料性能的变异性。

4.2.2 面层与基层间摩阻力系数变异性

由于基层材料的配合比、粒料粒径、矿料级配以及施工条件的变异性，使得基层材料的强度、厚度和平整度等指标存在较大变异性。基层对面板的摩擦阻力作用主要取决于基层的类型和基层材料的表面特性，不同材料和类型的基层对 CRCP 摩擦阻力作用不同，见表 3.2。相同基层材料不同表面特性如平整度、颗粒的分布、集料的纹理、结合料类型及多少等均影响基层对面板的摩擦阻力作用，表 3.1 中相同基层摩擦系数存在一定范围说明了这一点。目前，尚缺乏不同基层与面板间摩擦阻力系数的试验数据，假设基层摩擦阻力系数沿路面纵向服从正态分布。

4.3 参数随时间的变化

4.3.1 材料参数随时间的变化

1)美国《力学-经验法公路设计指南》中材料参数随时间的变化

(1)混凝土弹性模量随时间的变化

混凝土的弹性模量是个复杂的参数，受混凝土设计参数和试验方法的影响很大。对弹性模量影响较大的因素主要包括水灰比、浆集比(砂浆和集料的相对比例)和集料类型等。在对 CRCP 进行力学分析时，混凝土弹性模量是主要的参数，弹性模量对路面的变形和应力有较大影响，预估弹性模量的发展变化是预估 CRCP 性能的前提。

为了预估混凝土弹性模量的发展，测试了混凝土龄期为 7d、14d、28d 和 90d 的弹性模量，测试结果见表 4.1。根据试验室测试的混凝土 7d、14d、28d 和 90d 的弹性模量，计算确定回归公式(4.1)中的系数，然后计算不同龄期弹性模量与 28d 的弹性模量比 RATIO 的增长(此参数的推荐最大值是 1.20)，最后不同龄期的弹性模量可以通过 28d 弹性模量乘以不同龄期 RATIO 得到。

不同龄期混凝土弹性模量　　表 4.1

龄期(d)	7	14	28	90
抗压弹性模量(GPa)	22.6	29.2	36.1	37.8
抗弯拉弹性模量(GPa)	29.57	32.06	34.23	38.06

$$RATIO = \alpha_1 + \alpha_2 \lg(AGE) + \alpha_3 [\lg(AGE)]^2 \tag{4.1}$$

式中:RATIO——给定龄期的混凝土性能(弹性模量、强度等)与 28d 混凝土性能(弹性模量、强度等)的比值;

AGE——样本龄期(年);

$\alpha_1, \alpha_2, \alpha_3$——回归系数。

(2)混凝土强度随时间的变化

混凝土强度主要包括抗压强度、弯拉强度和劈裂强度,在混凝土路面设计中主要利用混凝土的弯拉强度来计算路面的厚度,抗压强度在路面设计中较少使用,温降和干缩作用下的 CRCP 性能分析时要考虑抗拉强度。直接抗拉强度可以通过其和弯拉强度或劈裂强度的关系式计算得到,参照美国《力学-经验法公路设计指南》,混凝土直接抗拉强度为弯拉强度的 67%,为劈裂强度的 90%。

测试龄期为 7d、14d、28d 和 90d 混凝土的弯拉强度和劈裂强度,数据见表4.2,进而确定公式(4.1)中回归系数,可以得到不同龄期的混凝土强度。

不同龄期混凝土强度　　表 4.2

龄期(d)	7	14	28	90
弯拉强度(MPa)	4.1	4.8	5.3	5.5
劈裂强度(MPa)	1.6	2.4	3.1	3.6

(3)混凝土干缩随时间的变化

混凝土干缩包括可恢复干缩和不可恢复干缩两部分,如图 4.1 所示。可恢复部分受环境湿度的影响,在湿度较小时干缩量较大,当湿度增大时会恢复一部分。早期混凝土养护期间的干缩量一般不受空气湿度的影响,主要是由于混凝土水化失水引起的干缩,后期的干缩受到空气湿度的影响,不同空气湿度时混凝土干缩量不同。美国《力学-经验法公路设计指南》根据 ACI 建议,认为混凝土施工后的 35d 干缩量为最大干缩量的 50%,并且该部分的干缩是不可恢复的。

混凝土最大干缩量可以根据下式计算:

$$\varepsilon_{\infty} = C_1 C_2 [0.0191 w^{2.1} (f'_c)^{-0.28} + 270] \times 10^{-6} \tag{4.2}$$

式中：ε_{∞}——极限干缩应变(10^{-6})；

C_1——水泥类型系数，I类水泥取1.0，II类水泥取0.85，III类水泥取1.1；

C_2——养护类型系数，蒸汽养护取0.75，水中或盖麻布养生时取1.0，采用养生剂养生时取1.2，密封养护取1.2；

w——单位体积混凝土含水量(kg/m^3)；

f'_c——28d混凝土抗压强度(MPa)。

湿度对干缩量的影响根据式(4.3)计算：

$$\varepsilon_{sh}=\varepsilon_{\infty}(1-rh^3) \tag{4.3}$$

式中：ε_{sh}——混凝土干缩；

rh——环境湿度。

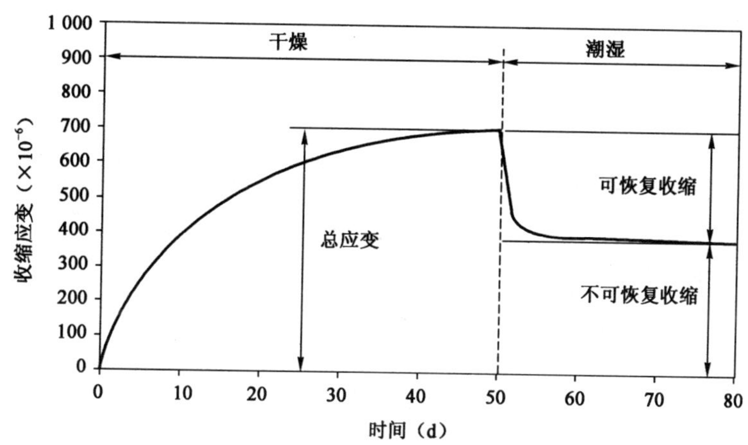

图4.1　混凝土干缩行为

混凝土摊铺后的35d，混凝土干缩量为最大干缩量的50%，并且这35d内混凝土的干缩量不受空气湿度影响，随龄期线性变化。

(4)混凝土线膨胀系数随时间的变化

通常认为混凝土线膨胀系数在路面设计寿命中是不变的，我国《公路水泥混凝土路面设计规范》(JTG D40—2002)取凝土线膨胀系数为1×10^{-5}/℃，美国LTPP调查显示混凝土线膨胀系数平均值为9.9×10^{-6}/℃，与我国取值相当。不考虑混凝土线膨胀系数随时间变化，混凝土线膨胀系数根据粗集料类型参照表3.6选用。

2)得克萨斯大学法中材料参数随时间的变化

得克萨斯大学采用表4.3中系数和式(4.4)来表示混凝土弹性模量、抗拉强度、抗压强度和干缩随时间的变化。

不同集料类型的参数和系数　　表 4.3

材料类型		花岗岩	白云岩	Vega	Bridge-port	Tascosa	Ferris	石灰岩	硅酸岩
膨胀系数(10^{-6}/℃)		10.332	10.62	11.7	8.712	11.07	9.792	11.332	14.724
弹性模量(MPa/145)	$A(10^6)$	1.678	2.324	1.882	1.992	1.803	1.979	1.802	2.282
	B	0.78	0.485	0.301	0.688	0.405	0.738	0.535	0.574
	C	1.65×10^{14}	3.537	1.574	2.00	97.056	2.67×10^{12}	110.46	61 755.1
	N_{28}	0.5	0.5	0.5	0.5	0.5	0.5	0.5	0.5
抗拉强度(MPa/145)	A	266.46	247.06	221.08	221.85	216.01	241.94	217.83	231.07
	B	0.15	0.261	0.302	0.332	0.198	0.137	0.177	0.267
	C	1.05	1.094	0.301 4	0.723	2.505	2.479	1.068	0.468
	N_{28}	0.504	0.5	0.5	0.5	0.501	0.505	0.502	0.5
干缩	$A(10^{-4})$	3.212 3	2.520 6	2.351 9	3.436 2	3.584 56	3.272 3	2.291	1.983 9
	B	0.085 1	0.040 62	0.039 48	0.032 8	0.031 09	0.074 5	0.039 8	0.061 9
	C	0.001	0.001 55	0.012 55	0.000 69	0.000 72	0.001 19	0.007 54	0.005
	N_{256}	0.811 2	0.756 9	0.514 6	0.858 2	0.860 0	0.782 8	0.540 3	0.563 6

$$F(t)=A(2-e^{-Bt}-e^{-Ct}) \tag{4.4}$$

式中：t——养护时间(d)；

e——自然数；

$F(t)$——t 时刻混凝土的弹性模量、抗拉强度、抗压强度和干缩等性能；

A,B,C——与集料类型相关的系数，见表 4.3。

式(4.4)中系数 A 除以混凝土 28d 弹性模量、抗拉强度和抗压强度及 256d 干缩可以得到混凝土性能相对 28d 或 256d 性能的表达式，即：

$$F_N(t)=N_{28}(2-e^{-Bt}-e^{-Ct}) \tag{4.5}$$

$$Z_N(t)=N_{256}(2-e^{-Bt}-e^{-Ct}) \tag{4.6}$$

式中：$F_N(t)$——t 时刻混凝土弹性模量、抗拉强度和抗压强度性能相对值；

$Z_N(t)$——t 时刻混凝土干缩相对值。

4.3.2 荷载随时间的变化

为了研究横向裂缝开裂发展情况，有必要对 CRCP 所处环境进行长期观察以便得到环境荷载数据。为了在 CRCP 铺筑之前预估出其开裂发展规律，需要得到工程所在地的多年环境统计资料(主要是温度和湿度)。工程所在地的环境统计资料可以向气象部门索取。

4.4 连续配筋混凝土路面开裂预估

4.4.1 材料性能预估流程

材料性能预估旨在确定材料性能随时间的变化。美国《力学-经验法公路设计指南》提供了三种预估水平，如图 4.2 所示为其流程图。本书借鉴国外成果，采用美国《力学-经验法公路设计指南》方法和得克萨斯大学法对材料性能进行预估。根据输入的预估水平选择对应的预估方法，如果输入的预估水平不存在则给出错误提示。弹性模量和强度按照式(4.1)或式(4.4)相应的方法进行预估。混凝土的线膨胀系数根据集料的类型进行选择。

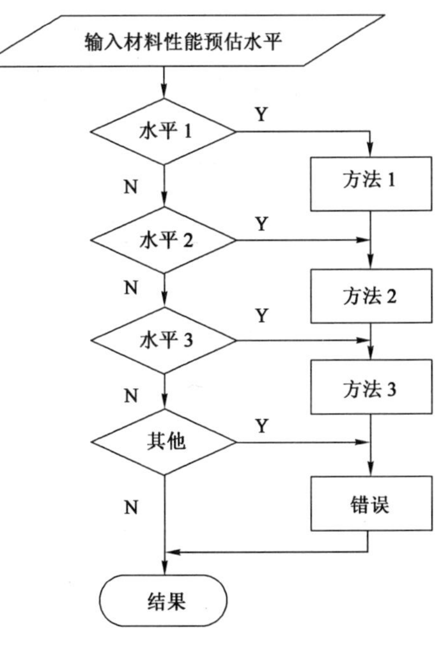

图 4.2 材料性能预估流程

混凝土的干缩是时间和空气湿度的函数。混凝土干缩的预估流程如图 4.3 所示，需要输入单位体积混凝土用水量、水泥类型和混凝土养护类型、混凝土 28d 的抗压强度以及空气湿度数据，最大干缩量根据式(4.2)确定，空气湿度对干缩的影响根据式(4.3)来考虑。前 35d 混凝土的干缩以“d”为时间增量步计算，35d 之后的混凝土的干缩以月为时间增量步计算。以上是按照美国《力学-经验法公路设计指南》方法简化的预估过程，也可以根据式(4.4)采用得克萨斯大学的方法进行预估。

4.4.2 环境荷载预估流程

环境荷载主要考虑温度的变化，为了能够对路面全寿命进行预估，环境荷载考虑平均气温的逐月变化，即以月为时间增量步。温度荷载的预估流程如图 4.4 所示，输入混凝土凝结温度和全年每月的平均气温值，如果凝结温度大于月平均温度则温度下降为零，否则温度下降为混凝土凝结温度与月平均气温的差。空气湿度主要用来考虑混凝土 35d 之后的干缩，空气湿度数据直接输入用于计算混凝土干缩量。

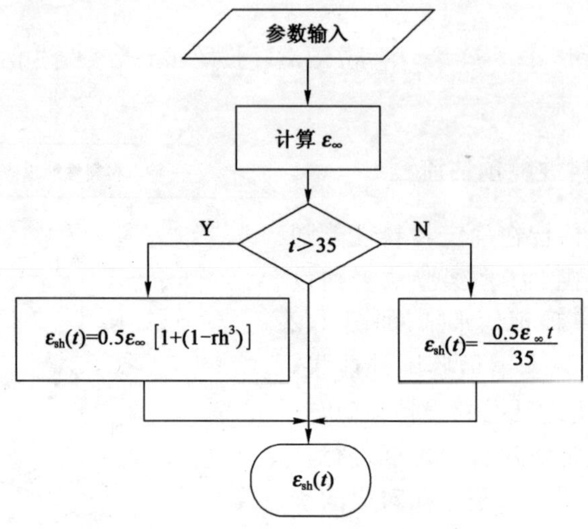

图 4.3 混凝土干缩预估流程

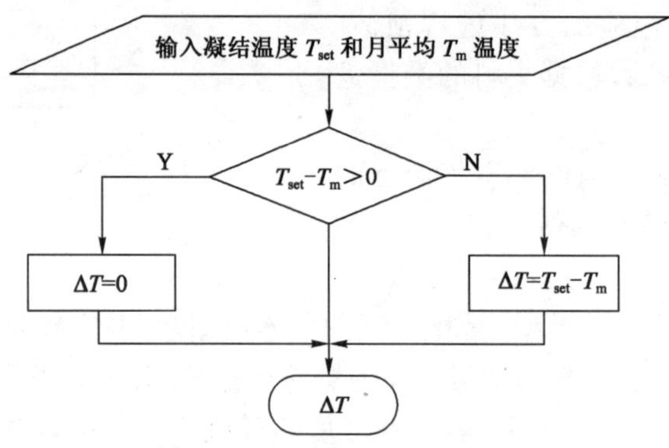

图 4.4 温度荷载预估流程

4.4.3 开裂预估流程

采用 Monte Carlo 方法进行 CRCP 开裂预估的基本步骤如下：

(1)参数输入，主要输入 CRCP 几何参数和路面材料参数的变异规律参数。几何参数包括初始裂缝间距、路面厚度、纵向钢筋间距、纵向钢筋直径等，材料变异规律指服从的分布和变异系数。

(2)初始裂缝间距可确定为 100m，令 $t=1$d。

(3)根据裂缝间距确定计算断面数。

(4)计算 t 时刻混凝土材料性能参数，包括混凝土强度、弹性模量和干缩。

(5)根据变异水平生成服从指定分布的随机数，随机数的个数根据第 2 步确定的断面数来确定。随机数包括混凝土强度随机数$[\sigma_i]$、干缩随机数 ε_{shi} 、混凝土线膨胀系数随机数 α_{ci} 和基层与面板间摩阻力系数随机数 k_{ci} 。

(6)根据生成的随机数计算各断面处混凝土应力 σ_{ci} 。

(7)计算 $\sigma_{ci}-[\sigma_i]$ ，如果所有的 $\sigma_{ci}-[\sigma_i]$ 均小于零，则 CRCP 不开裂，裂缝间距为原裂缝间距值；否则找出最大的 $\sigma_{ci}-[\sigma_i]$ ，该断面即为开裂处，计算开裂后裂缝间距。

(8)令 $t=t+1$，重复(3)～(7)，直到 CRCP 设计年限末。

(9)统计 CRCP 开裂后的裂缝间距。

(10)再重复(3)～(9)$N-1$ 次。

实际上，(1)～(9)已经完成了对裂缝开裂发展的模拟预估过程，但由于随机数的产生每次都不同，按照 Monte Carlo 方法的思想，根据大数定理，当 N 足够大时，计算得到的裂缝间距分布的统计规律与概率分布规律近似。

为了充分考虑路面的变异性，在判断每个断面是否开裂时采用不同的计算参数(混凝土强度 $[\sigma_i]$ 、混凝土干缩 ε_{shi} 、混凝土线膨胀系数 α_{ci} 和基层摩阻力系数 k_{ci})，如图 4.5 所示(图中仅代表性示出 ε_{shi} 和 k_{ci})。在计算 t 时刻每个截面混凝土应力的时候采用不同干缩和基层摩阻力系数，计算截面 1 时采用 ε_{sh1}、α_{c1} 和 k_{c1} ，计算截面 2 时采用 $(\varepsilon_{sh1}+\varepsilon_{sh2})/2$、$(\alpha_{c1}+\alpha_{c2})/2$ 和 $(k_{c1}+k_{c2})/2$ ，同样，计算截面 n 时采用 $(\varepsilon_{sh1}+\varepsilon_{sh2}+\cdots+\varepsilon_{shn})/n$、$(\alpha_{c1}+\alpha_{c2}+\cdots+\alpha_{cn})/n$ 和 $(k_{c1}+k_{c2}+\cdots+k_{cn})/n$ 。其中 ε_{shi}、α_{ci} 和 k_{ci} 为 t 时刻服从一定分布的随机数。

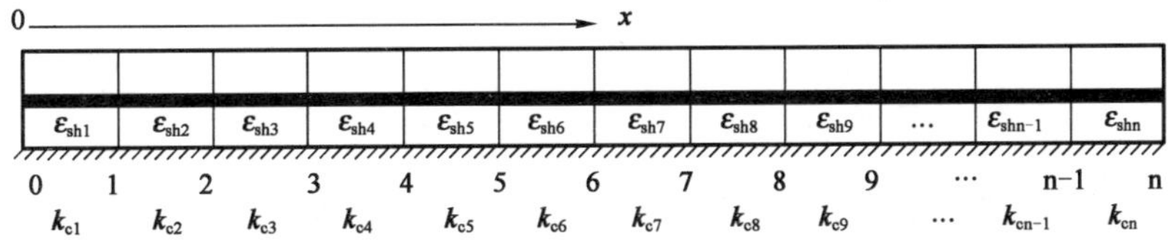

图 4.5 CRCP 变异性分析方法

CRCP 开裂的预估流程如图 4.6 所示。

CRCP 开裂稳定之后，计算预估得到的不同裂缝间距条件下车辆荷载引起的混凝土板横向应力，考虑横向应力的大小和混凝土疲劳方程，可以计算得到不同横向裂缝间距的板所能承受的车辆荷载作用次数，即对 CRCP 进行冲断预估。

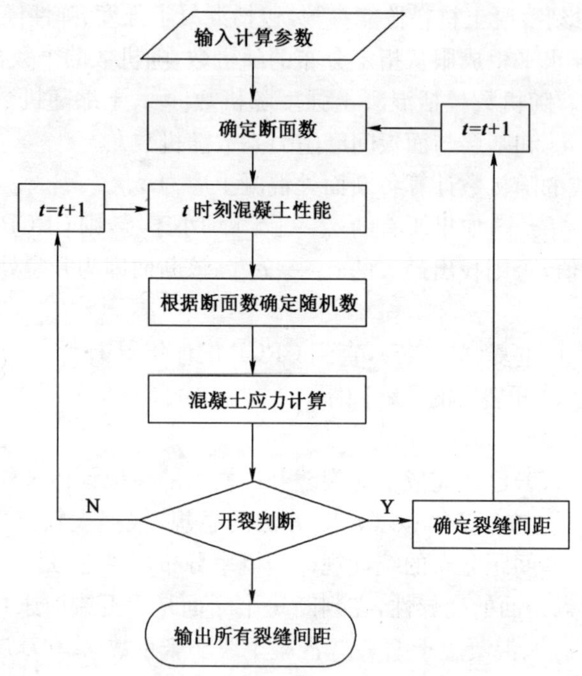

图 4.6 CRCP 开裂预估流程

4.4.4 裂缝宽度预估

裂缝宽度可以通过裂缝两边混凝土位移的和得到，裂缝间距为 $2L$ 的混凝土的位移计算公式为式(3.30)。根据前文的分析可得到 t 时刻的裂缝间距分布，进而根据式(3.30)可得到该时刻裂缝宽度的分布。

4.4.5 开裂预估结果

按照得克萨斯大学对混凝土材料性能预估的方法，采用河南郑州的气象数据，对以表 3.3 为基本参数的 CRCP 行了开裂预估，预估结果见表 4.4，表中裂缝间距所占比例为裂缝间距长度占路段总长度的比值，裂缝宽度计算采用表 3.3 中的基本参数。

CRCP 开裂预估结果 表 4.4

裂缝间距(m)	比例(%)	混凝土位移(mm)	裂缝间距(m)	比例(%)	混凝土位移(mm)
0.1	3.2	0.03	1.1	8.8	0.28
0.2	5	0.06	1.2	2.4	0.3
0.3	5.4	0.087	1.3	7.8	0.32

续上表

裂缝间距(m)	比例(%)	混凝土位移(mm)	裂缝间距(m)	比例(%)	混凝土位移(mm)
0.4	3.6	0.11	1.4	4.2	0.34
0.5	1	0.14	1.5	10.5	0.36
0.6	3.6	0.17	1.6	3.2	0.37
0.7	4.2	0.19	1.7	6.8	0.39
0.8	3.2	0.21	1.8	7.2	0.41
0.9	5.4	0.24	1.9	9.5	0.43
1.0	5	0.26	2.0	0	0.44

4.5 Weibull 分布

4.5.1 Weibull 分布简介

Weibull 分布是瑞典数学家威布尔(W. Weibull)1951 年在研究链强度时，提出的一种概率分布函数，它有着广泛的应用，例如描述脆性材料的强度分布，描写电子管的失效，分析致癌物的试验等(徐钟济、茆诗松、陆璇等研究人员)。

若 $m>0,\eta>0$ 为实数，则由下列密度函数：

$$f(x)=\begin{cases}\dfrac{m}{\eta}\left(\dfrac{x}{\eta}\right)^{m-1}\exp\left[-\left(\dfrac{x}{\eta}\right)^{m}\right] & x>0\\ 0 & x\leqslant 0\end{cases} \tag{4.7}$$

确定的随机变量 X 的分布称为 Weibull 分布，记为 $W(m,\eta)$ 。其中 m 称为形状参数，η 称为尺度参数。$m=1$ 时 Weibull 分布就退化为指数分布。图 4.7 是 $\eta=1$ 时几个 Weibull 分布密度函数的图形。Weibull 分布 $W(m,\eta)$ 的均值 $E(X)=\eta\Gamma(1+(1/m))$ ，方差 $\mathrm{Var}(X)=\eta^2\{\Gamma[1+(2/m)]-\Gamma[1+(1/m)]^2\}$ 。若随机变量 X 服从 Weibull 分布 $W(m,\eta)$ ，则随机变量 $Y=X+\gamma$ 有密度函数：

$$f(x)=\begin{cases}\dfrac{m}{\eta}\left(\dfrac{x-\gamma}{\eta}\right)^{m-1}\exp\left[-\left(\dfrac{x-\gamma}{\eta}\right)^{m}\right] & x\geqslant\gamma\\ 0 & 0\leqslant x<\gamma\end{cases} \tag{4.8}$$

这时随机变量 Y 称为服从三参数 Weibull 分布 $W(m,\eta,\gamma)$ ，其中参数 γ 称为门限参数。

Weibull 累计分布函数为：

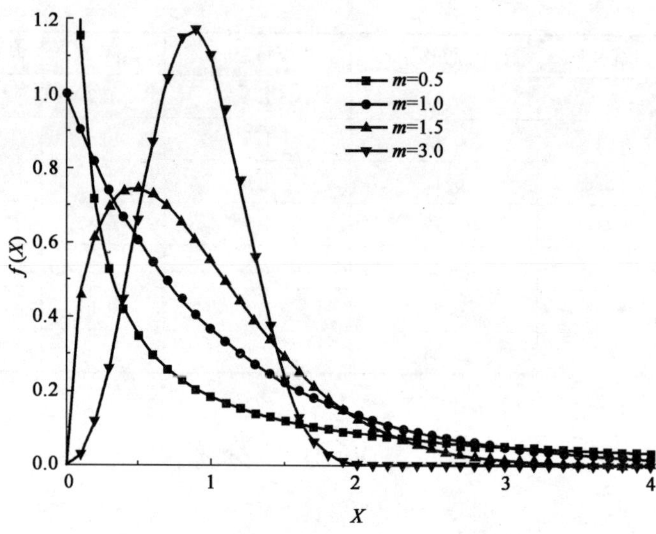

图 4.7　$n=1$ 时 Weibull 分布密度函数的图形

$$F(x)=1-\exp\left[-\left(\frac{x-\gamma}{\eta}\right)^{m}\right] \tag{4.9}$$

4.5.2　Weibull 分布参数估计

采用最小二乘法来确定 Weibull 分布函数参数。

对式(4.9)进行两次对数变换，改写为：

$$\ln\ln\left[\frac{1}{1-F(x)}\right]=m\ln(x-\gamma)-m\ln\eta \tag{4.10}$$

把 n 个观测值从小到大排列，计为 $x_i(i=1,2,3,\cdots,n)$，x 所对应的累积概率为：

$$F(x_i)=\frac{i}{n+1} \text{ 或 } F(x_i)=\frac{i-0.3}{n+0.4} \tag{4.11}$$

根据式(4.10)和式(4.11)就可以确定系数 m,η 和 γ。事实上，若以 $\ln(x-\gamma)$ 为横坐标，$\ln\ln\left[\frac{1}{1-F(x)}\right]$ 为纵坐标，则式(4.10)为该坐标系下的直线方程，m 为斜率，$-m\ln\eta$ 为截距。首先试选 γ，使得 $\gamma\in[0,x_1]$，然后根据式(4.11)确定 $F(x_i)$，进而确定该平面上的点($\ln(x_i-\gamma),\ln\ln\left[\frac{1}{1-F(x_i)}\right]$)。取 $i=1,2,3,\cdots,n$，可得 n 个点，最后通过线性回归得到直线方程，并最终得到 m 和 η。对于不同的 γ 所回归的方程也不同，而 γ 的选择根据回归方差最小来确定。对于二参数 Weibull 分布，取 $\gamma=0$，直接通过线性回归就能确定 m 和 η。

4.6 已建的连续配筋混凝土路面裂缝调查统计

前文已对耒宜高速公路、粤赣高速公路、G210 铜川段和孙吴二级公路的 CRCP 进行了病害调查，获得了各自的裂缝间距分布。采用 Weibull 分布对于裂缝间距分布进行统计。令 $Y=\ln\left[\ln\frac{1}{1-F(x)}\right]$，$X=m\ln(x)$，$a=m$，$b=-m\ln\eta$。经回归分析确定 Weibull 分布参数(见表 4.5)，并得到各段裂缝 Weibull 分布密度函数，分别见式(4.12)～式(4.15)。各式相关系数 R^2 均接近 1，证明裂缝间距分布服从 Weibull 分布。

Weibull 分布参数 表 4.5

路段	a	b	m	η	R^2	密度函数
G210 铜川段	1.725 9	−0.683 8	1.725 9	1.486 2	0.981 4	式(4.12)
孙吴公路	1.536 8	−0.518	1.536 8	1.400 8	0.984 4	式(4.13)
粤赣高速	1.641	−0.731 6	1.641 0	1.561 8	0.908 4	式(4.14)
耒宜高速	1.493 5	−0.652 9	1.493 5	1.548 3	0.998 5	式(4.15)

$$f(x)=1.161\,3\times\left(\frac{x}{1.486\,2}\right)^{0.725\,9}\times\exp\left[-\left(\frac{x}{1.486\,2}\right)^{1.725\,9}\right](R^2=0.981\,4) \tag{4.12}$$

$$f(x)=1.097\,1\times\left(\frac{x}{1.400\,8}\right)^{0.536\,8}\times\exp\left[-\left(\frac{x}{1.400\,8}\right)^{1.536\,8}\right](R^2=0.984\,4) \tag{4.13}$$

$$f(x)=1.050\,7\times\left(\frac{x}{1.561\,8}\right)^{0.641}\times\exp\left[-\left(\frac{x}{1.561\,8}\right)^{1.641}\right](R^2=0.908\,4) \tag{4.14}$$

$$f(x)=0.964\,6\times\left(\frac{x}{1.548\,3}\right)^{0.493\,5}\times\exp\left[-\left(\frac{x}{1.548\,3}\right)^{1.493\,5}\right](R^2=0.998\,5) \tag{4.15}$$

4.7 连续配筋混凝土路面裂缝预估结果统计

采用 Monte Carlo 方法对 CRCP 开裂进行预估，需要假定一种 CRCP 和环境荷载，参照美国的经验数据，参数取值见表 4.6，表中没有列出的参数取值参照表 3.3。

环境荷载数据参照附录B。材料性能按照得克萨斯大学法进行预估。在预估过程中考虑了混凝土强度、混凝土线膨胀系数、混凝土干缩和地基摩阻的变异性，其变异系数分别定义为CV_1、CV_2、CV_3和CV_4，变异系数取值见表4.7，对不同变异系数组合(表4.7中a、b和c)情况下CRCP开裂预估结果进行Weibull分布统计分析，得到Weibull分布见表4.8。各种组合下相关系数R^2均接近1，说明采用Monte Carlo方法预估得到的裂缝间距服从Weibull分布。但是Weibull分布的参数不同，因而有必要进一步对CRCP参数对裂缝间距分布的影响做进一步的分析。

参数取值范围 表4.6

参数	低	中	高	基本
混凝土特性				
路面厚度(mm)	152.4	304.8	381.0	220
线膨胀系数(10^{-6}/℃)	5.40	9.00	14.40	10
28d弹性模量(MPa)	25 100	29 090	33 990	30 000
28d抗拉强度(MPa)	2.96	3.65	4.48	3.65
256d干缩(10^{-6})	342	394	461	400
钢筋特性				
钢筋直径(mm)	15.9	19.1	22.2	20
线膨胀系数(10^{-6}/℃)	9	9	9	9
配筋率(%)	0.4	0.6	0.8	0.79
黏结滑移关系				
基层摩阻力系数(MPa/mm)	0.02	0.04	4.18	0.04

变异系数取值 表4.7

组合	CV_1	CV_2	CV_3	CV_4
a	10%	10%	10%	10%
b	15%	10%	10%	10%
c	20%	10%	10%	10%

Weibull分布参数 表4.8

组合	R^2	a	b	m	η
a	0.955 6	2.662 7	−0.753 8	2.662 7	1.327 2
b	0.975 8	3.069	0.078 7	3.069	0.974 7
c	0.990 6	3.592 8	1.311 7	3.592 8	0.694 1

4.8 裂缝分布参数敏感性分析

当分析某参数对 CRCP 横向裂缝分布的影响时，其余参数取基本值，参数的变化范围参照表 4.6。

4.8.1 混凝土强度变异性对裂缝分布的影响

在研究混凝土强度变异性时，假设其他参数变异系数为零。如图 4.8 所示为不同混凝土强度变异性条件下裂缝间距累计概率曲线。混凝土强度变异系数较大时，裂缝间距分布范围较大；混凝土强度变异系数较小时，裂缝间距较集中。混凝土强度变异性对裂缝分布影响很大。

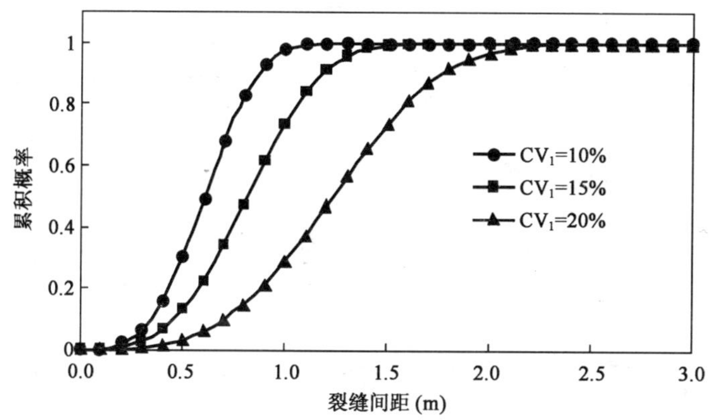

图 4.8 不同混凝土强度变异系数条件下裂缝间距累积概率

4.8.2 混凝土线膨胀系数变异性对裂缝分布的影响

在分析混凝土线膨胀系数变异性对裂缝间距分布影响时，混凝土强度变异性 $CV_1=15\%$，其他参数变异系数取零。如图 4.9 所示为不同混凝土线膨胀系数变异性条件下裂缝间距累计概率曲线。混凝土线膨胀系数变异性对裂缝间距的分布基本没有影响。

4.8.3 混凝土干缩变异性对裂缝分布的影响

在分析混凝土干缩变异性对 CRCP 裂缝间距的影响时，混凝土强度变异系数 $CV_1=15\%$，其他参数变异系数取零。如图 4.10 所示为不同混凝土干缩变异性条件下裂缝间距累积概率曲线。混凝土干缩变异性对 CRCP 裂缝间距分布的影响较小。

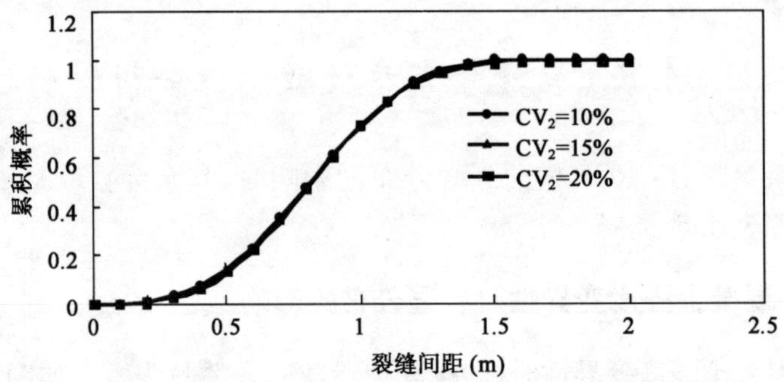

图 4.9　不同线膨胀系数变异性条件下裂缝间距累计概率

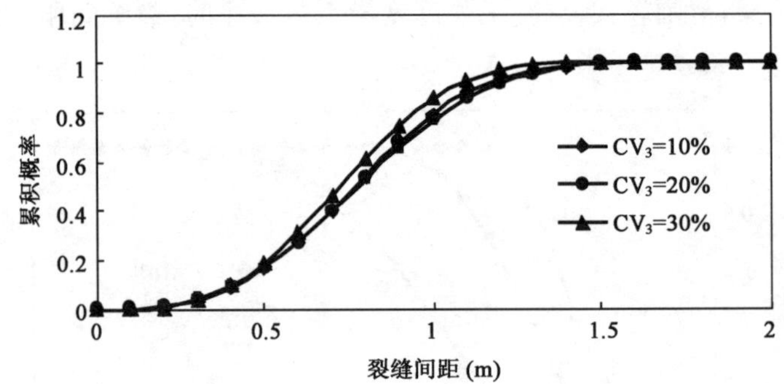

图 4.10　不同混凝土干缩变异性条件下裂缝间距累计概率

4.8.4　面层与基层间摩擦阻力系数变异性对裂缝分布的影响

在分析基层摩擦阻力变异性对裂缝间距的影响时，混凝土强度变异系数 $CV_1=15\%$，其余变异系数取零。如图 4.11 所示为不同面层与基层间摩擦阻力系数变异性条件下裂缝间距累积概率。面层与基层间摩擦阻力系数变异性对 CRCP

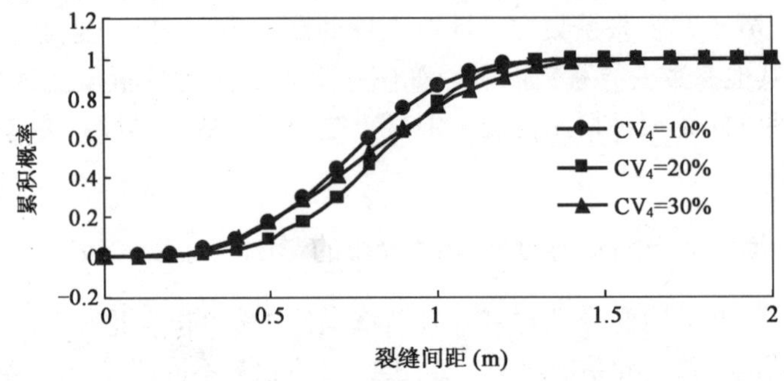

图 4.11　不同面层与基层间摩擦阻力系数变异性条件下裂缝间距累计概率

横向裂缝间距分布有一定影响。

4.8.5 配筋率对裂缝分布的影响

如图 4.12 所示为根据不同配筋率计算得到的横向裂缝累积概率曲线。配筋率对裂缝间距分布有较大影响，配筋率大时，裂缝间距较小。

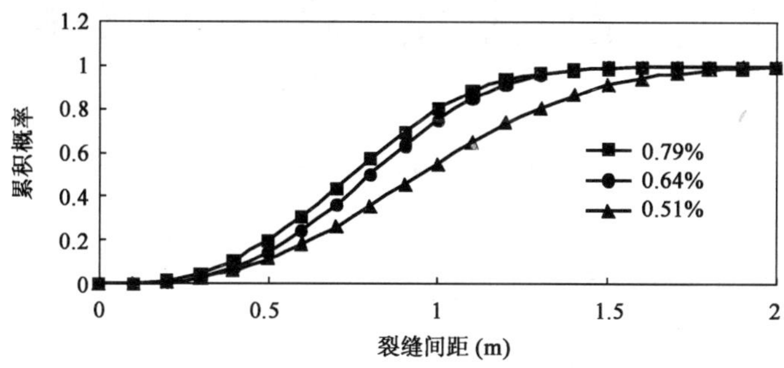

图 4.12 不同配筋率条件下裂缝间距累积概率曲线

5 车辆荷载、温度梯度和湿度梯度综合作用下连续配筋混凝土路面应力分析

5.1 连续配筋混凝土路面温度梯度

5.1.1 温度梯度的定义

在白天，由于 CRCP 表面温度吸收太阳辐射，受到气温、风速、天气状况等影响，导致板表面温度高于底面温度，此时路面受到正温度梯度的作用，路面板底受拉，板顶受压。夜间表面温度低于底面温度，路面受到负温度梯度的作用，板底受压，板顶受拉。每昼夜气温呈周期性变化，由于路面材料传热需要一定的时间，温度在路面全厚度内呈不均匀分布。当混凝土板顶和板底存在温差时，由于板自重、地基反应力和相邻板的钳制作用，导致板的变形受阻，从而在板内产生温度翘曲应力。

《公路水泥混凝土路面设计规范》(JTG D40—2002)给出 PCC 板最大温度梯度的标准值，见表 5.1。

最大温度梯度标准值(单位：℃/cm)　　表 5.1

公路自然区划	II、V	III	IV、VI	VII
最大温度梯度标准值	83～88	90～95	86～92	93～98

注：海拔高时，取高值；湿度大时，取低值。

5.1.2 非线性温度梯度

科列涅夫等学者提出把 CRCP 板内温度分布引起的应力分为三个部分：由路面板全厚度内温度均匀变化引起的温缩应力，由混凝土板顶面与底面温度差引起的翘曲应力，以及由温度沿板厚呈非线性分布引起的温度内应力。分析 CRCP 温度应力时，主要是考虑温度内应力和翘曲应力，不包括温缩应力。利用有限元方法模拟在车轮荷载和线性温差条件下的混凝土板截面挠度和弯拉应力分布情况，得

到翘曲应力值，同时采用回归公式预估非线性温度分布引起的温度内应力，再通过叠加翘曲应力值和温度内应力值得到最终计算结果。如果温度沿板厚是线性分布，则温度应力仅仅考虑温度翘曲应力。

CRCP 面板内引起各温度应力的温度值可由式(5.1)～(5.3)计算得到：

$$T_{\mathrm{C}} = \frac{1}{h}\int_{-h/2}^{h/2} T(z)\mathrm{d}z \tag{5.1}$$

$$T_{\mathrm{L}}(z) = T_0 + 12\,\frac{z}{\alpha}\int_{-h/2}^{h/2}[T(z) - T_0]z\mathrm{d}z \tag{5.2}$$

$$T_{\mathrm{NL}}(z) = T(z) - T_{\mathrm{C}}(z) - T_{\mathrm{L}}(z) - 2T_0 \tag{5.3}$$

式中：h——混凝土板厚；

T_0——温度初始值；

$T(z)$——在面板和基层内的温度分布，其中 z 为沿厚度方向距面板顶面的距离；

T_{C}——面板内引起温缩应力的温度值；

T_{L}——面板内引起翘曲应力的温度值；

T_{NL}——面板内引起温度内应力的温度值。

如果面板和基层在水平方向的位移没有受到约束，则面板内的温缩应力为零。由板顶面和底面温差引起的温度翘曲应力值由有限元模型计算得到，由非线性温度分布引起的温度内应力表达式如下：

$$\alpha_{\mathrm{NL}}(z) = -\frac{E(z)}{1-\mu}\alpha(z)[T_{\mathrm{NL}}(z) - T_0] \tag{5.4}$$

式中：σ_{NL}——由非线性温度分布引起的温度内应力；

E——弹性模量；

α——线膨胀系数。

5.1.3 非线性温度分布等效和温度内应力

汤普森第一个从理论上预测到温度沿板厚呈非线性变化，随后被许多学者通过试验进行了论证，还有些学者从佛罗里达州交通部分析了大量的试验数据，获得现场温度分布的二次函数，同时证实了用顶面温度和底面温度表示的线性温度分布可以代替实际非线性温度分布，而且计算误差小，便于有限元分析。Lev Khazanovich 等学者提出如下计算公式：

$$\Delta T = \varphi \times \frac{{h_1}^2\gamma}{\alpha(1+\mu)}\sqrt{\frac{3(1+\mu^2)}{K(E_1{h_1}^3 + E_2{h_2}^3)}} \tag{5.5}$$

式中：ΔT——线性温度梯度，为顶底面温差与板厚的商值；

φ——非线性温度梯度；

α——混凝土线膨胀系数；

μ——面板泊松比；

h_1——面层板厚度；

h_2——基层厚度；

γ——混凝土板的单位自重；

K——地基反应系数；

E_1——混凝土弹性模量；

E_2——基层弹性模量。

最终非线性温度分布引起的温度内应力值可由等效温度梯度值得到：

$$\sigma_{NL} = -E_1\alpha\left(\frac{1}{2}\Delta T - \frac{\sum_{i=1}^{n} T_i}{10} + \frac{T_i}{20} + \frac{21T_n}{20}\right) \tag{5.6}$$

式中：σ_{NL}——由非线性温度分布引起的温度内应力；

$T_1, T_2, \cdots, T_n$——面板在对应空间位置处的温度，其中 T_1 是面板顶面温度，T_n 为面板底面温度。

5.2 连续配筋混凝土路面湿度梯度和湿度应力

混凝土板暴露于大气状态下，不仅会受到温度梯度的作用，同时会受到湿度梯度的作用。即使是在干旱地区，混凝土面板保持干燥状态时，在面板以下5cm处混凝土都保持大于85%的相对湿度，板受湿度梯度的影响会发生翘曲。由湿度梯度引起的翘曲应力相对于温度梯度引起的翘曲应力是很小的，特别是当混凝土板达到设计强度后湿度梯度的影响会更小并逐渐趋于稳定，因此湿度梯度对混凝土面板的影响很小。为计算方便，将湿度梯度用等效温差表示，用这部分温差产生的温度应力代替湿度应力，在计算应力时将湿度等效温差加入到等效线性温差中，Lev Khazanovich 等学者提出按下式计算湿度等效温差：

$$\mathrm{ETG_{Shi}} = \frac{3\cdot(\varphi\cdot\varepsilon_{\infty})\cdot(S_{hi} - Sh_{ave})\cdot h_s\cdot\left(\frac{h}{2} - \frac{h_s}{3}\right)}{\alpha\cdot h^2\cdot 100} \tag{5.7}$$

式中：ETG_{Shi}——由第 i 月的湿度梯度与年平均湿度之间的偏差转换得到的等效温差(°F)；

φ——可以恢复的干缩系数，一般取 0.5；

ε_{∞}——极限干缩应变(10^{-6})；

S_{hi}——第 i 月相对湿度系数：

$$S_{hi}=1.1RH_a, RH_a<30\% \tag{5.8-1}$$

$$S_{hi}=1.4-0.01RH_a, 30\%<RH_a<80\% \tag{5.8-2}$$

$$S_{hi}=3.0-0.03RH_a, RH_a\geqslant 80\% \tag{5.8-3}$$

RH_a——环境相对湿度(%)；

Sh_{ave}——年平均相对湿度系数；

h_s——干缩区的深度，一般为 5cm；

h——板厚(m)；

α——混凝土线膨胀系数(℃$^{-1}$)。

其中极限干缩应变与水泥类型、水泥含量、水灰比、28d 混凝土抗压强度、面板翘曲类型等因素有关，计算公式见式(4.2)。

ETG_{Shi}是基于极限干缩计算得到的，需要一定的时间而发展。在摊铺后第 t 天的 ETG_{Sht}为：

$$ETG_{Sht} = S_t ETG_{Shi} \tag{5.9}$$

式中：ETG_{Sht}——在混凝土摊铺第 t 天时的 ETG_{Shi}。

$$S_t = \frac{AGE}{n+AGE} \tag{5.10}$$

式中：S_t——混凝土板与湿度翘曲相关的时间系数；

AGE——混凝土龄期，从摊铺完毕开始起算；

n——发展到 50%极限干缩应变所需要的时间(d)，若无准确信息，可取经验值 35。

5.3 连续配筋混凝土路面裂缝间传荷能力

荷载传递系数(LTE)，主要是由 FWD 所测的弯沉值计算而得，是未受 FWD 作用的板的弯沉与受 FWD 作用的板的弯沉的比值。

5.3.1 传荷能力与裂缝刚度关系

裂缝间主要通过传力杆系统和集料嵌锁系统传递荷载。传力杆是光滑的圆杆，一头固定在板的一边，另一头允许在另一块板上产生有限的水平滑移。集料嵌锁通过集料间的嵌挤作用传递剪切荷载。裂缝间的荷载传递主要以剪力为主，以裂缝刚度 q 表征，表示裂缝每单位长度竖向位移差产生的剪力。

1)传力杆传荷刚度

传力杆传荷刚度主要由传力杆自身发生竖向位移和混凝土对传力杆的支承两部分产生，刘文等学者提出裂缝刚度公式如下：

$$\begin{cases} S_b = \dfrac{12E_d I_d}{b_j{}^3(1+\varphi)} \\ \varphi = \dfrac{12E_d I_d}{G_d A_d b_j{}^2} \end{cases} \tag{5.11}$$

$$\begin{cases} S_c = \dfrac{4l_d{}^3 E_d I_d}{2+l_d b_j} \\ l_d = \left(\dfrac{k_d d}{4E_d I_d}\right)^{\frac{1}{4}} \end{cases} \tag{5.12}$$

式中：S_b——传力杆单位竖向位移产生的传荷作用刚度；

S_c——混凝土对传力杆支承的传荷作用刚度；

I_d——传力杆截面的惯性矩，圆筋时 $I_d = \pi d^4/64$ ；

E_d——传力杆的弹性模量；

G_d——传力杆的剪切模量；

b_j——裂缝缝隙宽度；

A_d——传力杆有效截面面积，为截面面积的 0.9 倍；

l_d——传力杆—混凝土系的相对刚度；

k_d——混凝土对传力杆的支承模量，一般取 $0.4\times10^6\,\text{MN/m}^3$；

d——传力杆直径。

综合式(5.11)和式(5.12)，便得到裂缝处传力杆的组合剪切刚度为：

$$S_d = \frac{1}{\dfrac{1}{S_b}+\dfrac{1}{S_c}} \tag{5.13}$$

式中：S_d——裂缝的组合剪切刚度。

因此，裂缝处传力杆总刚度 D 为：

$$D = \frac{S_d L}{S} \tag{5.14}$$

式中：S——裂缝传力杆的间距；

L——裂缝长度。

2)集料嵌锁传荷刚度

集料嵌锁型裂缝的传荷能力主要取决于裂缝宽度和裂缝截面的粗糙程度。而且基层类型、板厚、荷载作用位置和其他因素也会影响传荷能力。因为其复杂性，目前还没有具体的理论模型表达它们之间的关系。一般地，裂缝刚度 q 可根据由FWD测得的LTE传荷系数获得，该方法也同样适用于传力杆型裂缝。因此，本书采用凌建明学者提出的以下公式计算单位长度裂缝集料嵌锁刚度：

$$\mathrm{AGG}=kl\left(\frac{1.2}{1/\mathrm{LTE}-l}\right)^{\frac{1}{0.849}} \tag{5.15}$$

式中：AGG——单位长度裂缝集料嵌锁刚度；

k——地基反应模量；

l——面板相对刚度半径；

LTE——裂缝间的传荷系数。

3)刚度的分配

有限元模型是通过网格的节点进行计算的，因此需要把裂缝处的刚度分配到各个节点上，混凝土板侧面的节点分为板角、板边和板中节点，相邻网格节点间距分别为 $2a$ 和 $2b$，如图5.1所示。通过在节点设置弹簧模拟裂缝间的传荷机制，将裂缝的总刚度按照节点贡献面积分配到每个弹簧单元上。

由图5.1可知，板角节点贡献面积 $A=ab$，板边节点贡献面积 $B=B_1+B_2=2ab$，板中节点贡献面积 $C=C_1+C_2+C_3+C_4=4ab$。则板角、板边和板中节点贡献面积之比为1∶2∶4。假设板角节点分配刚度为 k_j，则板边和板中节点分配刚度依次为 $2k_j$、$4k_j$。

则板角弹簧刚度 k_j 为：

$$k_j=\frac{\mathrm{AGG}\times L}{4(n_r-1)(n_c-1)} \tag{5.16}$$

式中：k_j——板侧面板角弹簧刚度，板边节点为 $2k_j$，板中节点为 $4k_j$；

L——裂缝长度；

n_r——板侧面节点的行数；

n_c——板侧面节点的列数。

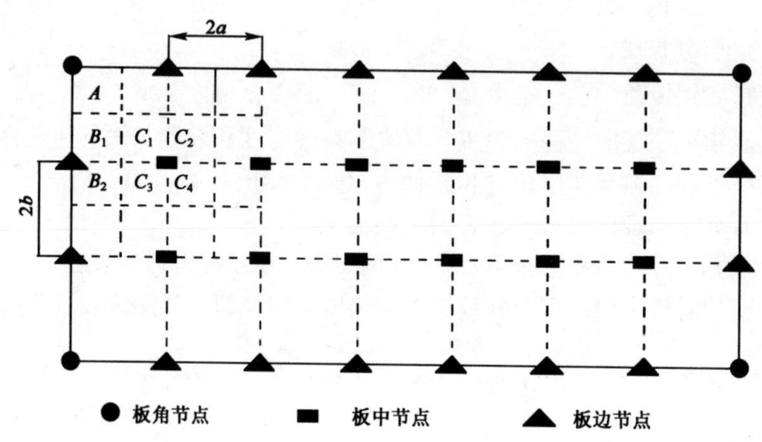

图 5.1　板侧面节点布置图

5.3.2　传荷能力有限元模拟

目前,有两种方法模拟裂缝间的传荷能力,一种是采用弹簧单元模拟裂缝间的传荷能力,另一种是在裂缝间采用虚拟填缝料模拟裂缝间的传荷能力。

当采用弹簧单元模拟裂缝间的传荷能力时,无论是集料嵌锁型裂缝还是传力杆型裂缝,都采用在板两侧的对应节点设置竖向剪切弹簧单元模拟裂缝间的剪力传递作用,同理,对于法向传荷能力也可在板与板之间设置横向弹簧单元模拟,弹簧刚度根据式(5.15)和式(5.16)计算,这种方法虽然工作量繁琐,但是因为弹簧刚度可以计算出,而且每个节点独立计算,模型的建立相对比较方便,因此本书采取弹簧单元模拟传荷作用。在模型中考虑采用横向和竖向弹簧模拟裂缝间的传荷能力,并采用竖向方向的剪切接地弹簧单元模拟路肩与面板间的传荷能力。

李文科学者采用裂缝虚拟填料的方法模拟填料及开裂后的机械嵌锁作用,通过变化虚拟填缝材料的刚度来模拟传荷作用。例如,当虚拟材料的刚度接近于零时,裂缝间的传荷主要是依靠钢筋,此时裂缝完全断开;当虚拟材料的刚度接近于混凝土刚度时,此时没有裂缝存在,钢筋与混凝土共同承担应力,共同传荷;当虚拟材料的刚度介于混凝土刚度与零之间时,则存在裂缝,同时又不是完全依靠钢筋传荷,随着刚度的增大,传荷能力也增大。此外,这种方法避免了在重载或超载情况下裂缝两边单元的相互刺入和接触问题。但刚度具有不确定性,有限元模拟非常复杂,因此本书不采用这种方法。

5.4 连续配筋混凝土路面有限元模型关键技术

5.4.1 混凝土开裂模型

混凝土的开裂模型大致分为弥散开裂模型、脆性开裂模型和损伤塑性模型三种。

(1)弥散开裂模型

弥散开裂模型主要适用于 ABAQUS/Standard 模块。它可以模拟梁、桁架、壳和实体结构等类型的混凝土结构。适用于低围压下单调加载的混凝土,主要用于钢筋混凝土结构应力分析,也可用于素混凝土结构分析。当结构受力主要承受压力时,采用各向同性硬化屈服面模型并通过裂纹探测面确定开裂破坏点。基于弹性损伤描述材料开裂后的弹性行为,并采用线弹性模型定义材料的弹性性能。

模型中的钢筋可以通过 rebar 单元实现,可以逐一定义,也可以批量嵌入混凝土中。在有限元模型中,rebar 叠加在混凝土的单元网格上。但钢筋与混凝土的力学行为互相独立,通过拉伸硬化参数值(tension stiffing)实现混凝土与钢筋间的黏结滑移与锁固关系。对于开裂混凝土,拉伸硬化还可以定义应变软化行为。

(2)脆性开裂模型

脆性开裂模型除了可以模拟梁、桁架、壳和实体结构等混凝土结构,还可以模拟陶瓷、脆性岩石等材料。此模型假设构件的受压行为总是为线弹性,故在材料开裂前采用线弹性模型。如果假设充分,则模型对脆性材料的计算结果是比较准确的。此本构模型允许单元移除,主要用于钢筋混凝土结构,也可以用于素混凝土结构。

对于钢筋的定义方法与弥散开裂相近,但它主要用于 ABAQUS/Explicit 模块表征混凝土不连续的脆性行为。可以对模型中的每个材料点独立计算,在该点附近存在一些连续的肉眼无法看到的裂纹,方向由模型确定,但却不能跟踪单个裂缝宽度比较大的裂纹。由于裂纹的存在,因此需要慎重考虑材料的各向异性。

(3)损伤塑性模型

损伤塑性模型适用于 ABAQUS/Standard 和 ABAQUS/Explicit 两个模块。它能够模拟各种结构类型中的混凝土材料和其他准脆性材料。基于各向同性拉伸和压缩塑性理论及各向同性弹性损伤理论描述混凝土的非弹性行为,基于各向同性损伤理论和非关联多重硬化塑性理论描述断裂过程中的不可逆损伤行为。可以模拟混凝土受到循环、单调或动载下的力学行为,在周期荷载反向作用时,也可以控制材料刚度的恢复程度,结合黏塑性正规本构方程可提高软化区域的收敛性。

对于钢筋混凝土主要采用加强筋模拟混凝土中的钢筋，假设材料的弹性行为都为各向同性和线性，混凝土材料的破坏主要是由拉伸开裂和压缩破碎引起的。

4)模型的比较与选择

弥散开裂模型是关联塑性流，对混凝土的力学模拟比较准确，能够同时模拟混凝土受拉和受压，但对混凝土裂缝的模拟不太准确。损伤塑性模型是非关联塑性流，适用于动荷载或周期荷载的情况，可以考虑混凝土受循环荷载时的刚度退化、强度降低以及收缩效应，且参数较多。脆性开裂模型适于动荷载，不考虑混凝土的受压非线性。

本书选用在 Standard 模块下的弥散开裂模型对 CRCP 的结构应力进行分析。

5.4.2 钢筋等效

连续配筋混凝土所在钢筋层物理和力学特性呈现各向异性形状，因此需在有限元分析中考虑钢筋的影响。在 CRCP 有限元分析中，钢筋可通过几种方式进行模拟。对于二维模型，主要将钢筋用 beam(梁)形式表达，理论简单并易于求解，但是却不能体现横向效应。对于三维实体模型，模拟混凝土为正六面体空间单元，钢筋为线性杆单元，为了体现钢筋与混凝土之间的黏结滑移关系，在钢筋与混凝土交界处采用过渡单元较符合实际情况，但是建模时工作量较大，对每根钢筋都需引入联结单元，计算模型十分复杂；陈锋锋学者将同一水平方向水平配筋的混凝土层看作单层复合材料板，计算方便；叶见曙和李国平等人将钢筋面积换算成等效的受拉混凝土截面积，用到了“换算截面”的概念，简化了计算过程。因此需对后两种方法进行比较论证。

(1)等效截面面积

当钢筋混凝土的竖向裂缝已形成并开展，大部分混凝土已不能受力，主要由钢筋承受拉力，此时的荷载-挠度关系近似为线性关系，此阶段为开裂后的弹性阶段，假设：

①在面板发生弯曲后，钢筋混凝土所在正截面保持为平面；

②在开裂后的弹性阶段，受压区混凝土的应力与平均应变成正比；

③受拉区拉应力完全由钢筋承受，混凝土完全退出工作，无法承受拉应力。

由上述三个假定作出的计算图式见图 5.2，可得到式(5.17)：

$$\sigma_c = \frac{\sigma_s}{E_s} E_c = \sigma_s / \alpha_{Es} \tag{5.17}$$

式中：α_{Es} ——钢筋混凝土截面的换算系数，$\alpha_{Es} = E_s / E_c$，E_s 代表钢筋弹性模量，E_c 代表混凝土弹性模量。

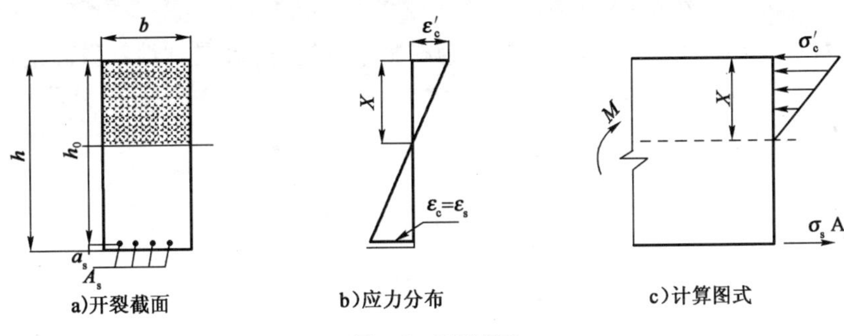

图 5.2 开裂截面

假设混凝土所承受的总拉力与钢筋承受总拉力一样，则：

$$A_s\sigma_s = A_{sc}\sigma_c \tag{5.18}$$

最终得到：

$$A_{sc} = A_s\sigma_s/\sigma_c = \alpha_{Es}A_s \tag{5.19}$$

其中，A_{sc}为钢筋的换算面积，这样就可以按照力学方法计算其几何特性。这种方法虽然将受压区混凝土和钢筋共同组成的全截面换算成匀质拉压性能相同的截面，使计算过程简化，但是这种方法的三种假设具有局限性，仅适用于钢筋混凝土板处于开裂后弹性阶段，因此适用范围不广，不具有普遍性。

(2)等效薄层单元

陈锋锋学者提出将钢筋层简化为正交各向异性薄层单元，将原结构等效为多层复合板结构进行有限元分析。模型中将非钢筋所在混凝土层视为各向同性层，层间完全连续，且钢筋完全成直线规则排列，与混凝土之间不产生滑移，呈完全黏结状态。坐标系如图 5.3 所示。

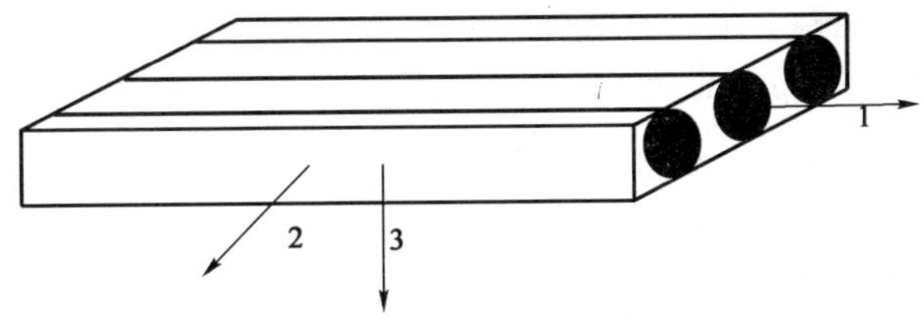

图 5.3 等效薄层主方向坐标系图

结构中应力应变关系式为：

$$\begin{bmatrix}\sigma_1\\ \sigma_2\\ \tau_{12}\end{bmatrix} = \begin{bmatrix}d_{11} & d_{12} & 0\\ d_{12} & d_{22} & 0\\ 0 & 0 & d_{66}\end{bmatrix}\begin{bmatrix}\varepsilon_1\\ \varepsilon_2\\ \gamma_{12}\end{bmatrix} \tag{5.20}$$

令 $\boldsymbol{D}=\begin{bmatrix} d_{11} & d_{12} & 0 \\ d_{12} & d_{22} & 0 \\ 0 & 0 & d_{66} \end{bmatrix}$，式中 $\boldsymbol{D}$ 为材料刚度矩阵，d_{ij} 是弹性常数。结合广义虎克定律，可得到：

$$\begin{cases} d_{11}=\dfrac{E_1}{1-\mu_{12}\mu_{21}} \\ d_{22}=\dfrac{E_2}{1-\mu_{12}\mu_{21}} \\ d_{12}=\dfrac{\mu_{21}E_2}{1-\mu_{12}\mu_{21}} \\ d_{66}=G_{12} \end{cases} \tag{5.21}$$

由于矩阵 $\boldsymbol{D}$ 是对称的，故 $\mu_{12}/E_2=\mu_{21}/E_1$，$E_1$、$E_2$ 分别为纵筋方向和横筋方向的弹性模量，μ_{12}、μ_{21} 分别为横筋方向和纵筋方向泊松比。由于钢筋与混凝土完全黏结，变形一致，根据复合材料细观力学理论，可得到式(5.21)中的力学参数为：

$$\begin{aligned} E_1 &= E_s p + E_c(1-p) \\ E_2 &= \frac{E_s E_c}{E_s(1-p)+E_c p} \\ \mu_{21} &= \mu_s p + \mu_c(1-p) \\ \mu_{12} &= \frac{E_1}{E_2}\mu_{21} \\ G_{12} &= \frac{G_s G_c}{G_s(1-p)+G_c p} \end{aligned} \tag{5.22}$$

式中：$p=A_s/A$；

A——钢筋与混凝土截面的总面积；

A_s——n 根纵向钢筋的截面积，$A_s=n\pi d^2/4$；

E_s——钢筋弹性模量；

E_c——混凝土弹性模量；

G_s——钢筋剪切模量，$G_s=E_s/2(1+\mu_s)$；

G_c——混凝土剪切模量，$G_c=E_s/2(1+\mu_c)$；

μ_s——钢筋泊松比；

μ_c——混凝土泊松比。

这种方法考虑钢筋所在层为一层均质材料，模型简化为多层复合板，大大减少了计算量，且适用范围较广，因此本书运用这种方法的理念，将薄层厚度加大，不考虑层与层间的接触关系，将钢筋层的力学特性分配到整个路面厚度内，假设横筋与纵筋的力学参数一样，得到：

$$\begin{cases} p = \dfrac{A_s}{A} \\ E = E_s p + E_c(1-p) \\ \mu = \mu_s p + \mu_c(1-p) \\ G = \dfrac{E}{2(1+\mu)} \end{cases} \tag{5.23}$$

5.4.3 板厚等效

板厚等效模型仅需要输入简单的参数，耗时少，也便于参数敏感性分析和计算。

(1)等效方法

国外主要采用美国《力学-经验法公路设计指南》中板厚等效的方法。将面层板（记为板 1）和基层板（记为板 2）简化成单层板，假设板 1 和板 2 之间没有摩擦，等效板的厚度计算公式为：

$$h_{eff} = \sqrt[3]{{h_1}^3 + \frac{E_2}{E_1}{h_2}^3} \tag{5.24}$$

式中：h_{eff}——等效单层板厚度(m)；

E_1——面板弹性模量(Pa)；

E_2——基层弹性模量(Pa)；

h_1——面板厚度(m)；

h_2——基层厚度(m)。

则双层板面板顶部应力可由以下公式得到：

$$\sigma_1 = \frac{h_1}{h_{eff}}\sigma_{eff} - \frac{E_1}{1-\mu_{pcc}}\alpha_1 \times \frac{T_{top} + T_{bot} - 2T_m}{6} \tag{5.25}$$

式中： σ_1 ——面板顶面应力(Pa)；

σ_{eff} ——等效板顶面应力(Pa)；

α_1 ——板 1 线膨胀系数(℃$^{-1}$)；

T_{top}，T_{bot}，T_m——分别为面板的板顶、板底和板中温度(℃)。

国外等效方法中考虑层间为连续没有摩擦，没有考虑层间的接触关系。本书将基层和底基层合并为一个结构层，合并方法如下：

$$E_x = \frac{{h_1}^2 E_1 + {h_2}^2 E_2}{{h_1}^2 + {h_2}^2} \tag{5.26}$$

$$h_x = \left(\frac{12D_x}{E_x}\right)^{1/3} \tag{5.27}$$

$$D_x = \frac{E_1 h_1{}^3 + E_2 h_2{}^3}{12} + \frac{(h_1 + h_2)^2}{4}\left(\frac{1}{E_1 h_1} + \frac{1}{E_2 h_2}\right)^{-1} \tag{5.28}$$

式中：E_x——基层和底基层的当量回弹模量(MPa)；

h_x——基层和底基层的当量厚度(m)；

h_1,h_2——基层和底基层的厚度(m)；

E_1,E_2——基层和底基层的回弹模量(MPa)；

D_x——基层和底基层的等效板的当量弯曲刚度(MN·m)。

(2)方法可靠性验证

假设面板尺寸为3.5m×1.5m，面板厚20cm，弹性模量为3.1×10^4MPa，线膨胀系数为9.9×10^{-6}/℃；基层自重2 400kg/m^3，厚10cm，弹性模量为300MPa；底基层厚20cm，弹性模量为200MPa；单轴轴重为107kN，板表面与底面温差17℃，地基反应模量为54MPa/m，计算得到最大应力值为5.20MPa。假设基层与底基层连续，按式(5.26)～式(5.28)把基层与底基层等效为一个结构层，其厚度为31.4m，弹性模量为220MPa，最大应力值为5.24MPa。两种方法计算的计算结果相差很小，约为0.8%，且发生最大应力的位置相同，说明此种结构层等效方法是合理的。

5.5 连续配筋混凝土路面有限元模型

5.5.1 基本假设

在模型分析中采用如下基本假设：

(1)钢筋呈直线规则排列，混凝土与钢筋间完全黏结，两者变形协调，另一方向的钢筋对一方向的钢筋没有加强作用；混凝土均匀各向同性；路面各结构层为均匀、连续、各向同性的连续弹性体。

(2)板翘曲属于小挠度弯曲问题，板的挠度远远小于板的厚度。

(3)横向裂缝垂直于行车方向，等间距分布。

(4)面层和基层均采用板单元，路基采用文克勒地基。

(5)考虑隔离层的影响，面层与隔离层间不连续，充分接触，但没有摩擦力存在，即滑动但没有分离。隔离层及隔离层以下各层为连续。

(6)温度梯度呈线性分布，采用标准荷载。

(7)采用剪切弹簧单元来模拟裂缝和裂缝处的不连续，参数为剪切刚度，并采用法向弹簧单元模拟裂缝间的横向传荷能力和路肩与面板间的纵向传荷能力。

5.5.2 基本参数与属性

(1)模型尺寸

模型采用三维实体单元,地基为温克勒地基。在横向裂缝处,认为混凝土路面板完全断开,而纵向钢筋保证混凝土面板的张开量不至过大,故在进行有限元分析时,把裂缝近似看作直线。模型纵向方向(x 方向)取 5 段裂缝间距,横向方向取板宽的一半,即考虑 1/2 三维对称模型,模型尺寸为 5m×4m。

(2)有限元单元选取与网格划分

本模型采用 C3D8R 单元,即 8 节点六面体线性减缩积分单元。经过综合分析后,在车辆荷载作用板块划分尺寸大约为 0.19m×0.1m 的网格,在其他板块划分尺寸大约为 0.25m×0.14m 的网格。

(3)边界条件

对于 1/2 三维模型,靠近路肩处的板块边缘侧面为自由边,但考虑了路肩对行车道面板的传荷影响,靠近行车道侧面为对称边界,底端采用固支边界条件,裂缝两侧约束沿 x 轴方向位移为零。如果进行了现场测试,可将裂缝处钢筋计所测数据作为边界条件加入模型中。裂缝间由于具有较高的传荷能力,故采用竖向剪切单元和横向单元模拟横纵向的传荷能力。如果考虑路肩的影响,在路肩与面板间采用竖向剪切接地弹簧单元模拟裂缝和路肩传荷能力。

(4)荷载条件

模型考虑荷载最不利位置,即荷载作用于裂缝纵向边缘中部,并假设温度沿板厚呈线性分布。荷载类型选用 BZZ-100 单轴双轮组标准轴载,轮胎压力为 0.7MPa,双轮轮胎荷重为 50kN,轮印采用正方形,单个轮胎作用面积近似为 18.9cm×18.9cm,双轮间距为 28.35cm,两侧轮隙间距为 180cm。

5.5.3 有限元模型

将钢筋等效成水泥混凝土面板,考虑隔离层与面层的接触关系为无摩擦硬接触,隔离层及其以下层次之间为连续,将隔离层及其以下层等效简化为复合基层进行分析。

模型基本计算参数:CRCP 板厚 $h_1=20$cm,弹性模量 $E_1=3.1\times10^4$MPa,泊松比 $\mu_1=0.15$,线膨胀系数 $\alpha_1=1\times10^{-5}$/℃,密度 $\rho_1=2\ 400$kg/m^3;复合基层厚度 $h_2=15$cm,弹性模量 $E_2=2.8\times10^2$MPa,泊松比 $\mu_2=0.15$;地基反应模量 $k=54$MPa/m,温度梯度为 50℃/m,轴载为标准轴载 BZ-100KN,作用于裂缝纵向边

缘中部，裂缝间距为1m，裂缝传荷系数为2%，路肩与面板间传荷系数为30%。取模型的一半作为研究对象，模型尺寸为5m×4m，最终力学模型如图5.4所示，板顶横向拉应力计算结果如图5.5所示。

图5.4　力学模型

图5.5　计算结果图

5.6　参数敏感性分析

除温度梯度为30℃/m外，模型其余基本参数与5.5.3节中的相同。在讨论某因素对于计算结果的影响时，其余参数按基本参数取值。

5.6.1 裂缝传荷系数的影响

当裂缝传荷系数 LTE 分别取 2%、12%、50%、80%和 92%时，计算结果见表 5.2。当 LTE 由 2%增加到 92%时，CRCP 面板的最大主应力减少了 6.3%。

不同 LTE 对应的 CRCP 最大主应力值 表 5.2

LTE(%)	2	12	50	80	92
最大主应力(10^5Pa)	7.28	7.26	7.18	6.99	6.82

5.6.2 板厚的影响

当板厚分别取 20cm、22cm、25cm、27cm 和 30cm 时，计算结果见表 5.3。随着板厚的增加，最大主应力减小。当板厚由 20cm 增加到 30cm 时，最大主应力降低了 18%，说明板厚对于面板的最大主应力影响较大。

不同板厚对应的 CRCP 最大主应力值 表 5.3

板厚(cm)	20	22	25	27	30
最大主应力(10^5Pa)	6.82	6.47	6.15	5.94	5.61

5.6.3 裂缝间距的影响

当裂缝间距分别取 0.5m、1m、2m、3m 和 4m 时，计算结果见表 5.4。随裂缝间距的增大，最大主应力减小。当裂缝间距从 0.5m 增加到 4m 时，最大主应力降低了 6%。

不同裂缝间距对应的 CRCP 最大主应力值 表 5.4

裂缝间距(m)	0.5	1	2	3	4
最大主应力(10^5Pa)	7.16	6.82	6.8	6.77	6.75

5.6.4 温度梯度的影响

当温度梯度分别取 10℃/m、30℃/m、50℃/m、70℃/m 和 90℃/m 时，计算结果见表 5.5。随着温度梯度的增加，最大主应力增大。当 CRCP 的温度梯度由 10℃/m 增加到 90℃/m 时，最大主应力由 3.69MPa 增加到 16.0MPa，增加了 334%。结果表明温度梯度对 CRCP 的最大主应力影响很大。

不同温度梯度对应的 CRCP 最大主应力值 表 5.5

温度梯度(℃/m)	10	30	50	70	90
最大主应力(10^5Pa)	3.69	6.82	9.90	13.00	16.00

5.6.5 路肩与行车道间传荷能力的影响

当路肩与行车道间传荷系数分别取10%、20%、30%、50%和70%时,计算结果见表5.6。当路肩与行车道间传荷系数由10%增加到70%时,最大应力值仅变化了2.2%,表明路肩与行车道间传荷能力对面板最大主应力的影响较小。

不同路肩传荷系数对应的CRCP最大主应力值 表5.6

LTE_s(%)	10	20	30	50	70
最大主应力(10^5Pa)	6.73	6.78	6.82	6.87	6.88

5.6.6 面层与基层间摩擦系数的影响

当面层与基层间摩擦系数分别取0、0.2、0.5、0.7、1.0时,计算结果见表5.7。随着摩擦系数的增加,最大应力值几乎不变。因此,面层与基层间摩擦系数对面板最大主应力的影响很小,可以忽略。

不同摩擦系数对应的CRCP最大主应力值 表5.7

摩擦系数	0	0.2	0.5	0.7	1.0
最大应力(10^5Pa)	6.82	6.825	6.829	6.835	6.84

6 基于横向裂缝纵向不均匀分布的连续配筋混凝土路面冲断预估

6.1 车辆荷载和温度梯度作用下连续配筋混凝土路面应力诺谟图

由于采用有限元方法进行车辆荷载和温度梯度作用下 CRCP 应力分析比较复杂，不便于 CRCP 的日常设计，因此建立不同工况下车辆荷载和温度梯度作用下 CRCP 应力诺谟图，以供设计者查阅。

基本计算参数包括：CRCP 面板弹性模量 $E_1=3.1\times10^4$ MPa，泊松比 $\mu_1=0.15$，线膨胀系数 $\alpha_1=1\times10^{-5}$/℃，密度 $\rho_1=2\ 400$kg/m^3；复合基层厚度为 $h_2=15$cm，弹性模量 $E_2=2.8\times10^2$MPa，泊松比 $\mu_2=0.15$，地基反应模量 $k=54$MPa/m；路肩与面板间传荷系数为 50%，轴载为标准轴载 BZ-100kN。

保持原计算模型的基本参数不变，变化比较重要的四个结构参数，即裂缝传荷系数、板厚、裂缝间距和温度梯度，具体地传荷系数取 92%、50%、2%，板厚取 20cm、25cm、30cm，裂缝间距取 0.5m、1m、3m，温度梯度取 10℃/m、30℃/m、50℃/m，得到诺谟图，见图 6.1～图 6.3。实际设计时，当所用参数不为上述各值时，可内插得最后结果。

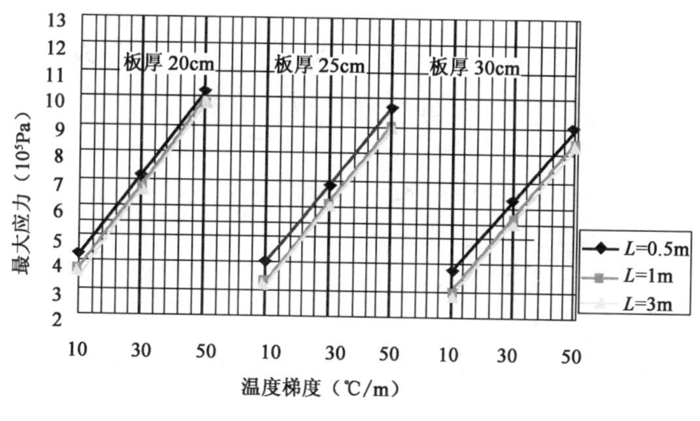

图 6.1 LTE=92%时的诺谟图

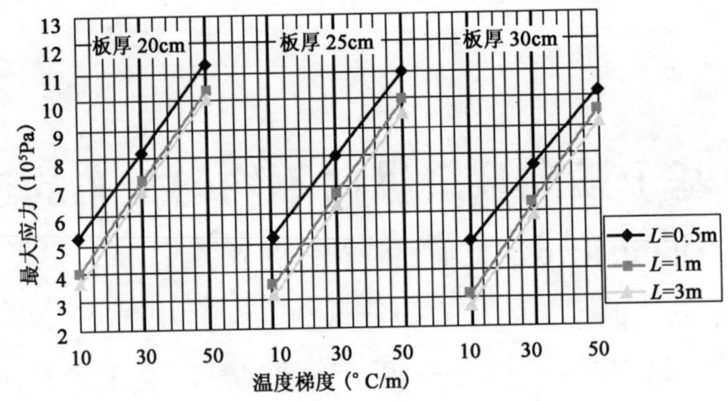

图 6.2 LTE=50%时的诺谟图

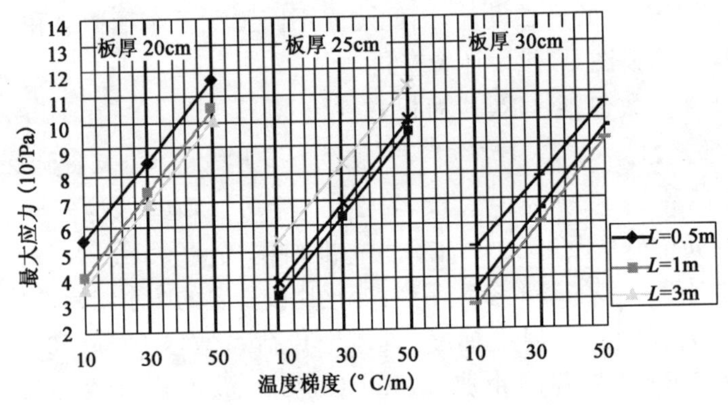

图 6.3 LTE=2%时的诺谟图

6.2 车辆荷载和温度梯度作用下连续配筋混凝土路面应力分析示例

某道路拟修建 CRCP，路面宽 8m，面板板厚 $h_1=22$cm，弹性模量 $E_1=3.1\times10^4$MPa，泊松比 $\mu_1=0.15$，线膨胀系数 $\alpha_1=1\times10^{-5}/℃$，密度 $\rho_1=2\,400$kg/m³；复合基层厚度 $h_2=15$cm，弹性模量 $E_2=2.8\times10^2$MPa，泊松比 $\mu_2=0.15$；地基反应模量 $k=54$MPa/m，裂缝传荷系数 LTE=92%，路肩与面板间传荷系数 $\text{LTE}_s=30\%$，轴载为标准轴载 BZ-100KN，温度梯度 $T_g=30℃/m$，裂缝间距 $L=1.5$m。

设计过程：

(1)由图 6.1，当 $h_1=20$cm，LTE=92%，$L=1$m，$T_g=30℃/m$ 时，最大应力值

为 6.82×10⁵Pa。同样可查得，当 $h_1=25\text{cm}$，LTE＝92％，$L=1\text{m}$，$T_g=30℃/\text{m}$ 时，最大应力值为 $6.15\times10^5\text{Pa}$。内插可得，当 $h_1=22\text{cm}$，LTE＝92％，$L=1\text{m}$，$T_g=30℃/\text{m}$ 时，最大应力值为 $6.552\times10^5\text{Pa}$。

(2)同理，查图可得，当 $h_1=20\text{cm}$，LTE＝92％，$L=3\text{m}$，$T_g=30℃/\text{m}$ 时，最大应力值为 $6.77\times10^5\text{Pa}$；当 $h_1=25\text{cm}$，LTE＝92％，$L=3\text{m}$，$T_g=30℃/\text{m}$ 时，最大应力值为 $6.07\times10^5\text{Pa}$。内插可得，当 $h_1=22\text{cm}$，LTE＝92％，$L=3\text{m}$，$T_g=30℃/\text{m}$ 时，最大应力值为 $6.49\times10^5\text{Pa}$。

(3)综合(1)、(2)结果，内插可得当 $h_1=22\text{cm}$，LTE＝92％，$L=1.5\text{m}$，$T_g=30℃/\text{m}$ 时，最大应力值为 $6.537\times10^5\text{Pa}$。

6.3 连续配筋混凝土路面冲断预估

冲断的产生起源于相邻横向裂缝之间的纵向裂缝的形成。纵向裂缝的发展与板顶横向弯曲应力造成的累积疲劳损伤有关，疲劳应力与荷载作用次数存在函数关系。因此，可以通过研究荷载作用次数来预测冲断的发展。结合美国《力学-经验法公路设计指南》以及前文研究成果，冲断预测程序如下：

(1)收集所需数据。

(2)处理交通数据，计算设计年限内累计交通量 N_e，计算公式如下：

$$\begin{cases} N_e=\dfrac{365N_1}{\gamma}[(1+\gamma)^t-1] \\ N_e=\dfrac{365N_t}{\gamma(1+\gamma)^{t-1}}[(1+\gamma)^t-1] \end{cases} \tag{6.1}$$

式中：N_e——设计年限内的累计交通量；

N_1——设计初始年平均日交通量；

N_t——设计末年年平均日交通量；

γ——设计年限内交通量年平均增长率；

t——设计年限。

其中年平均增长率 γ 的取值范围参考表 6.1。

交通量年平均增长率 γ 变化范围(单位：％)　　表 6.1

公路等级	设计年限(年)				
	10	15	20	30	40
高速公路	5～9	4～7	4～7	3～6	2～4
一级公路	6～11	4～9	3～9	2～6	2～4

续上表

公路等级	设计年限(年)				
	10	15	20	30	40
二级公路	5～12	3～8	2～6	2～4	1～3
三级公路	3～24	2～18	2～13	1～8	1～6

(3)将分析期划分为多个时间增量,确定不同时间增量步的各设计参数。在每个时间增量步,将每日划分成24h,得到混凝土板每小时的温度和湿度梯度。处理路面温度数据,将不同小时沿板厚非线性变化的温度转化成等效的线性温度梯度。处理路面湿度数据,将不同小时沿板厚非线性变化的湿度转化成等效温差,在计算应力时将湿度等效温差加入到等效线性温差中,用这部分温差产生的温度应力代替湿度应力。

(4)确定裂缝间距分布和裂缝宽度。如果CRCP采用裂缝主动控制技术,在路段范围内的裂缝间距分布是已知的,否则按照前文的方法预估裂缝间距的分布。对于密集裂缝,按照裂缝间距由小到大的顺序进行排序;对于宽裂缝,按照裂缝宽度由大到小的顺序进行排序。统计各裂缝间距占路段总长度的百分比,并做出裂缝间距分布图。按照前文的方法确定裂缝宽度。

(5)计算不同时间增量步的裂缝传荷系数(LTE)。裂缝处的荷载传递能力和刚度对于CRCP的性能影响较大。荷载传递能力随着昼夜和四季温度的变化而变化。完好裂缝的初始抗剪能力按式(1.4)计算。

科列涅夫研究认为,在路面使用过程中的任何时刻 i 时的裂缝抗剪能力可以用下式计算:

$$s = s_{oi} - \Delta S_{i-1} \tag{6.2}$$

式中:s——时间增量 i 时的抗剪能力;

s_{oi}——对于时间增量 i 的裂缝初始抗剪能力;

ΔS_{i-1}——前 $i-1$ 个时间增量步抗剪能力损失之和,第一个月为零。

确定出裂缝的抗剪切能力以后,横向裂缝的刚度可按照式(1.5)计算(源自美国《力学-经验法公路设计指南》)。其中,路面板与路肩之间的接缝荷载传递刚度 J_s 典型值列在表6.2中。

不同路肩类型时的典型裂缝刚度 表6.2

路肩类型	J_s	路肩类型	J_s
粒料	0.04	连接的混凝土	4
沥青混凝土	0.04		

在 LTE 能够被用于预测临界的疲劳应力前，基层类型和纵向配筋对其的影响必须考虑，计算公式见式(1.6)。

(6)确定横向裂缝刚度和 LTE 的衰减。当混凝土板承受轴载作用时，竖向裂缝的表面承受重复的剪切荷载的作用，它会导致集料脱落和裂缝传荷能力的降低。当裂缝宽度与板厚的比值超过 0.003 7，裂缝抗剪能力会大量降低。科列涅夫认为在一个时间增量末抗剪能力的损失可以用下式计算：

$$\Delta s_i = \sum\left[\frac{0.005}{1+\left(\frac{\mathrm{cw}_i}{h_{\mathrm{pcc}}}\right)^{-5.7}}\right]\left(\frac{n_i}{10^6}\right)\left(\frac{\tau_i}{\tau_{\mathrm{ref}i}}\right)\mathrm{ESR},\ \frac{\mathrm{cw}_i}{h_1}\leqslant 3.7 \tag{6.3}$$

$$\Delta s_i = \sum\left[\frac{0.068}{1+6\left(\frac{\mathrm{cw}_i}{h_{\mathrm{pcc}}}-3\right)^{-1.98}}\right]\left(\frac{n_i}{10^6}\right)\left(\frac{\tau_i}{\tau_{\mathrm{ref}i}}\right)\mathrm{ESR},\ \frac{\mathrm{cw}_i}{h_1}>3.7 \tag{6.4}$$

式中：Δs_i ——在第 i 个时间增量内由所有的荷载作用造成的抗剪能力损失之和；

cw_i——时间增量 i 时的裂缝宽度；

n_i——荷载作用次数；

τ_i——板角在横向裂缝处产生的剪切应力(MPa)；

$\tau_{\mathrm{ref}i}$——从混凝土板测试得到的参考剪应力(MPa)；

ESR——调整荷载横向分布位置所需的等效剪切率。

$$\mathrm{ESR} = a + \frac{b}{L/l} + c\,\frac{\mathrm{LTE}}{100} \tag{6.5}$$

$$a = 0.002\,6\overline{D}^2 - 0.177\,9\overline{D} + 3.220\,6$$

$$b = 0.130\,9\ln(\overline{D}) - 0.462\,7$$

$$c = 0.579\,8\ln(\overline{D}) - 2.061$$

式中：L——裂缝间距(m)；

l——相对刚度半径(m)；

LTE——裂缝传荷系数(%)；

$\overline{D}$ ——路面边缘到轮迹中心的距离(m)。

科列涅夫认为参考剪切应力计算公式如下：

$$\tau_{\mathrm{ref}} = 111.1\cdot \mathrm{e}^{-\mathrm{e}^{x'}} \tag{6.6}$$

$$x' = \alpha \mathrm{e}^{-[\lambda\ln(J_c)]^{\gamma}} \tag{6.7}$$

式中：J_c——在横向裂缝处的连接刚度；

α——回归系数，取为 0.998 8；

λ——回归系数，取为 0.108 9；

γ——回归系数，取为 1.0。

当混凝土板承受多次的荷载作用时，每个时间增量内抗剪能力损失按下式求和：

$$\Delta S_i = \sum_{i=1}^{i=\text{current}} \Delta s_i = \Delta S_{i-1} + \Delta s_i \tag{6.8}$$

式中：ΔS_i ——在 1～i 个时间增量内的抗剪能力损失之和；

ΔS_{i-1} ——在 1～$(i-1)$个时间增量内的抗剪能力损失。

(7)选择一条横向裂缝，从该横向裂缝出现的时刻为起点，在每个时间增量步，在每小时内进行车辆荷载、温度梯度和湿度梯度综合作用下 CRCP 应力分析，计算得到 CRCP 板顶临界横向拉应力。结合混凝土抗拉强度的疲劳方程，最终得到达到疲劳强度的轴载累计作用次数，计算公式见式(6.9)。若 N 大于 N_e，则该横向裂缝处会出现纵向裂缝，即产生冲断。

$$N = \frac{\sigma_p}{\sigma_{ps} k_c} - 1.053 \tag{6.9}$$

式中：N——达到疲劳强度的轴载累计作用次数；

σ_p——荷载疲劳应力；

σ_{ps}——计算轴载在临界荷位处产生的最大应力；

k_c——考虑动荷载和超载等因素对路面疲劳损坏综合影响的系数，随交通等级而定，见表 6.3。

综 合 系 数 k_c　　　　表 6.3

公路等级	特重	重	中等	轻
k_c	1.30	1.25	1.20	1.10

(8)对于其余的密集裂缝均重复第 7 步，一直到密集裂缝处不产生冲断为止。根据裂缝间距分布图，将发生冲断的各裂缝间距累加可以得到冲断的数量，见式(6.10)。

$$n_t = \sum_{i=1}^{n} \left(\frac{\gamma_1 \times L}{L_1} + \frac{\gamma_2 \times L}{L_2} + \cdots + \frac{\gamma_n \times L}{L_n} \right) \tag{6.10}$$

式中：N_t——冲断的数量；

γ_i ——第 i 个裂缝间距在全路段长度范围所占比例；

L_i——第 i 个裂缝间距；

L——全路段总长度。

7 连续配筋混凝土配合比设计方法

采用美国《力学-经验法公路设计指南》开发的MEPDG软件，分析连续配筋混凝土强度、干缩、线膨胀系数对CRCP冲断、平整度、裂缝宽度的影响。同时，通过试验研究水灰比、减水剂掺量等水泥混凝土配合比设计参数对水泥混凝土强度、干缩系数、线膨胀系数、工作性等的影响。在以上研究的基础上，建立连续配筋混凝土的配合比设计方法。

7.1 连续配筋混凝土路面路用性能参数敏感性分析

7.1.1 输入信息介绍

(1)基本信息

选择新建项目，路面设计年限为20年，施工时间为2008年9月至10月，开放交通时间为2008年11月。设计交通量为2 000辆/h，交通增长率为4%。

(2)路面结构层

面层配筋率为6%，钢筋位置为面板中部，使用ϕ16II级钢筋。路面结构为30cmCRC面层+4cm沥青混凝土夹层+20cm水泥稳定碎石基层+20cm级配碎石底基层+2m路基+地基。

(3)混凝土材料参数选择范围

在软件给出的混凝土材料参数范围内改变材料的强度、干缩和线膨胀系数。

7.1.2 参数敏感性分析计算

(1)混凝土线膨胀系数对CRCP路用性能的影响

混凝土的线膨胀系数在3.78～18×10^{-6}/℃内变化，冲断、平整度和裂缝宽度结果见图7.1～图7.3。随着混凝土线膨胀系数的增加，每公里冲断数、路面平整度指标IRI、裂缝宽度均显著增加，且冲断数目增加最为明显。

以公路铺筑后10年预估结果为例，当线膨胀系数为3.78/℃时，冲断数为

0.006 8个/km，IRI 为 0.994m/km，裂缝宽度为 0.149 6mm；当线膨胀系数为18/℃时，冲断数为 0.245 4 个/km，IRI 为 1.007m/km，裂缝宽度为 0.237 2mm。冲断数、IRI、裂缝宽度分别增加了 3 509%、1.3%和 58.6%。

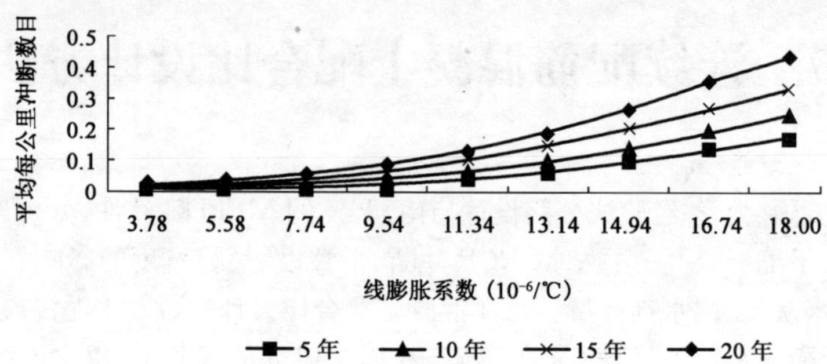

图 7.1　线膨胀系数对 CRCP 冲断的影响

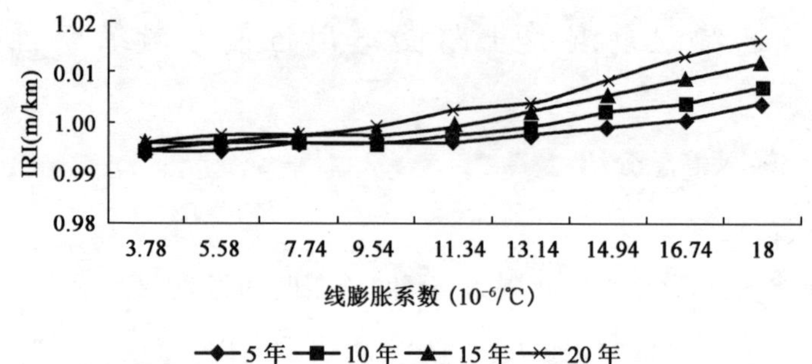

图 7.2　线膨胀系数对 CRCP 平整度的影响

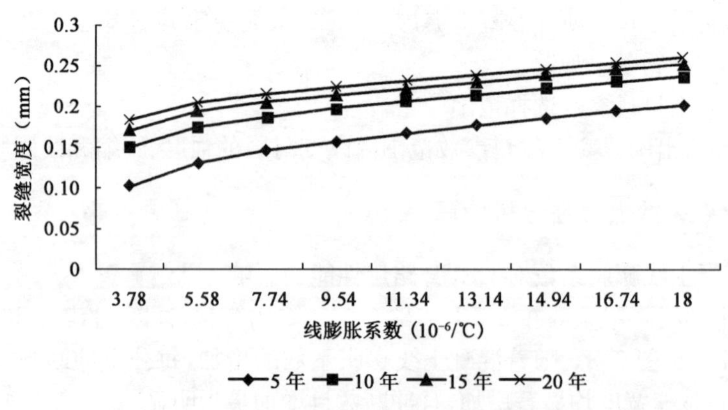

图 7.3　线膨胀系数对 CRCP 裂缝宽度的影响

(2)混凝土干缩对CRCP路用性能的影响

混凝土的干缩在7.62×10^{-6}～25.4×10^{-6}内变化时，冲断、IRI和裂缝宽度结果见图7.4～图7.6。混凝土干缩对于冲断和平整度的影响规律相同，在公路铺筑后5年、10年和15年时，混凝土干缩的变化对于冲断和平整度几乎没有影响；在公路铺筑20年后，当混凝土干缩小于17.8×10^{-6}时，混凝土的干缩的变化对于冲断和平整度几乎没有影响；当混凝土干缩介于17.8×10^{-6}和22.9×10^{-6}之间时，冲断和IRI随着混凝土干缩量的增加而急剧增大；当混凝土干缩大于22.9×10^{-6}以后，冲断和IRI基本不再随混凝土干缩的增加而变化。

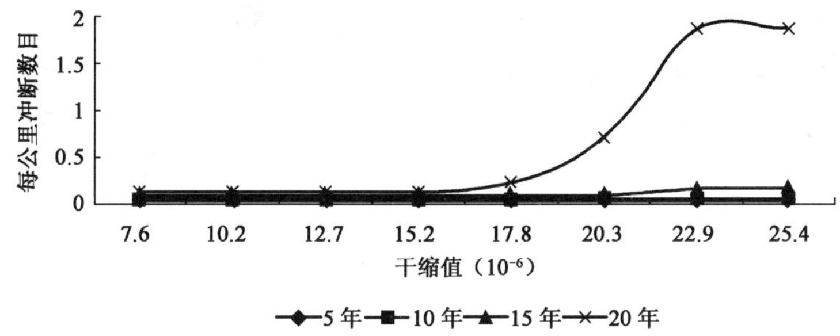

图7.4 干缩对CRCP冲断的影响图

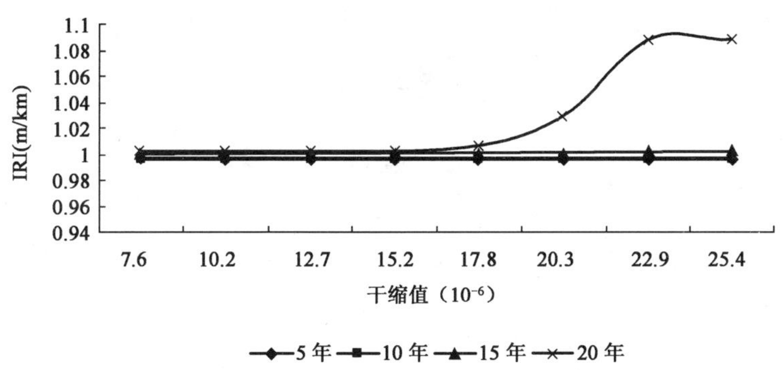

图7.5 干缩对CRCP平整度的影响图

当混凝土干缩小于22.9×10^{-6}时，裂缝宽度一直在随着混凝土干缩量的增加而增大；当混凝土干缩大于22.9×10^{-6}时，裂缝宽度基本不再随混凝土干缩的增加而变化。

(3)混凝土抗压强度对CRCP路用性能的影响

混凝土的抗压强度在20.7～55.2MPa内变化时，冲断、平整度和裂缝宽度结果见图7.7～图7.9。随着混凝土强度的增加，每公里冲断数、IRI和裂缝宽度均减小。

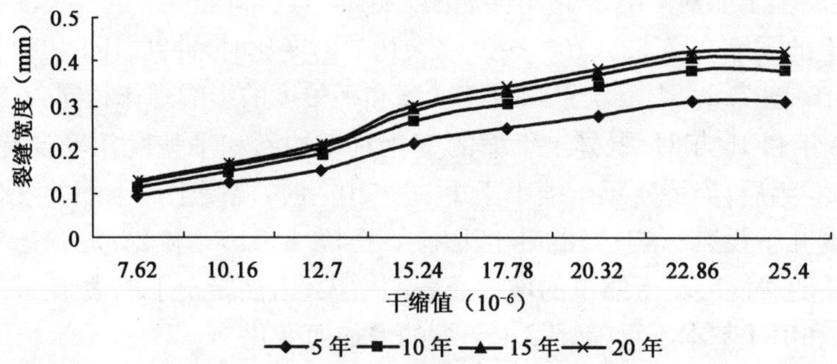

图 7.6　干缩对 CRCP 裂缝宽度的影响图

以公路铺筑后 10 年预估结果为例，当强度为 20.7MPa 时，冲断数为 2.919 个/km，IRI 为 1.140m/km，裂缝宽度为 0.198 8mm；当强度为 55.2MPa 时，冲断数为 0.046 个/km，IRI 为 0.999m/km，裂缝宽度为 0.152 9mm，冲断数、IRI、裂缝宽度分别减少了 98.4%、12.3%、23.1%。

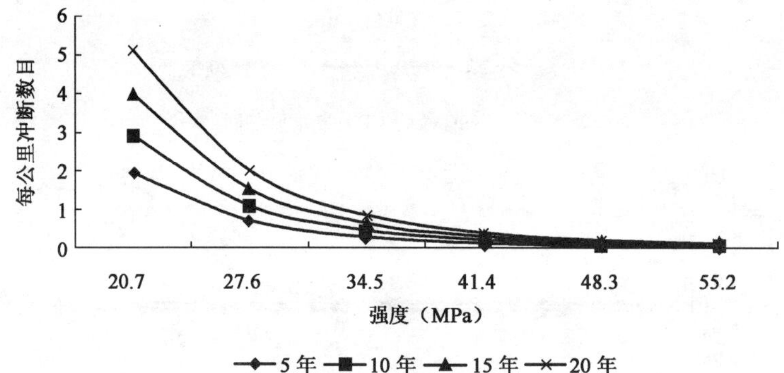

图 7.7　混凝土强度对 CRCP 冲断的影响图

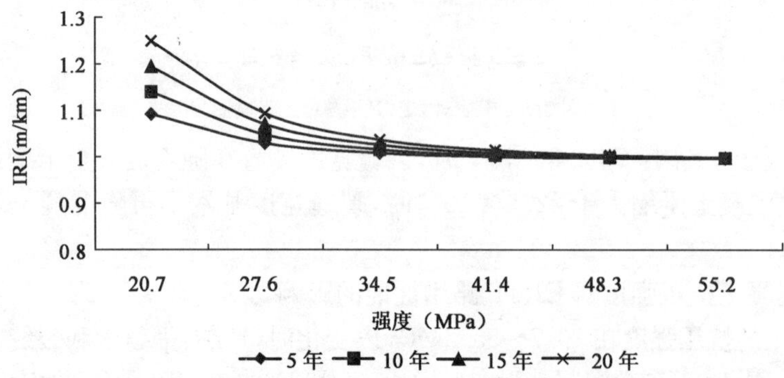

图 7.8　混凝土强度对 CRCP 平整度的影响图

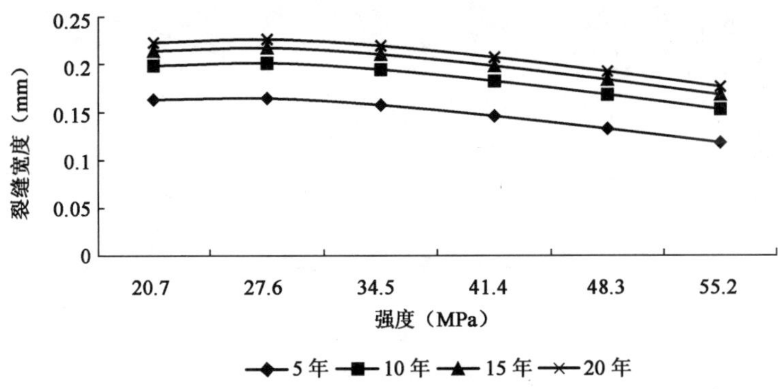

图 7.9 混凝土强度对 CRCP 裂缝宽度的影响图

7.1.3 抗压强度、干缩、线膨胀系数对路用性能影响的大小比较

在软件给定的参数取值范围内，混凝土的线膨胀系数、干缩、抗压强度三个材料参数分别取最有利值 3.78×10^{-6}/℃、7.6×10^{-6}m、55.2MPa 和最不利值 18×10^{-6}/℃、25.4×10^{-6}m、20.7MPa，冲断、平整度和裂缝宽度的变化分别见图 7.10～7.12。

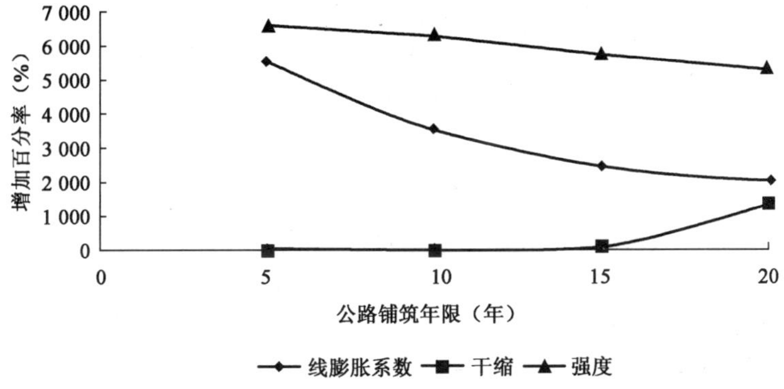

图 7.10 参数从最有利值变到最不利值时冲断的变化

由图 7.10 可以看出，对于冲断的影响排序如下：抗压强度＞线膨胀系数＞干缩。以公路铺筑后 10 年预估结果为例，从最有利值到最不利值的变化，强度、线膨胀系数和干缩分别使得冲断提高了 6 247.3％、3 490.9％和 0.98％。

由图 7.11 可以看出，对于平整度的影响排序总体如下：抗压强度＞线膨胀系数＞干缩。以公路铺筑后 10 年预估结果为例，从最有利值到最不利值的变化，强度、线膨胀系数和干缩分别使得 IRI 提高了 14.2％、1.27％、0.0％。但是，在公路铺筑后 20 年时干缩的变化对于平整度影响很大。

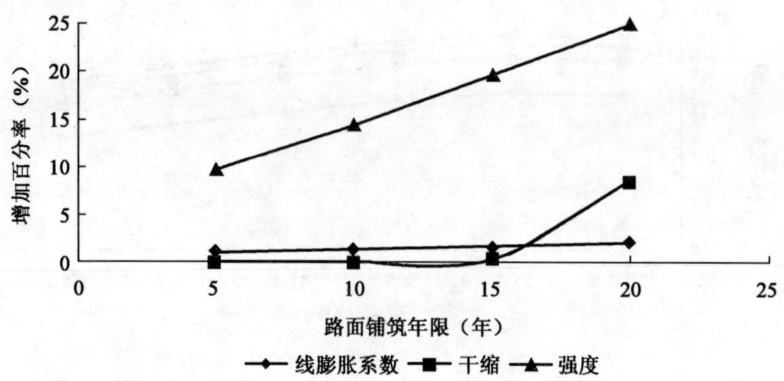

图 7.11　参数从最有利值变到最不利值时 IRI 的变化

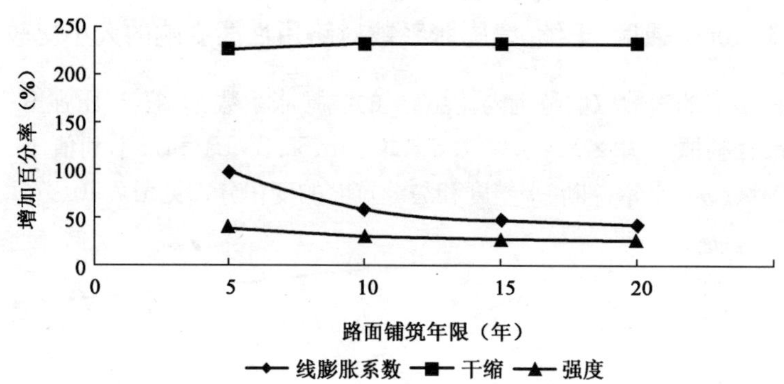

图 7.12　参数从最有利值变到最不利值时裂缝宽度的变化

由图 7.12 可以看出，对于裂缝宽度的影响排序如下：干缩 ＞线膨胀系数＞抗压强度。以公路铺筑后 10 年预估结果为例，从最有利值到最不利值的变化，干缩、线膨胀系数和强度分别使得裂缝宽度提高了 231.3%、58.6%和 30.1%。

综合以上所述，线膨胀系数和干缩对于 CRCP 的性能影响很大，在裂缝宽度方面的影响甚至超过强度的影响，因此配合比设计的控制指标不能仅为混凝土强度，还应该包括线膨胀系数和干缩。

7.2　混凝土组成对混凝土性能的影响

7.2.1　国内外研究现状

1）单位用水量、单位水泥用量、水灰比对混凝土性能的影响

(1)单位用水量的影响

熊建平和肖瑞敏等学者研究认为,单位用水量在一定范围内变化对混凝土的干缩性能影响不明显。熊建平研究表明:单位用水量增加可改善混凝土工作性能;对于施工抗裂性,单位用水量存在一个最佳范围;对于混凝土耐久性和抗裂性,随单位用水量的降低,混凝土的抗渗性、耐磨性、抗冻性均明显改善。但是,学者张哲指出在降低单位用水量的同时,为保证混凝土的工作性能需增加减水剂的掺量,导致混凝土早期干缩量增加。

(2)单位水泥用量的影响

傅智和熊建平研究发现,随着单位水泥用量的增加,混凝土的干缩增大,强度增加。熊建平综合混凝土的工作性和耐久性推荐了单位水泥用量的一般范围。

(3)水灰比的影响

我国的相关规范及长安大学、西安空军工程大学、江苏省公路管理局、中国民航机场设计研究院、东南大学、交通部公路科学研究院等建立了水灰比同抗压强度、弯拉强度的关系式。学者熊建平和张哲认为,随着水灰比的降低,混凝土的抗渗性、耐磨性、抗冻性均有明显改善,推荐了水灰比的范围。学者傅智研究表明,随着水灰比上升,弹性模量线性下降。

Abrams 和 Hover 等研究人员发现,随着水灰比的增大,混凝土的抗压强度成正比减小。ACI 211.1、ACI 211.3 和 Hover 给出了混凝土抗压强度同水灰比的关系图。

2)减水剂对混凝土性能的影响

杨医博、马保国、杨利民、申爱琴等学者研究表明,掺加减水剂后混凝土的干缩值增大。同时,申爱琴和杨利民等学者发现减水剂存在一个最佳掺量,此时混凝土的早期干缩值最小,但仍大于未掺加减水剂的混凝土的干缩量。

国外很多学者针对减水剂对混凝土的干缩的影响展开了大量的研究,但结果各不相同。Dhir 等学者认为减水剂会导致混凝土干缩平均值增加 11%左右,而 Brooks 则认为减水剂对混凝土的干缩没有明显影响。Whiting 和 Crassous 分别对普通减水剂(减水剂的减水率大约为 5%~10%)和高效减水剂(减水率可达到 12%~30%)对混凝土各种性能的影响做了研究。对于普通减水剂,混凝土工作性能得到改善,坍落度损失增大,水泥用量、含气量、坍落度不变时强度提高,干缩值增大,水灰比不变时抗压强度保持不变或稍有降低。对于高效减水剂,混凝土工作性能优于普通减水剂,抹面性能较差,坍落度损失增大,干缩值可能增大,在保持水灰比相同的条件下,仍具有良好的抗冻融破坏的能力。

3)含气量对混凝土性能的影响

熊建平、郭明洋等学者研究表明,对混凝土的工作性能、强度、耐久性均存在一个最佳含气量范围,大约在3%~6%之间。刘贺、付智研究发现,随着含气量的增加,混凝土的线膨胀系数减小。

王卫中、冯忠绪,李兴翠等学者研究了胶凝材料组成、水灰比、砂率、搅拌时间、混凝土坍落度、粗集料最大公称粒径、拌和机充盈率等因素对含气量的影响。

Bates、Lerch、Kliege等学者研究发现,通过引入空气可使混凝土在潮湿环境下抗冻融性能得到明显改善。Lerch认为引入气体后混凝土的抗硫酸盐性能有所提高。Klieger发现通过引入气体,碱集料反应引起的膨胀破坏将会有所减少。Pinto、Cordon研究发现水灰比不变时,强度随含气量增加成比例降低,含气量每增加4%,强度降低10MPa左右。Cordor、Glikey研究表明引气后工作性能提高,水和砂的用量会显著减少,达到相同的工作性能时水泥的用量减少。Kosmatka等人对含气量对混凝土性能的影响做了相关的总结。

4)水泥净浆含量对混凝土性能的影响

混凝土由水泥净浆和粗细集料组成,混凝土的干缩主要是由于水泥净浆的干缩引起的。熊建平对净浆含量对混凝土抗裂性能的影响做了较为系统的研究,指出道路的施工抗裂性存在一个最佳的水泥净浆体积含量(25%~28%),增大净浆体积分量后,混凝土干缩值增大。

Kosmatka等学者认为,一般粗、细集料宜占混凝土体积的60%~75%(质量比为70%~85%),集料含量对新拌及硬化混凝土的性能、配合比与经济性有显著的影响。

5)砂率对混凝土性能的影响

吴政认为在水灰比不变的情况下,随着砂率的增加混凝土强度减小。何锦云等学者发现砂率对混凝土强度的影响较小,但是对混凝土工作性的影响较大。黄颖星发现混凝土的干缩值不随砂率的增大而增大。Kosmatka等学者指出砂浆体积宜占到总体积的50%~65%(质量比为45%~60%)。

6)粗集料最大公称粒径对混凝土性能的影响

刘太军、任峰、宋开伟研究了粗集料的种类、压碎值、针片状含量、公称最大粒径对混凝土性能的影响。傅智研究表明,随着粗集料最大公称粒径增大,混凝土抗折弹性模量增大,混凝土干缩急剧减小。

到目前为止,虽然国内外学者已经对于混凝土配合比参数对于混凝土性能的影响进行了大量的研究,但是在研究某参数对于混凝土性能的影响时,很少同时研究其对于工作性、强度、干缩、线膨胀系数的影响。因此,本书系统研究单位用水量、水灰比、减水剂掺量、含气量、水泥净浆含量、砂率、粗集料最大公称粒径对于工作性、强度、干缩、线膨胀系数的影响(若不专门说明,强度和线膨胀系数对应的龄期均为28d)。

7.2.2 研究方案与原材料技术性能

1)研究方案

(1)水灰比、单位用水量、单位水泥用量

分别通过调整单位用水量和单位水泥用量来调整水灰比,具体试验工况见表7.1和表7.2。

单位用水量试验工况　　表7.1

试件编号	单位用水量(kg/ m³)	单位水泥用量(kg/ m³)	水灰比	水泥净浆含量(kg/ m³)	减水剂掺量(kg/ m³)	砂率(%)	含气量(g/ m³)	粗集料最大公称粒径(mm)
1	131	363	0.36	494	5.445	37	70	26.5
2	138		0.38	501				
3	146		0.40	509				
4	153.3		0.42	516				
5	160		0.44	523				

单位水泥用量试验工况　　表7.2

试件编号	单位用水量(kg/ m³)	单位水泥用量(kg/ m³)	水灰比	水泥净浆含量(kg/ m³)	减水剂掺量(kg/ m³)	砂率(%)	含气量(g/ m³)	粗集料最大公称粒径(mm)
1	145	403	0.36	548	6.045	37	70	26.5
2		382	0.38	527	5.73			
3		363	0.40	508	5.445			
4		345	0.42	490	5.175			
5		330	0.44	475	4.95			

(2)减水剂掺量

减水剂掺量试验工况见表7.3。

减水剂掺量试验工况　　表7.3

试件编号	单位用水量(kg/ m³)	单位水泥用量(kg/ m³)	水灰比	水泥净浆含量(kg/ m³)	减水剂掺量(kg/ m³)	砂率(%)	含气量(g/ m³)	粗集料最大公称粒径(mm)
1	145	363	0.40	508	6.534	37	70	26.5
2					5.990			
3					5.445			
4					4.901			
5					4.356			

(3)含气量

含气量试验工况见表7.4。

含气量试验工况 表7.4

试件编号	单位用水量(kg/m³)	单位水泥用量(kg/m³)	水灰比	水泥净浆含量(kg/m³)	减水剂掺量(kg/m³)	砂率(%)	含气量(g/m³)	粗集料最大公称粒径(mm)
1	145	363	0.40	508	5.445	37	2.5	26.5
2							4.0	
3							4.5	
4							6.0	

(4)水泥净浆含量

水泥净浆含量试验工况见表7.5。

水泥净浆含量试验工况 表7.5

试件编号	单位用水量(kg/m³)	单位水泥用量(kg/m³)	水灰比	水泥净浆含量(kg/m³)	减水剂掺量(kg/m³)	砂率(%)	含气量(g/m³)	粗集料最大公称粒径(mm)
1	132	329	0.40	461	4.935	37	70	26.5
2	138	345		483	5.175			
3	145	363		508	5.445			
4	153	382		535	5.73			
5	161	403		564	6.045			

(5)砂率

砂率试验工况见表7.6。

砂率试验工况 表7.6

试件编号	单位用水量(kg/m³)	单位水泥用量(kg/m³)	水灰比	水泥净浆含量(kg/m³)	减水剂掺量(kg/m³)	砂率(%)	含气量(g/m³)	粗集料最大公称粒径(mm)
1	—	—	145	363	5.445	36	70	26.5
2						37		
3						38		

(6)粗集料最大公称粒径

粗集料最大公称粒径试验工况见表7.7。

粗集料最大公称粒径试验工况　　表 7.7

试件编号	单位用水量（kg/ m³）	单位水泥用量（kg/ m³）	水灰比	水泥净浆含量（kg/ m³）	减水剂掺量（kg/ m³）	砂率（%）	含气量（g/ m³）	粗集料最大公称粒径（mm）
1	145	363	0.40	508	5.445	37	70	31.5
2								26.5
3								19

2)原材料技术性能

(1)水泥

采用 42.5 级普通硅酸盐水泥，主要技术性质见表 7.8。

水 泥 技 术 性 质　　表 7.8

安定性/雷氏夹	标准稠度用水量（%）	细度（80μm）（%）	初凝时间（min）	终凝时间（min）	抗压强度（MPa）			抗折强度（MPa）		
					3d	7d	28d	3d	7d	28d
合格	26	1.20	174	262	30.4	50.5	80.6	6.15	6.33	9.25

(2)粗集料

粗集料采用石灰岩，主要技术指标见表 7.9。

粗集料技术性质　　表 7.9

项目	压碎值（%）	坚固性（%）	针片状颗粒含量（%）	含泥量（%）	泥块含量（%）	有机物含量	表观密度（kg/m³）	松散堆积密度（kg/m³）	空隙率（%）
试验结果	12.8	3.0	10.5	1.5	0.55	合格	2 838	1 408	50

(3)细集料

细集料采用中砂，主要技术指标见表 7.10。

细集料技术性质　　表 7.10

项目	含泥量（%）	泥块含量（%）	有机物含量	轻物质（%）	表观密度（kg/m³）	松散堆积密度（kg/m³）	空隙率（%）	细度模数
试验结果	1.9	0.7	合格	0.8	2 542	1 510	40.6	2.84

(4)外加剂

部分工况采用引气剂和高效缓凝减水剂。

7.2.3 混凝土组成设计参数对混凝土性能的影响

1)单位用水量、单位水泥用量、水灰比对混凝土性能的影响

(1)单位用水量对混凝土性能的影响

①单位用水量对混凝土工作性能的影响。单位用水量在131～160kg/m^{3}之间变化对混凝土坍落度的影响见图7.13。随着单位用水量的增加,混凝土坍落度逐渐增大。但单位用水量过大时,混凝土坍落度过大,混凝土出现离析现象,说明对于工作性能存在一个最佳的混凝土单位用水量范围。

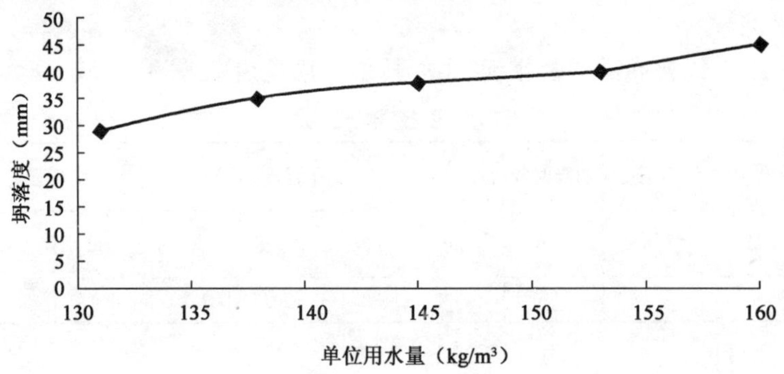

图7.13 混凝土坍落度随单位用水量变化图

②单位用水量对混凝土干缩的影响。单位用水量在131～160kg/m^{3}之间变化对混凝土干缩的影响见图7.14。单位用水量在131～153.3kg/m^{3}之间的变化对于混凝土干缩基本没有影响。但当单位用水量为160kg/m^{3}时,混凝土干缩下降。

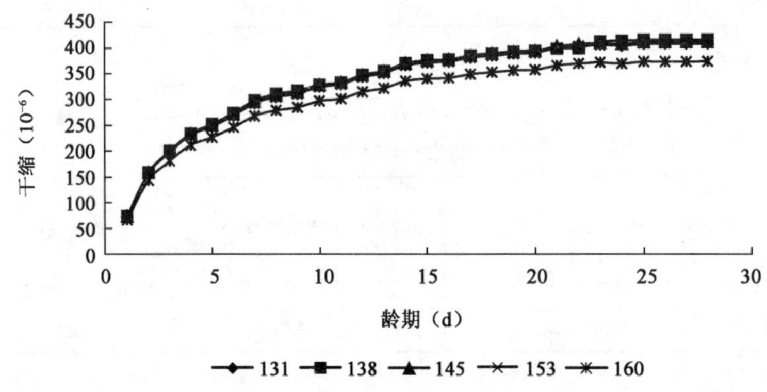

图7.14 混凝土干缩随单位用水量变化图

③单位用水量对混凝土线膨胀系数的影响。单位用水量在131～160kg/m³之间变化对混凝土线膨胀系数的影响见图7.15。单位用水量在131～153.3 kg/m³之间变化对于混凝土线膨胀系数的影响较小。当单位用水量为160kg/m³时，混凝土线膨胀系数显著下降。

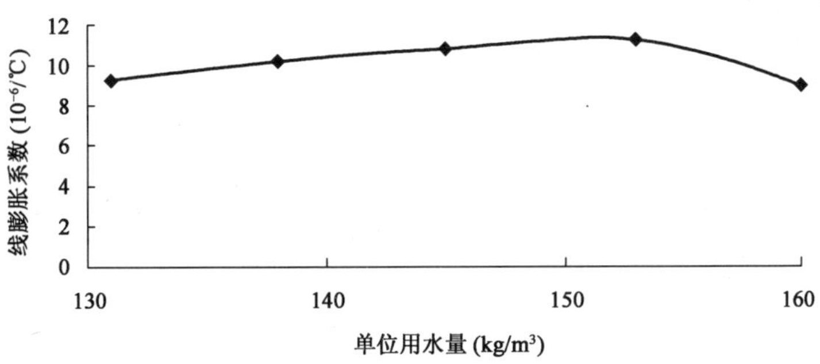

图7.15 混凝土线膨胀系数随单位用水量变化图

④单位用水量对混凝土强度的影响。单位用水量在131～160kg/m³之间变化对混凝土抗压强度、弯拉强度、劈裂强度的影响见图7.16和图7.17。对于混凝土弯拉强度、劈裂强度的影响很小。单位用水量在131～153.3kg/m³之间变化对于混凝土抗压强度的影响也很小，但当单位用水量为160kg/m³时，抗压强度明显下降。

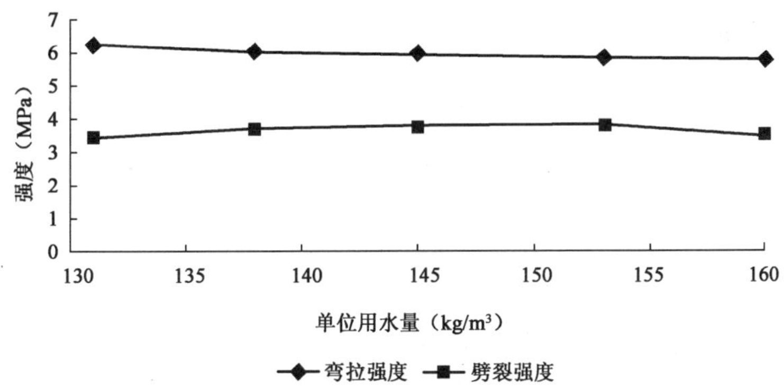

图7.16 混凝土弯拉强度和劈裂强度随单位用水量变化图

混凝土单位用水量一般处于131～153.3kg/m³的范围内，该范围内单位用水量的变化主要影响混凝土的工作性，对于混凝土的干缩、线膨胀系数和强度影响很小，因此一般多根据混凝土的工作性确定单位用水量。故采用固定单位用水量、改变单位水泥用量的方法来改变水灰比，由此来研究水灰比对于混凝土性能的影响，此时单位水泥用量对于混凝土性能的影响即为水灰比对于混凝土性能的影响。

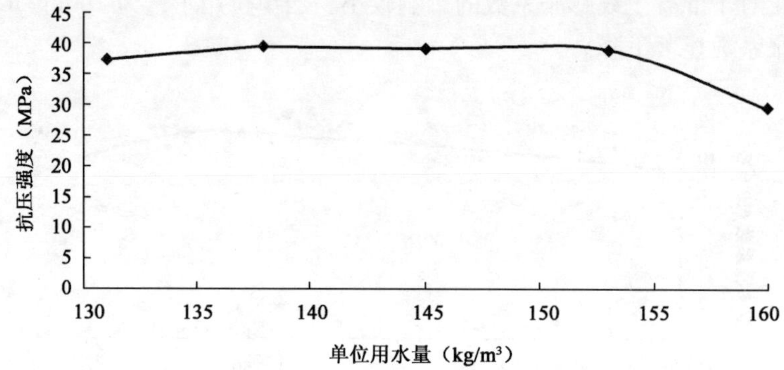

图 7.17　混凝土抗压强度随单位用水量变化图

(2)单位水泥用量(或水灰比)对于混凝土性能的影响

①单位水泥用量对混凝土工作性能的影响。单位水泥用量在 330～403kg/m^3 之间变化对混凝土坍落度的影响见图 7.18。随着单位水泥用量的增加，混凝土的坍落度先增后减，因此对于混凝土工作性，存在一个最佳的单位水泥用量。

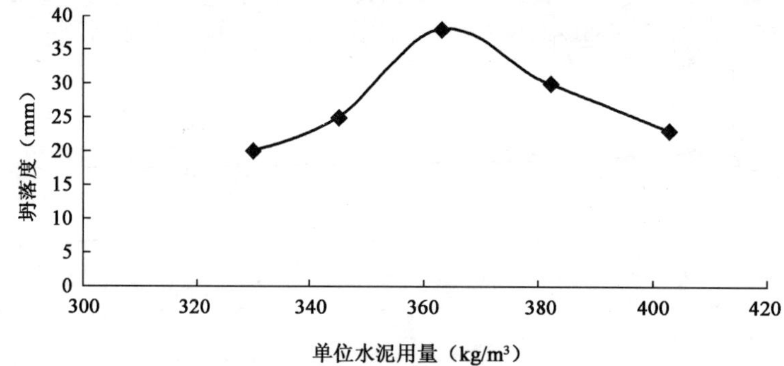

图 7.18　混凝土坍落度随单位水泥用量变化图

②单位水泥用量对混凝土干缩性能的影响。单位水泥用量在 330～403 kg/m^3 之间变化对混凝土干缩的影响见图 7.19。随着水泥用量的增加，混凝土的干缩逐渐增大。

③单位水泥用量对混凝土温缩性能的影响。单位水泥用量在 330～403kg/m^3 之间变化对混凝土线膨胀系数的影响见图 7.20。总体上，随着单位水泥用量的增加，混凝土线膨胀系数增大。

④单位水泥用量对混凝土强度的影响。单位水泥用量在 330～403kg/m³之间变化对混凝土强度的影响见图 7.21 和图 7.22。随着水泥用量的增加，混凝土的抗折强度和抗压强度逐渐增大，混凝土的抗劈裂强度总体上也在增大。

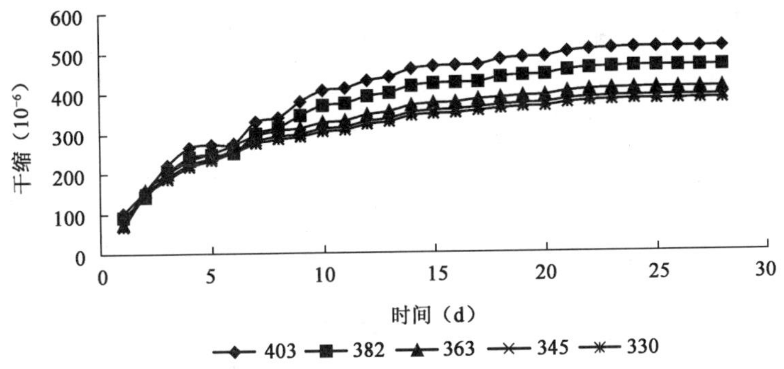

图 7.19 混凝土干缩随单位水泥用量变化图

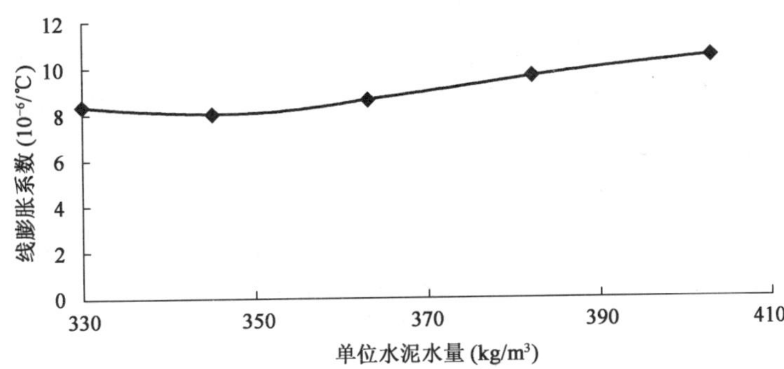

图 7.20 混凝土线膨胀系数随单位水泥用量变化图

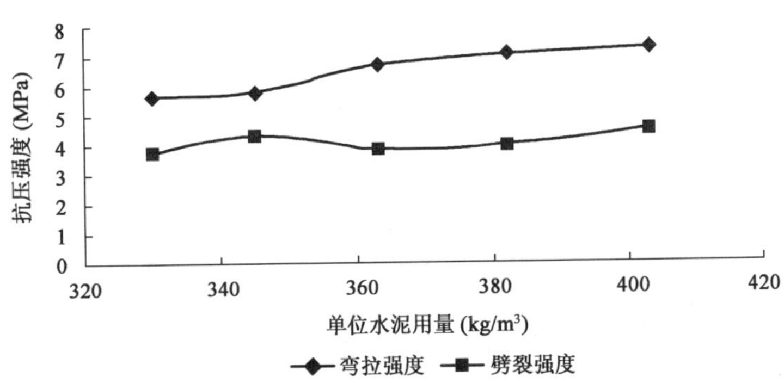

图 7.21 混凝土弯拉强度和劈裂强度随单位水泥用量变化图

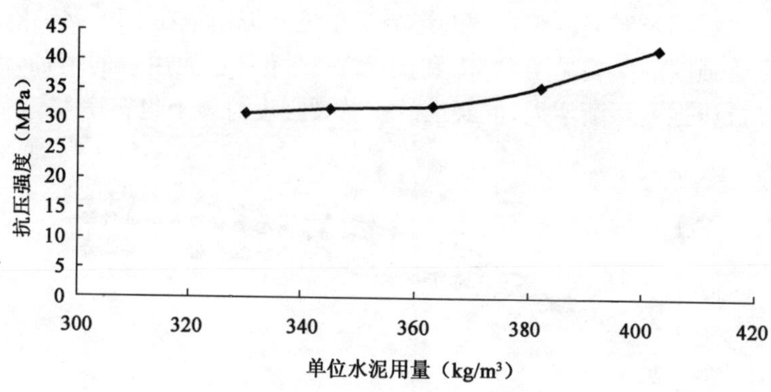

图 7.22　混凝土抗压强度随单位水泥用量变化图

(3)单位用水量、单位水泥用量、水灰比初步推荐范围

单位水泥用量、单位用水量、水灰比是三个相互关联、相互影响的设计参数，是最重要的混凝土配合比设计参数。为了使得混凝土同时具有高的强度和低的干缩和温缩变形，对水灰比、单位水泥用量、单位用水量进行合理限制是较为可靠和实际的。目前国内外推荐的普通水泥混凝土的水灰比、单位水泥用量、单位用水量范围见表 7.11(熊建平)。单位水泥用量和单位用水量的范围还可以参阅《公路水泥混凝土路面施工技术规范》(JTG F30—2003)。

国内外推荐的水灰比、单位水泥用量、单位用水量　　表 7.11

出　处	水　灰　比	单位水泥用量 (kg/m³)	单位用水量 (kg/m³)
《公路水泥混凝土路面施工技术规范》(JTG F30—2003)	无冰冻：＜0.44 抗冰冻：＜0.42 盐冻：＜0.40	无冰冻：＞300 抗冰冻：＞320	抗冰冻：＜156
《凝土结构物耐久性设计与施工指南》	无冰冻：＜0.45 抗冰冻：＜0.40	无冰冻：320～450 抗冰冻：320～450	抗冰冻：＜150
Duracrete(欧洲)	无冰冻：＜0.50 抗冰冻：＜0.45	无冰冻：＞300 抗冰冻：＞320	未明确
ACI(美国)	抗冰冻(盐冻)：＜0.45	抗冰冻：＞320	无
AASHTO(美国)	无加气：＜0.53 有加气：＜0.49	无加气：＞335 有加气：＞355	无

续上表

出　　处	水　灰　比	单位水泥用量 (kg/m³)	单位用水量 (kg/m³)
英国(Carrol)	抗冰冻:<0.50	抗冰冻:>300	无
欧洲混凝土委员会	无冰冻:<0.55 抗冰冻:<0.50	无冰冻:>300 抗冰冻:>300	无
日本	无冰冻:<0.44 抗冰冻:<0.42	无冰冻:>300 抗冰冻:>320	抗冰冻:<156
同济大学(杨全兵)	无冰冻:<0.44 抗冰冻:<0.42 盐冻:<0.40	无冰冻:>300 抗冰冻:>320	无
长安大学(熊建平)	严寒、寒冷:<0.40 微冻:<0.42 无冰冻:<0.41	严寒、寒冷:320～380 微冻:320～360 无冰冻:300～360	严寒、寒冷:<145 微冻:<155 无冰冻:<160
	严寒、寒冷:<0.44 微冻:<0.46 无冰冻:<0.44	严寒、寒冷:320～380 微冻:300～360 无冰冻:280～340	严寒、寒冷:<150 微冻:<160 无冰冻:<165

2)减水剂掺量对混凝土性能的影响

(1)减水剂掺量对混凝土工作性能的影响

减水剂掺量在4.356～6.534kg/m³之间变化对混凝土坍落度的影响见图7.23。随着减水剂掺量的增加,混凝土坍落度逐渐增大。

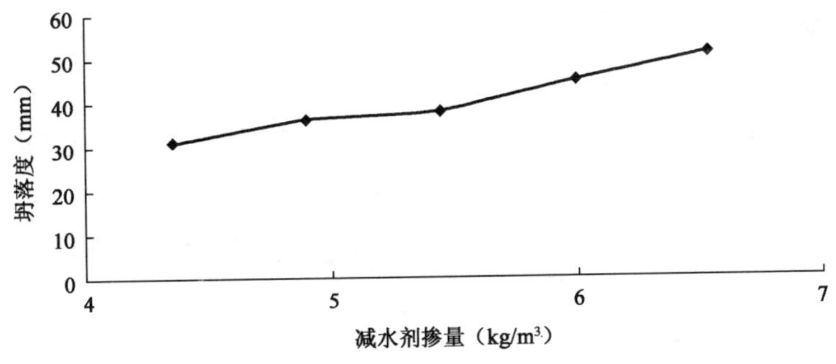

图7.23　混凝土坍落度随减水剂掺量变化图

(2)减水剂掺量对混凝土强度的影响

减水剂掺量在4.356～6.534kg/m³之间变化对混凝土强度的影响见图7.24和图7.25。随着减水剂掺量的增加,混凝土的抗折强度、抗劈裂强度、抗压强度均先增后减,表明对于强度存在一个最佳的减水剂掺量。

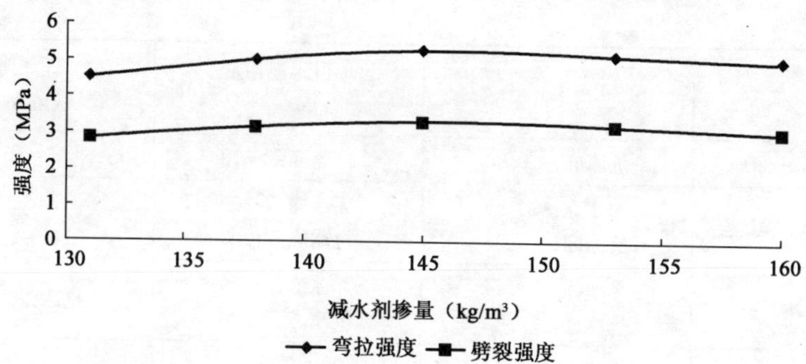

图 7.24　混凝土弯拉强度和劈裂强度随减水剂掺量变化图

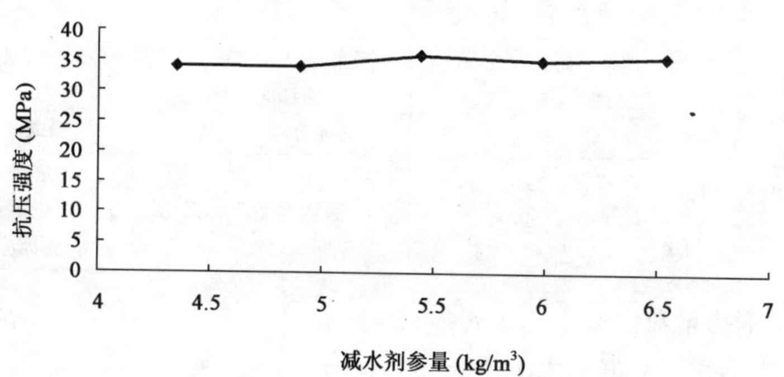

图 7.25　混凝土抗压强度随减水剂掺量变化图

(3)减水剂掺量对混凝土干缩的影响

减水剂掺量在 4.356～6.534kg/m^{3}之间变化对混凝土干缩的影响见图 7.26。随着减水剂掺量的增加，混凝土干缩有增有减，减水剂掺量为 5.445kg/m^{3}时，混凝土具有相对较小的干缩变形，表明对于干缩存在一个最佳的减水剂掺量。

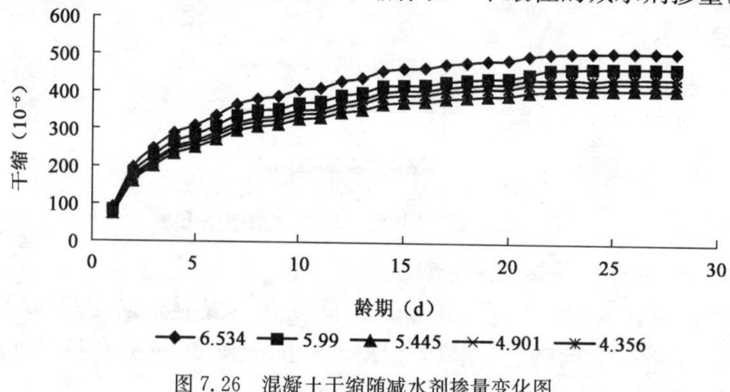

图 7.26　混凝土干缩随减水剂掺量变化图

(4)减水剂掺量对混凝土温缩的影响

减水剂掺量在4.356～6.534kg/m³之间变化对混凝土线膨胀系数的影响见图7.27。在该范围内减水剂掺量的变化对于混凝土线膨胀系数的影响很小。

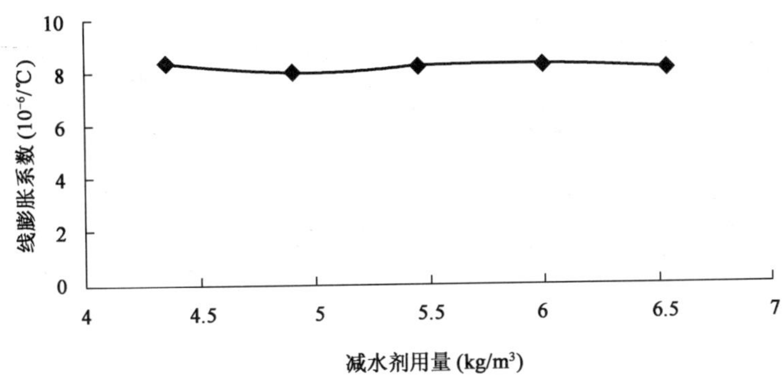

图7.27　混凝土线膨胀系数随减水剂掺量变化图

(5)减水剂掺量初步推荐范围

以上分析减水剂掺量的影响时，为研究的方便固定了单位用水量。实际上，掺入减水剂可以减少单位用水量。在工程应用中，建议考虑减水剂的增加所导致的单位用水量的降低，通过强度、干缩、温缩等对比试验确定最佳的减水剂掺量。

3)含气量对混凝土性能的影响

(1)含气量对混凝土强度的影响

含气量在2.5%～6%之间变化对混凝土弯拉强度的影响见图7.28。随着含气量的增加混凝土的弯拉强度先增后减，说明对于混凝土的弯拉强度存在一个最佳含气量范围。

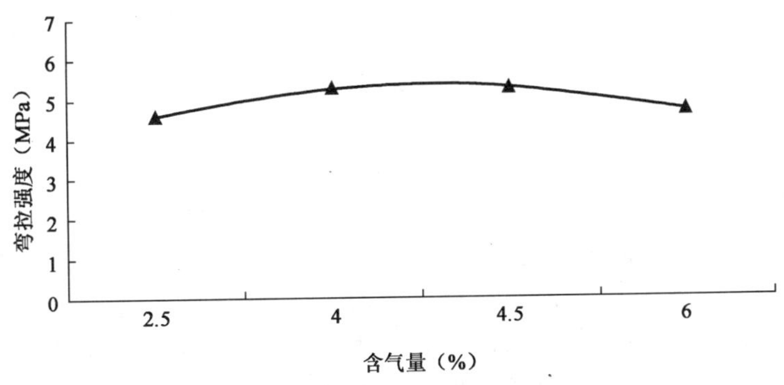

图7.28　混凝土弯拉强度随含气量变化图

(2)含气量对混凝土干缩的影响

含气量在2.5%～6%之间变化对混凝土干缩的影响见图7.29。随着含气量的增加,混凝土的干缩值有增有减,对混凝土的干缩性能含气量存在一个最佳范围。

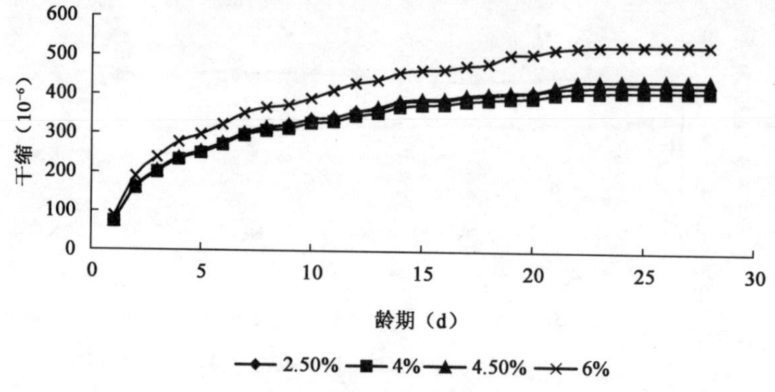

图7.29　混凝土干缩随含气量变化图

(3)含气量对混凝土温缩的影响

含气量在2.5%～6%之间变化对混凝土线膨胀系数的影响见图7.30。随着含气量的增加,混凝土的线膨胀系数逐渐减小。

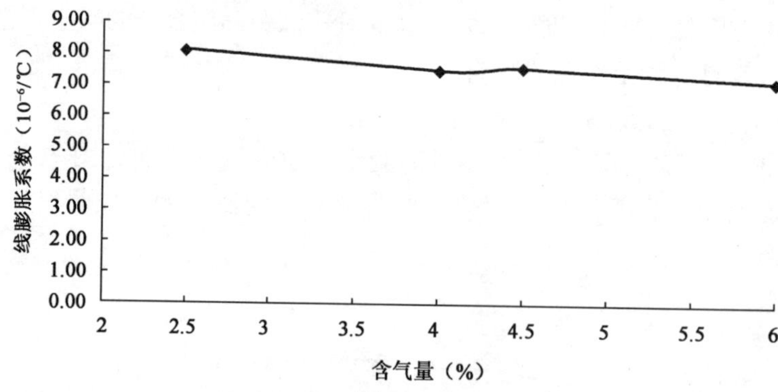

图7.30　混凝土线膨胀系数随含气量变化图

(4)含气量的初步推荐范围

由于引入气泡的润滑作用,含气量处在一定范围内时,混凝土的工作性得到改善,离析、泌水现象减少,混凝土材料更加均匀,因此其强度随含气量的增加而增大。但继续加大含气量,则气泡间距变小,水泥净浆中气泡含量过多,部分气泡拥挤到粗集料界面区,使得界面区强度降低,从而降低了其弯拉强度(熊建平)。

当含气量较小时,混凝土的干缩主要取决于水灰比和单位用水量;当含气量较

大时，混凝土的干缩则取决于气泡间距。气泡间距越小则水分损失越快，因此混凝土的干缩随着含气量的增加先减后增。

含气量在3%～6%时，混凝土各方面性能比较优良，可以采用《公路水泥混凝土路面施工技术规范》(JTG F30—2003)推荐的含气量(见表7.12)。

路面混凝土含气量及允许偏差(单位:%)　　表7.12

最大公称粒径(mm)	无抗冻性要求	有抗冻性要求	有抗盐冻要求
19	4.0±1.0	5±0.5	6.0±0.5
26.5	3.5±1.0	4.5±0.5	5.5±0.6
31.5	3.5±1.0	4.5±0.5	5.0±0.6

4)水泥净浆含量对混凝土性能的影响

(1)水泥净浆含量对混凝土工作性能的影响

水泥净浆含量在461～564 kg/m³之间变化对混凝土坍落度的影响见图7.31。随着水泥净浆含量的增加，混凝土的坍落度增大。

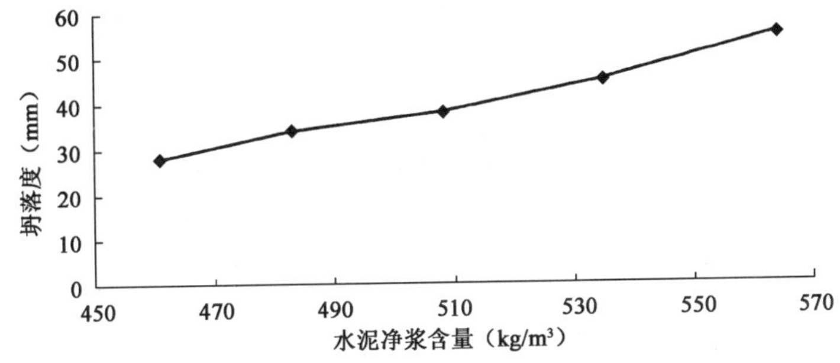

图7.31　混凝土坍落度随水泥净浆含量变化图

(2)水泥净浆含量对混凝土干缩的影响

水泥净浆含量在461～564kg/m³之间变化对混凝土干缩的影响见图7.32。随着水泥净浆含量的增加，混凝土的干缩增大。

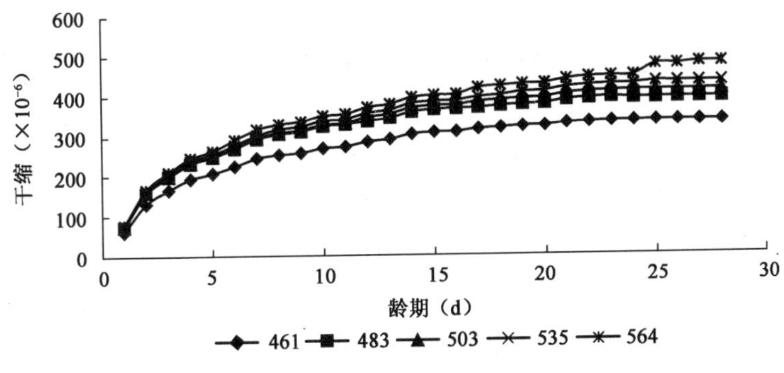

图7.32　混凝土干缩随水泥净浆含量变化图

(3)水泥净浆含量对混凝土温缩的影响

水泥净浆含量在461～564kg/m³之间变化时，它对混凝土线膨胀系数的影响见图7.33。随着水泥净浆含量的增加，混凝土的线膨胀系数逐渐增大。

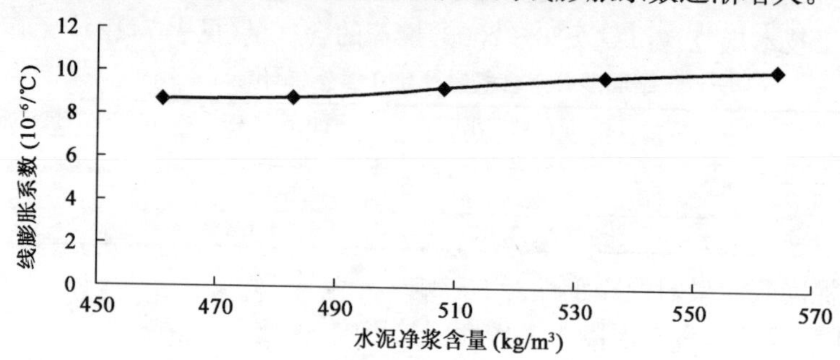

图7.33　混凝土线膨胀系数随水泥净浆含量变化图

(4)水泥净浆含量对混凝土强度的影响

水泥净浆含量在461～564kg/m³之间变化时，它对混凝土强度的影响见图7.34和图7.35。随着水泥净浆含量的增加，混凝土的抗弯拉强度、抗压强度、劈裂强度均先增后减，表明对于强度存在一个最佳水泥净浆含量。

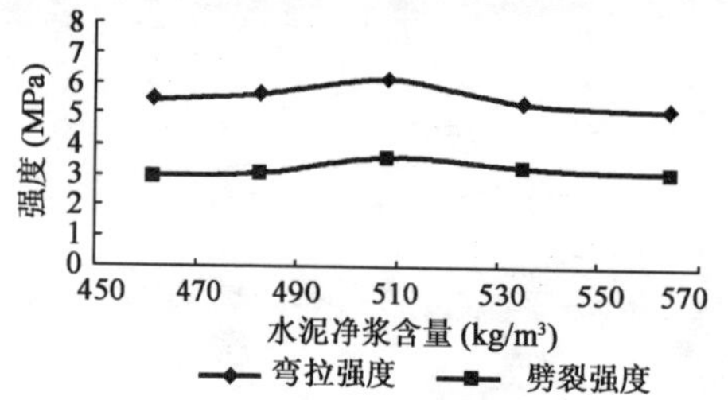

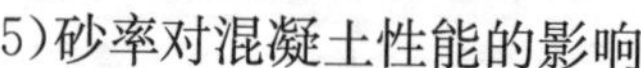

图7.34　混凝土弯拉强度和劈裂强度随水泥净浆含量变化图

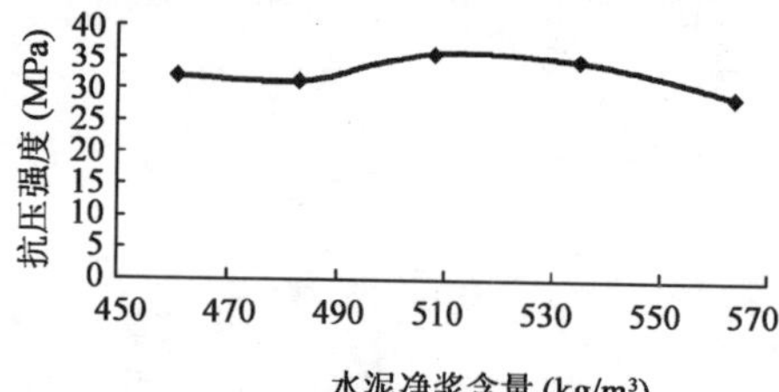

图7.35　混凝土抗压强度随水泥净浆含量变化图

(5)水泥净浆含量推荐

随着水泥净浆含量的增加，混凝土强度增加，混凝土工作性明显改善，但同时混凝土干缩和温缩均增大。因此，为了保证连续配筋混凝土的抗裂性能，建议水泥净浆含量在满足工作性和强度要求的前提下小一些。

5)砂率对混凝土性能的影响

(1)砂率对混凝土工作性能的影响

砂率在36%～38%之间变化对混凝土坍落度和振动黏度系数的影响见图7.36。随着砂率的增

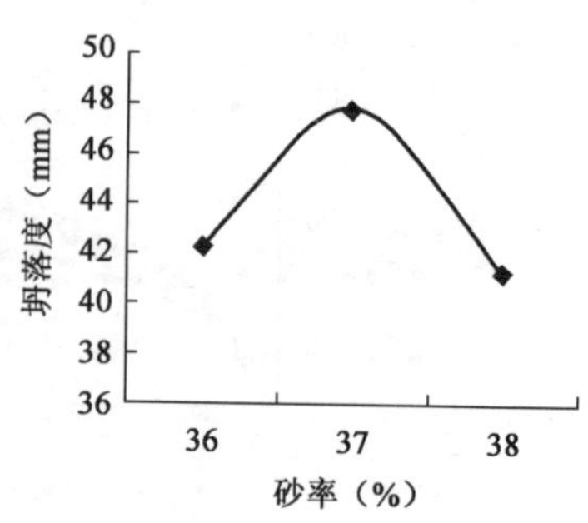

图7.36　混凝土坍落度随砂率变化图

加，混凝土的坍落度先增后减。

(2)砂率对混凝土强度的影响

砂率在36%～38%之间变化对混凝土弯拉强度、劈裂强度、抗压强度的影响见图7.37和图7.38。随着砂率的增加，混凝土的以上三种强度均先增后减。

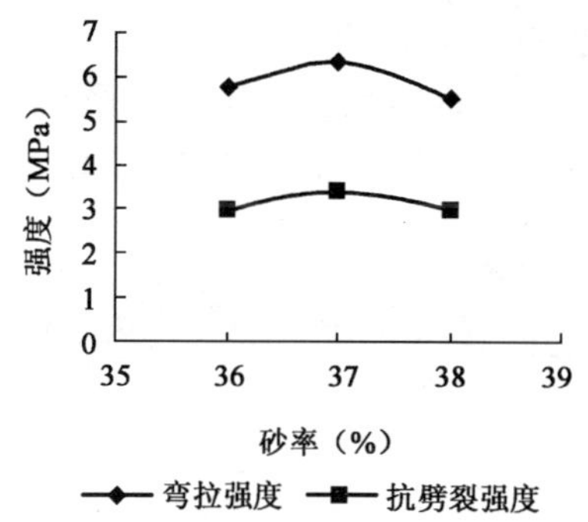

图7.37　混凝土弯拉强度、劈裂强度随砂率变化图

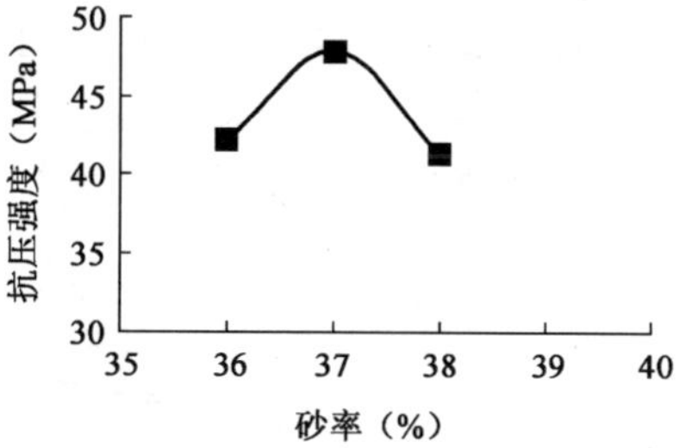

图7.38　混凝土抗压强度随砂率变化图

(3)砂率对混凝土干缩性能的影响

砂率在36%～38%之间变化对混凝土干缩的响见图7.39。砂率的变化对于混凝土干缩基本没有影响。

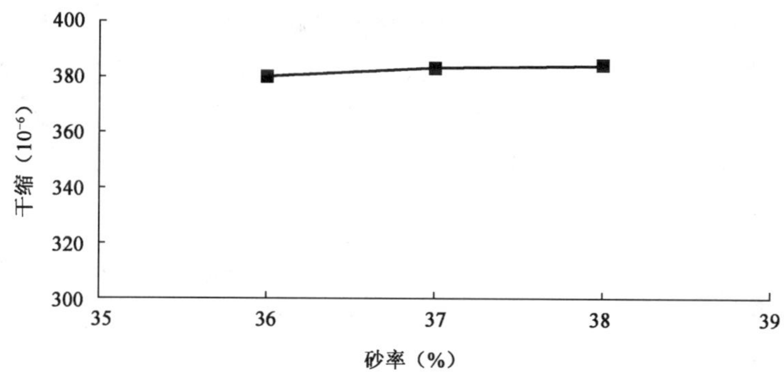

图7.39　混凝土干缩随砂率变化图

(4)砂率的初步推荐范围

砂的作用是填充碎石的空隙，减小碎石间摩擦阻力，如含量过小则不能充分包裹碎石，如果过大则增大了集料的比表面积，水泥净浆又不能充分包裹细集料，同样不利于混凝土的流动性能。砂率存在一个最佳的范围，此时混凝土的工作性和强度等均比较理想，可以按照《公路水泥混凝土路面施工技术规范》(JTG F30—2003)中推荐的范围进行取值(详见表7.13)。

砂率推荐范围　　表 7.13

砂细度模数	2.2～2.5	2.5～2.8	2.8～3.1	3.1～3.4	3.4～3.7
砂率 S_p(%)	30～34	32～36	34～38	36～40	38～42

6)粗集料最大公称粒径对混凝土性能的影响

(1)粗集料最大公称粒径对混凝土工作性能的影响

粗集料最大公称粒径在 19～31.5mm 之间变化对混凝土坍落度的影响见图 7.40。随着最大粒径的增加，混凝土的坍落度增大。但当最大粒径为 31.5mm 时，混凝土拌和料偶尔会出现离析现象。

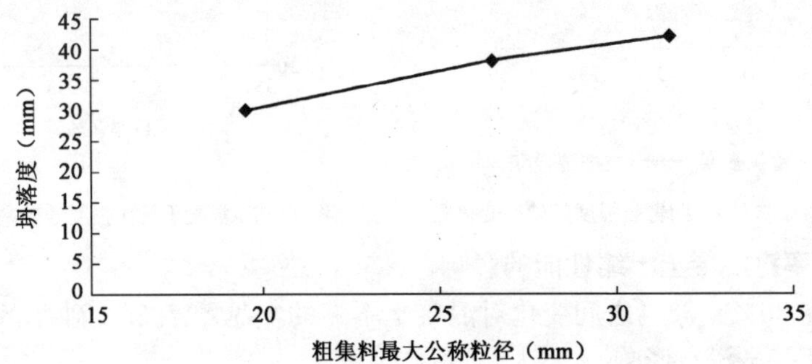

图 7.40　混凝土坍落度随集料最大公称粒径变化图

(2)粗集料最大公称粒径对混凝土强度的影响

粗集料最大公称粒径在 19～31.5mm 之间变化对混凝土弯拉强度的影响见图 7.41。当粗集料最大公称粒径为 19mm 和 26.5mm 时，混凝土弯拉强度基本相同，当粗集料最大公称粒径为 31.5mm 时，混凝土弯拉强度比较低。

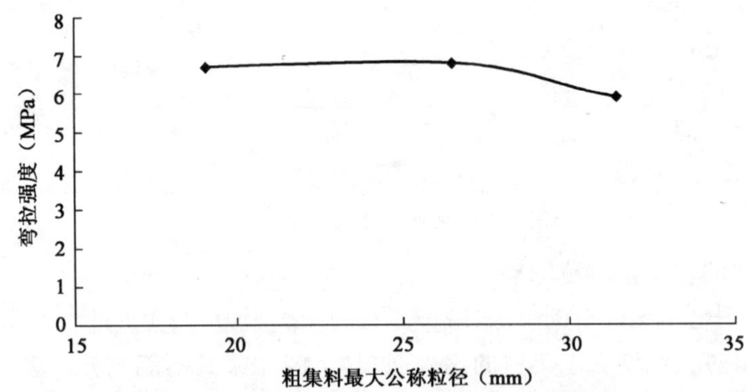

图 7.41　混凝土弯拉强度随粗集料最大公称粒径变化图

(3)粗集料最大公称粒径推荐范围

粗集料最大公称粒径很小时，集料比表面积很大，粗集料起不到骨架作用，从而降低了混凝土强度；反之，粗集料最大公称粒径很大时，集料内部缺陷较多，集料与水泥石的表面黏结力低，和易性低，混凝土密实程度差，强度变异性大，同时大颗粒周围集聚的水膜使得其周围砂浆的水灰比增大，从而导致混凝土的强度降低。综合以上所述，粗集料最大公称粒径存在一个最佳范围。

结合国内外的经验和试验结果，推荐连续配筋混凝土粗集料最大公称粒径取19～26.5mm。

7.2.4 试验结果的回归分析

(1)线膨胀系数、干缩与水灰比的回归分析

单位用水量不变，通过改变单位水泥用量来改变水灰比。根据试验结果建立水灰比与线膨胀系数 α_t 和干缩 γ_s 之间的回归方程，分别如式(7.1)和(7.2)所示。

$$\alpha_t = 18.842 - 24.471 \times \frac{W}{C} \quad (R^2 = 0.994) \tag{7.1}$$

$$\gamma_s = 825.37 - 866.74 \times \frac{W}{C} \quad (R^2 = 0.992) \tag{7.2}$$

(2)弯拉强度与抗压强度的关系

对于各种工况下获得的混凝土弯拉强度和抗压强度进行回归，回归公式见表7.14。各种关系式的相关性均较高，但幂函数的相关系数略大。另外，目前大多数学者均采用幂函数对弯拉强度和抗压强度间关系式进行回归，故采用幂函数公式作为弯拉强度和抗压强度的关系式。

弯拉强度和抗压强度回归关系式 表7.14

序　　号	关系类型	方　　程	相关系数
1	直线	$f_r=0.094f_y+2.282$	0.935
2	对数	$f_r=3.244\ln(f_y)-5.913$	0.937
3	二次多项式	$f_r=-0.0012f_y^2+0.1795f_y+0.8233$	0.937
4	幂函数	$f_r=0.691f_y^{0.589}$	0.941
5	指数	$f_r=3.062e^{0.017f_y}$	0.936

7.3 连续配筋混凝土多指标配合比设计方法

7.3.1 配合比设计目标

(1)弯拉强度、干缩、线膨胀系数均衡

混凝土强度越高对CRCP越有利，模量、干缩和线膨胀系数越小对CRCP越

有利。强度的增大通常会伴随着高的模量、干缩和线膨胀系数，会抵消强度增加的有利影响。因此在连续配筋混凝土配合比设计时应综合考虑这几个因素，从而得到强度满足要求，干缩和线膨胀系数较低的混凝土。各交通等级路面板的28d设计弯拉强度标准值宜符合《公路水泥混凝土路面设计规范》(JTG D40—2002)的规定。

(2)工作性

由于CRCP中存在钢筋，为保证钢筋网下部混凝土振捣密实，连续配筋混凝土的坍落度宜比普通路面混凝土大10%～20%。

(3)耐久性

连续配筋混凝土的耐久性要求同普通的路面混凝土。

(4)性能变异性

连续配筋混凝土的强度、弹性模量等参数的变异水平应为低级，变异系数应小于0.10。

7.3.2 连续配筋混凝土原材料

1)水泥

应选择弯拉强度高、收缩小、耐久性能好且均质的旋窑生产的水泥。立窑水泥的游离氧化钙和氧化镁含量较高，稳定性差，质量变异性大，因此不宜采用。水泥种类上应优先选择道路硅酸盐水泥，其次选择硅酸盐水泥或普通硅酸盐水泥。

早强型水泥的铝酸三钙含量较高，不仅增加了混凝土的收缩量，且水化时放热大，容易引起温缩裂缝，因此应禁止使用早强型水泥。

水泥的化学成分和物理指标，应满足《公路水泥混凝土路面施工技术规范》(JTG F30—2003)的相关规定。

宜使用灌装水泥，高温施工时应根据混凝土出机温度对拌和时水泥温度进行限制。

2)集料

(1)粗集料

粗集料首先应该满足《公路水泥混凝土路面施工技术规范》(JTG F30—2003)的技术指标和级配要求。另外，为了减小混凝土强度的变异性，粗集料最大公称粒径不宜超过26.5mm。

粗集料类型的选择应考虑线膨胀系数和黏结强度。根据线膨胀系数的大小，岩石选择优先顺序如下：石灰石、玄武岩和辉石岩、花岗岩、辉综岩、砾石，应尽可能采用石灰岩。黏结强度用混凝土1d的断裂韧性和集料的化学组成表示。粗集料分类如表7.15所示，尽量采用1号和2号粗集料(美国《力学-经验法公路设计指南》)。

粗集料分类　　表 7.15

类　型	粗集料线膨胀系数(10^{-6}/℃)	混凝土 1d 的断裂韧性(MPa)
1号	<4.0	>31.3
2号	4.0～6.0	24.3～31.3
3号	6.0～8.0	17.4～24.3
4号	>8.0	<17.4

(2)细集料

在保证砂的级配满足《公路水泥混凝土路面施工技术规范》(JTG F30—2003)规定的同时,为了保证 CRCP 足够的强度、耐磨性能和抗滑构造,建议使用中砂、中粗砂或细度模数较小的粗砂。

3)减水剂

适当减小减水剂掺量,同时选择在同等减水量情况下混凝土干缩最小的减水剂。

4)外掺材料

(1)粉煤灰

粉煤灰是从烧煤粉的锅炉烟中收集的粉状灰粒,国外称之为“飞灰”或“磨细燃料灰”,由大部分直径以 μm 计的实心或中空玻璃微珠以及少量的石英、莫来石等结晶物质组成,其化学成分与煤的品种和燃烧条件有关,主要有 SiO_2 和 Al_2O_3,另外还含有少量 FeO_3 和 CaO 等。掺入粉煤灰后混凝土的线膨胀系数降低。

国外多在连续配筋混凝土中掺入粉煤灰,掺量多在 20%～30%之间,结果表明掺加了粉煤灰后 CRCP 冲断明显减少。

为降低混凝土的线膨胀系数,在连续配筋混凝土中宜掺入粉煤灰,粉煤灰掺量应根据水泥中原有掺和料数量和混凝土弯拉强度、干缩、线膨胀系数、耐磨性等要求由试验确定。掺量上可参考《公路水泥混凝土路面施工技术规范》(JTG F30—2003)的规定,代替水泥的粉煤灰掺量:I 型硅酸盐水泥宜≤30%,II 型硅酸盐水泥宜≤25%,道路水泥宜≤20%,普通水泥宜≤15%。应选择《公路水泥混凝土路面施工技术规范》(JTG F30—2003)中规定的 I、II 级粉煤灰,应注意选择含碳量低的粉煤灰。

(2)纤维

为减少裂缝处的混凝土剥落,防止裂缝变宽,可以在混凝土中加入纤维,钢纤维或高聚物纤维均可以使用。

7.3.3 连续配筋混凝土多指标配合比设计方法

(1)计算适配弯拉强度

根据《公路水泥混凝土路面施工技术规范》(JTG F30—2003)的规定，按下式计算混凝土28d弯拉强度的均值：

$$f_c = \frac{f_r}{1-1.04c_v} + ts \tag{7.3}$$

式中：f_c——配置28d弯拉强度的均值(MPa)；

f_r——设计弯拉强度标准值(MPa)；

s——弯拉强度试验样本的标准差(MPa)；

t——保证率系数；

c_v——变异系数。

(2)确定水灰比

根据《公路水泥混凝土路面施工技术规范》(JTG F30—2003)，按以下公式计算初选水灰比：

$$\frac{W}{C} = \frac{1.5684}{f_c + 1.0097 - 0.3595f_s} \tag{7.4}$$

式中：f_s——水泥实测28d弯拉强度。

对于初选水灰比分别增减0.02、0.04，针对每个水灰比，根据式(7.1)和式(7.2)计算混凝土的干缩、线膨胀系数，根据式(7.4)反算混凝土28d弯拉强度，进而通过表7.14中幂函数关系式反算出混凝土抗压强度。将混凝土干缩、线膨胀系数、抗压强度代入美国《力学经-验法公路设计指南》中MEPDG软件进行冲断预估，将最少的冲断数对应的水灰比作为设计水灰比。如果缺少该软件，应综合考虑混凝土干缩、线膨胀系数、弯拉强度三个参数确定设计水灰比。

(3)选择砂率

按照《公路水泥混凝土路面施工技术规范》(JTG F30—2003)的要求，根据表7.13选择合理的砂率。

(4)计算单位用水量

根据《公路水泥混凝土路面施工技术规范》(JTG F30—2003)，按下式计算单位用水量：

$$w_0 = 104.97 + 0.309S_L + 11.27\frac{C}{W} + 0.61S_P \tag{7.5}$$

式中：w_0——不掺外加剂与掺和料混凝土的单位用水量(kg/m^3)；

S_L——坍落度(mm)；

S_P——砂率(%)；

$\frac{C}{W}$——灰水比，水灰比的倒数。

单位用水量宜满足《公路水泥混凝土路面施工技术规范》(JTG F30—2003)的要求。

(5)计算单位水泥用量

单位水泥用量 C 按下式计算：

$$C = w_0 \frac{C}{W} \tag{7.6}$$

单位水泥用量宜满足《公路水泥混凝土路面施工技术规范》(JTG F30—2003)的要求。

(6)确定粗、细集料用量

砂石用量根据《普通混凝土配合比设计规程》(JGJ 55—2000)中的重量法或体积法确定，按照重量法确定时，混凝土单位质量可取 2 400～2 450kg/m^3；按体积法计算时，应计入设计含气量。碎石最大公称粒径应在 19.5～26.5mm 的范围之内。

(7)确定试验室配合比

①检验混凝土拌和物是否满足不同摊铺方式的最佳工作性要求。在工作性和含气量不满足相应摊铺方式要求时，可在保持水灰比不变的前提下调整单位用水量、外加剂掺量或砂率，不能减小单位水泥用量。

②以前面确定的水灰比为中心，按 0.02 增减幅度选定 3 个水灰比，制作试件，测试弯拉强度、抗压强度、耐久性、干缩、线膨胀系数等指标。将干缩、线膨胀系数、抗压强度代入 MEPDG 软件进行冲断和平整度预估，根据结果选定最佳实验室水灰比。如果缺少该软件，应综合考虑混凝土干缩、线膨胀系数、弯拉强度三个参数确定设计水灰比。

③确定试验室基准配合比。

(8)混凝土配合比的施工现场修正

连续配筋混凝土配合比施工现场的修正与《公路水泥混凝土路面施工技术规范》(JTG F30—2003)中规定的普通水泥混凝土施工现场的修正相同。

8　连续配筋混凝土路面端部锚固结构分析与设计

随着四季交替及昼夜温度变化，暴露在大气中的路面会热胀冷缩。CRCP 不设胀缝和缩缝，如果对路面端部变形不采取限制措施，端部就会产生比较大的位移(邓学钧、陈荣生研究人员指出，位移总量可达 3～5cm)，位移受阻会产生相当大的破坏力。所以在 CRCP 与桥头或其他种类路面相接处，必须对端部进行特殊锚固设计。端部结构有以下几种类型。

(1)凸形锚固地梁

凸形锚固地梁的构造如图 8.1 所示。钢筋混凝土地梁依据路基土的强弱一般采用 2～4 个，梁宽 400～600mm，梁高 1 200～1 500mm，间距 5 000～6 000mm；地梁与连续配筋混凝土面层连成整体。锚固设施一般无法完全限制 CRCP 的端部变形，所以还应对与 CRCP 连接的路面在一定范围内设置几条胀缝以消除残余变形。

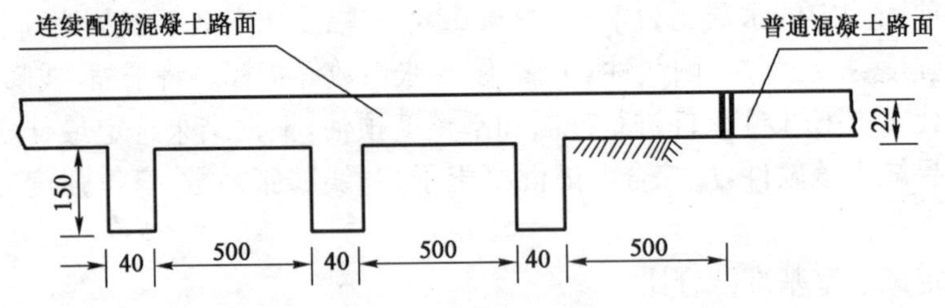

图 8.1　凸形锚固地梁(尺寸单位：cm)

(2)混凝土灌注桩

构造如图 8.2 所示。在纵向设置多排(一般一个车道一排)混凝土灌柱桩，桩顶与路面连成整体。该构造也是靠土的抗力来限制端部变形。

(3)宽翼缘工字梁接缝

构造如图 8.3 所示。宽翼缘工字钢梁的底部锚入钢筋混凝土枕梁内，工字钢梁的尺寸、锚入深度依据连续配筋混凝土路面厚度确定，枕梁一般长 3 000mm、厚

200mm；钢梁腹板与连续配筋混凝土面层端部间填入胀缝材料。在与 CRCP 相连的普通路面中还应设几条胀缝，以分散接缝处未能消除的端部位移。

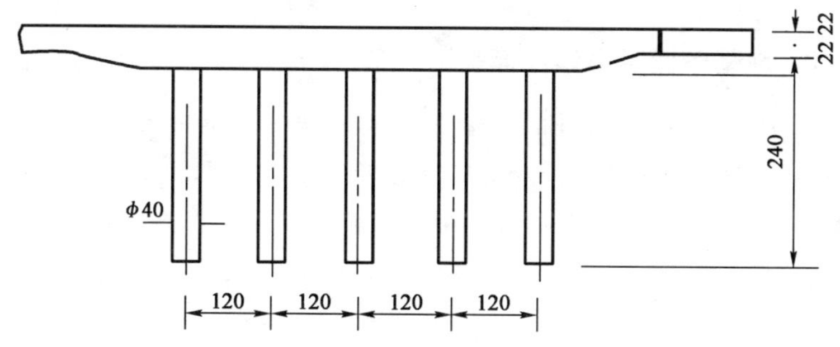

图 8.2 混凝土灌注桩锚固(尺寸单位：cm)

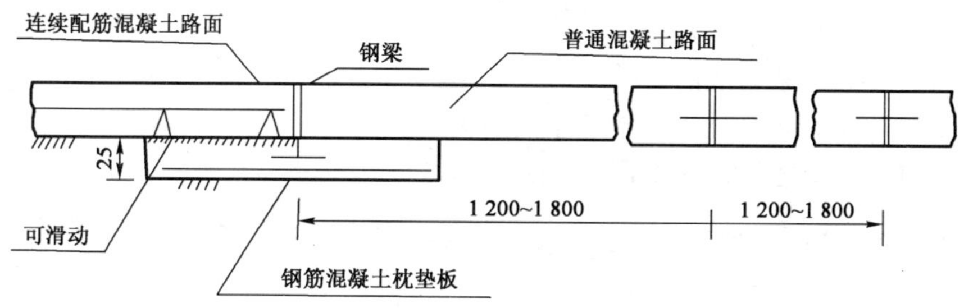

图 8.3 宽翼缘工字梁接缝(尺寸单位：cm)

(4)胀缝

CRCP 的端部变形也可以用设多条胀缝的方法来逐步消减，构造如图 8.4 所示。国外的实践表明，大部分变形消减在最靠近 CRCP 的那条胀缝中，所以该胀缝极易损坏。

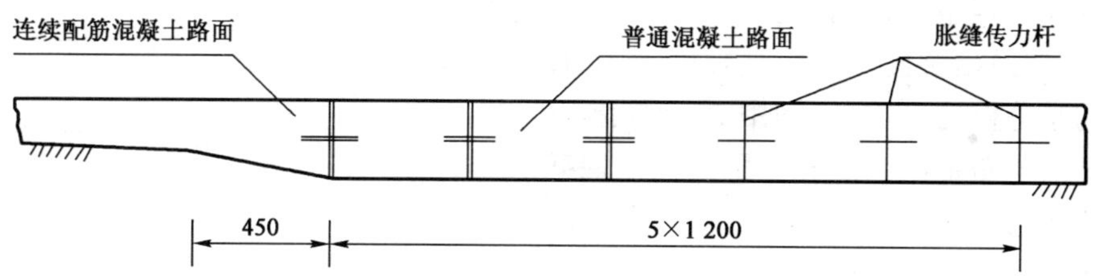

图 8.4 消减变形的多条胀缝(尺寸单位：cm)

端部锚固结构分析与设计主要包括锚固力的计算和锚固力作用下端部的应力与位移分析。

8.1 连续配筋混凝土路面端部锚固力计算

8.1.1 地基摩擦阻力计算模型

CRCP 由于温度变化而热胀冷缩，路面与基层之间的摩擦阻力必然抑制它的这种运动，摩擦阻力的大小与两种介质之间的相对位移有关，摩擦阻力和相对位移之间的模型采用前文提到的分段线性模型，即：

$$\tau_c = \begin{cases} k_c u & u \leqslant u_y \\ \tau_y & u > u_y \end{cases} \tag{8.1}$$

式中：τ_c——摩擦阻力；

u——相对位移；

u_y——面板水平位移临界值；

k_c——初始段直线的斜率；

τ_y——面板水平位移临界值对应的摩擦阻力。

若将 τ_c 和 u 之间的关系用函数来表示，可写成 $\tau=F(u)$。

8.1.2 路面升温引起的端部锚固力分析

(1)CRCP 升温引起的端部运动与受力模型

假设路面养护的平均温度为 t℃，一年内的最高温度为 t_1℃，则最大升温 $\Delta t=t_1-t$。美国密西西比州、伊利诺伊州试验路的观察结果均表明(邓学钧，陈荣生)，CRCP 足够长时，其中间相当长部分的变形完全被约束，位移主要发生在距自由端一定范围内，记为 l，模型位移曲线见图 8.5。假设相对位移发生在长度为 l 的范围内，其力学分析见图 8.6。图中 F_1 为摩阻力之和，F 为所需均布锚固力之和。由于固定端截面处应变为零，则：

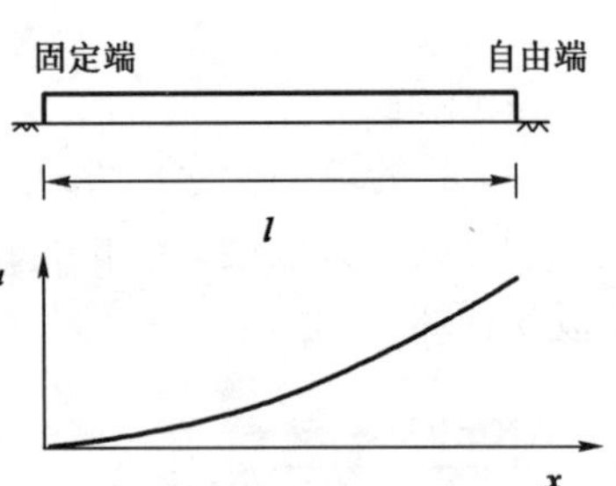

图 8.5 CRCP 路面端部位移曲线

$$\frac{F_1+F}{AE_c}-\alpha_c\Delta T=0 \tag{8.2}$$

式中：A——路面横截面面积(m^2)；

E_c——混凝土弹性模量(kPa)；

α_c——混凝土线膨胀系数(10^{-5}℃$^{-1}$)。

固定端应变为零,升温时 l 范围内路面会产生向右的位移(图 8.6),应变为压应变,该应变是由它左侧反向摩擦阻力之和产生。对于该范围内任一点 B 的应变 ε_B,有:

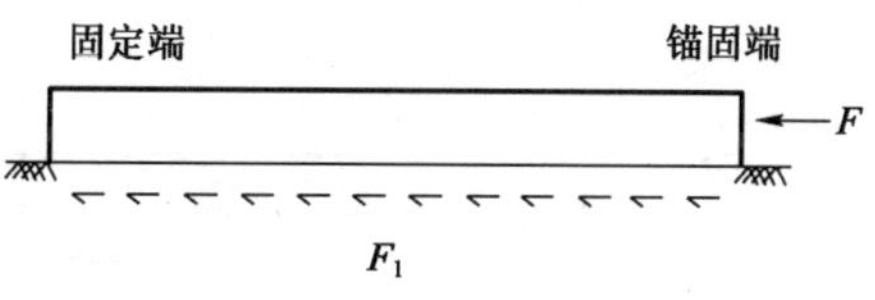

图 8.6 路面端部影响范围内力学分析图

$$\varepsilon_B = \frac{F_2}{AE_c} \tag{8.3}$$

式中:F_2数值上等于 B 左侧摩擦阻力之和,方向与摩擦阻力方向相反(kN)。

(2)CRCP 端部分段迭代法分析

将长度为 l 范围内的路面分成许多小段,各处的位移、应变如图 8.7 所示。图中 ε_i 为第 i 段中心处的应变,u_i 为第 i 段左端的位移,(1),(2)…为小段的序号,小段的长度为 Δl。

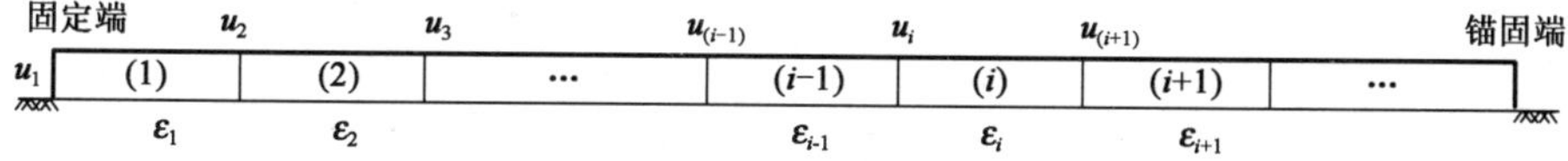

图 8.7 各小段位移、应变图

将第 1 小段左侧一半独立出来,受力分析如图 8.8 所示,则:

$$\varepsilon_1 = \frac{F_2}{E_c A} \tag{8.4}$$

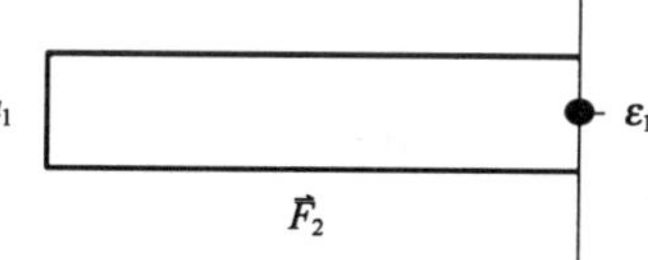

图 8.8 第 1 小段半幅受力分析图

将 u_1 近似看作第 1 小段左侧部分的平均位移,则:

$$F_2 = \frac{1}{2}F(u_1)\Delta l \tag{8.5}$$

将式(8.5)代入式(8.4)得

$$\varepsilon_1 = \frac{F(u_1)\cdot\Delta l}{2E_c A} \tag{8.6}$$

将第 1 小段中心处应变 ε_1 作为该段应变的平均值,则:

$$u_2 = u_1 + \varepsilon_1\Delta l \tag{8.7}$$

将第 1、2 小段相连的各一半取出来进行分析,如图 8.9 所示,则:

$$\varepsilon_2 = \varepsilon_1 + \frac{F_2}{E_c A}$$

式中:F_2——该部分所受摩阻力之和。

又假定 u_2 为该部分的平均位移,则 $F_2 = F(u_2)\cdot\Delta l$,将它代入上式,得:

$$\varepsilon_2 = \varepsilon_1 + \frac{F(u_2)\Delta l}{E_c A} \tag{8.8}$$

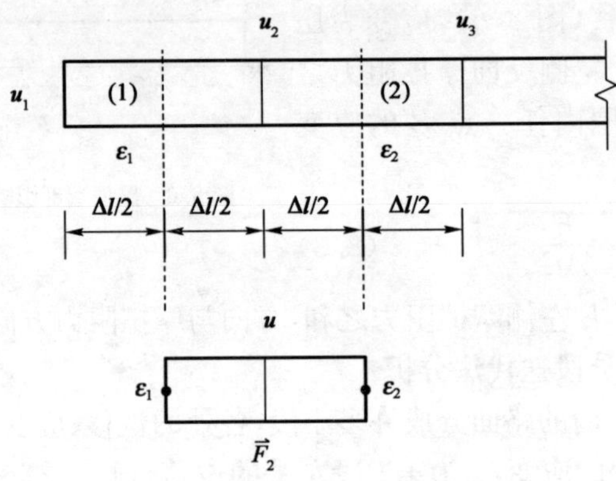

图 8.9　第 1、2 小段受力分析图

若 u_1 已知，则：

$$\varepsilon_1 = \frac{F(u_1)\Delta l}{2E_c A}$$

$$u_2 = u_1 + \varepsilon_1 \Delta l$$

$$\varepsilon_2 = \varepsilon_1 + \frac{F(u_2)\Delta l}{E_c A}$$

同理，可得出位移、应变的递推关系如下：

$$u_i = u_{(i-1)} + \varepsilon_{(i-1)} \Delta l \tag{8.9}$$

$$\varepsilon_i = \varepsilon_{(i-1)} + \frac{F(u_i)\Delta l}{E_c A} \tag{8.10}$$

假设端部允许位移为 u_R，则当 $u_i \geqslant u_R$ 时停止计算。在位移从 u_1 到 u_R 的变化过程中，将每小段的摩阻力之和用 $\tau_{c(i)}$ 表示，则：

$$\tau_{c(i)} = F[(u_i + u_{(i+1)})/2] \cdot \Delta l \tag{8.11}$$

则总的摩阻力之和为：

$$F_1 = \sum \tau_{c(i)} \tag{8.12}$$

将式(8.12)代入式(8.2)得：

$$F = \alpha_c \Delta t \cdot AE_c - \sum \tau_{c(i)} \tag{8.13}$$

端部影响长度可以按下式计算：

$$l = n\Delta l \tag{8.14}$$

式中：n——u 从 u_1 增加到 u_R 时所有小段的个数。

以上计算过程已用 Visual Bisc 语言编成了程序，可以方便地进行计算。在上述推导中，初始位移 u_1 的选择对最后的锚固力有一定的影响。但计算表明，随着 u_1 以 1/10 倍的速率减小，如取 $u_1 = 10^{-4}$、10^{-5}、10^{-6} 等，锚固力很快就收敛。假设 $F(i)$ 为前一次计算的锚固力，$F(i+1)$ 为后一次计算的锚固力，允许误差取为 1kN。如果：

$$|F(i+1) - F(i)| < 1 \tag{8.15}$$

则停止运算，并得端部锚固力 $F = F(i+1)$。

8.1.3 参数影响规律分析

影响锚固力的参数主要有路面与基层之间的摩擦阻力-相对位移关系、混凝土弹性模量、板厚、最大温差、端部允许位移、混凝土线膨胀系数等。

基本计算参数：混凝土弹性模量 $E_c = 28\ 500$MPa，最大温差 $\Delta t = 30$℃，板厚 $h_c = 22$cm，端部允许位移为 1cm，$k_c = 0.1$MPa/cm，$u_y = 0.1$cm，混凝土线膨胀系数 $\alpha_c = 10^{-5}$/℃。当考虑某参数对结果的影响时，仅改变该参数，其他参数取基本值。

(1)摩擦阻力-相对位移关系的影响

改变 k_c 和 u_y 的值，所得结果见表 8.1。随着 k_c 和 u_y 的增大，即随着地基摩擦阻力系数的增大，所需锚固力减小。

摩擦阻力-相对位移关系对结果的影响 表 8.1

k_c(MPa/cm)	u_y(cm)	所需锚固力(kN)
0.1	0.05	1 098
0.1	0.1	789
0.01	0.1	1 536

(2)混凝土弹性模量的影响

当混凝土弹性模量 E_c 从 2.6×10^4MPa 变化到 3.3×10^4MPa 时，所得结果如图 8.10 所示。随着 E_c 的增大，所需锚固力增大。

(3)板厚的影响

当板厚 h_c 分别取 20cm、22cm、24cm、26cm、28cm、30cm 时，所得结果见图 8.11。随着板厚的增加，所需锚固力增大。

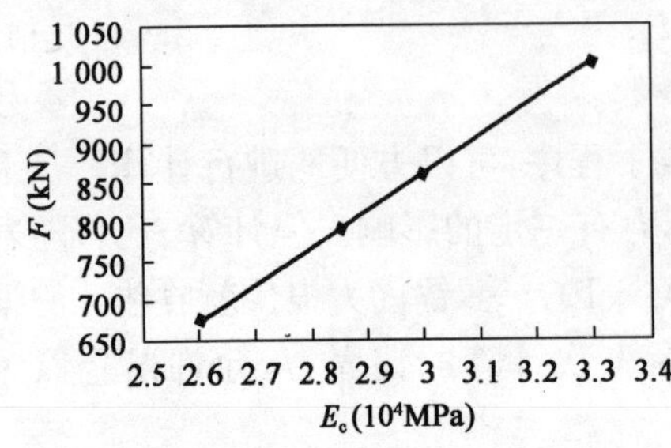

图 8.10　混凝土弹性模量对结果的影响

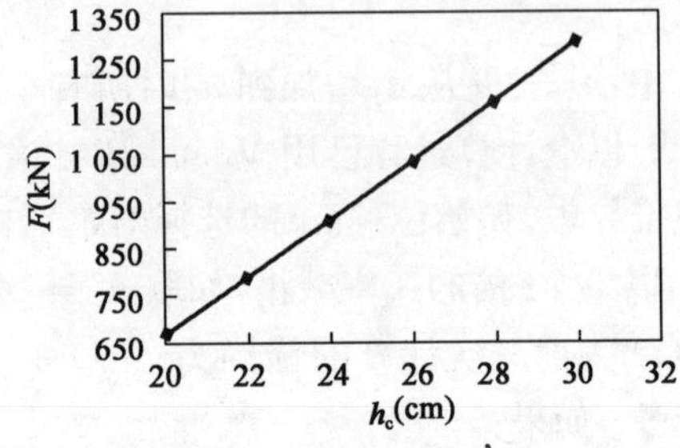

图 8.11　板厚对结果的影响

(4)最大温差的影响

当最大温差 Δt 取为 20℃、30℃、40℃、50℃时,所得结果见图 8.12。随着最大温差的增大,所需锚固力急剧增加,说明最大温差对确定 CRCP 锚固端的设计荷载有重要影响。

(5)端部允许位移的影响

当端部允许位移分别取为 0.5cm、1cm、1.5cm、2cm 时,所得结果见图 8.13。随着允许位移的增大,所需锚固力逐渐减小。

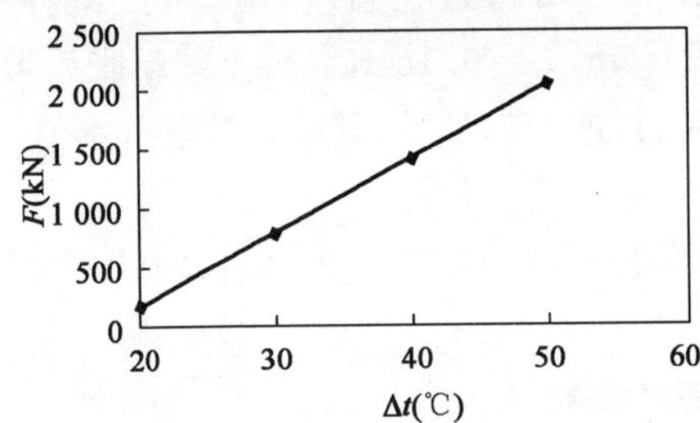

图 8.12　最大温差对结果的影响

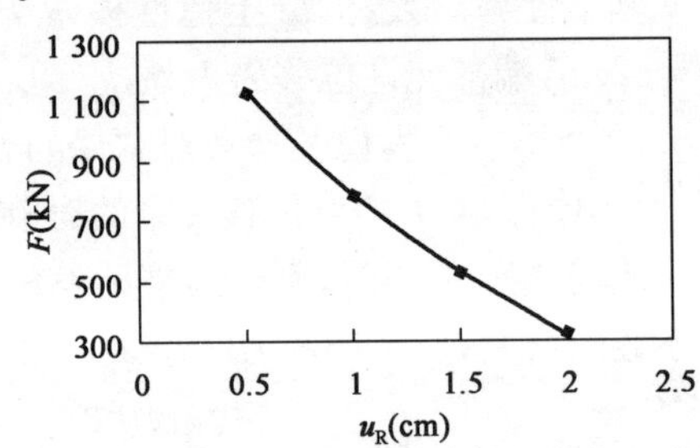

图 8.13　端部允许位移对结果的影响

(6)混凝土线膨胀系数的影响

当混凝土线膨胀系数 α_c 分别为 8×10^{-6}/℃、10×10^{-6}℃$^{-1}$、15×10^{-6}/℃、20×10^{-6}/℃时,所得结果见图 8.14。随着 α_c 的增大,所需锚固力增大。

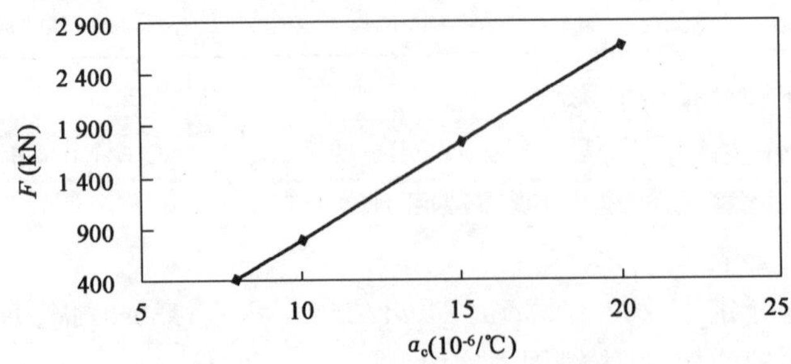

图 8.14　混凝土线膨胀系数对结果的影响

上述分析表明，CRCP所需端部锚固力随板厚、混凝土弹性模量、最大温差、混凝土线膨胀系数的增大而增大；随路面板与基层之间的摩擦阻力、端部允许位移的增大而减小。

8.2 凸形锚固地梁有限元分析

8.2.1 计算模型

计算模型见图8.15。有限元分析时假定路面板与基层之间光滑接触，并通过在路面板与基层之间引入一层厚度很薄的小模量单元来实现。在本计算模型中取$E=10\text{kPa}$，$\mu=0.1$；采用E地基；在一定荷载范围内，混凝土、基层及土基材料都具有线弹性性质，以E、μ表示。

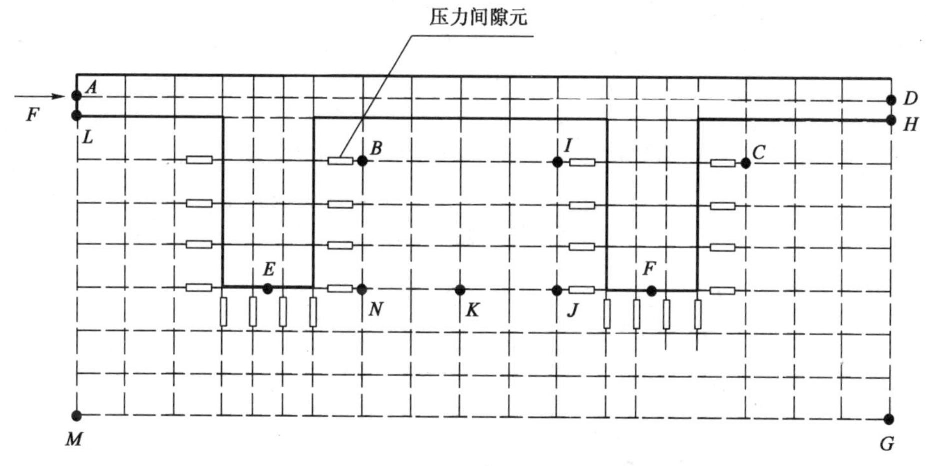

图8.15 凸形地梁锚固有限元分析模型

注：1. 虚线为网格线，实线代表端部锚固结构；2. 为了图形清晰，图中网格线画得较稀疏

计算与分析中，整个端部结构所受的温度应力用均布的锚固力来代替；将端部锚固计算归结为平面应变问题，采用平面四边形单元；地基深度方向范围、结构左侧土体宽度和结构右侧土体宽度对计算结果有一定影响，经收敛性分析，当地基深度取8m，结构左侧土体宽度取5m，结构右侧土体宽度取10m时，计算结果趋于收敛；模型的边界条件对计算结果有很大的影响，为了与实际相一致，在整个结构左端路面中部（图8.15中A点）和左端墙底部（E点）都限制了沿深度方向的位

移,在 MG 面和 HG 面上引入固定边界条件;为防止墙后的土体对墙产生拉应力,在墙与土体之间设了一种界面单元——压力间隙元(见图 8.15),这种单元只能承受压力而不能承受拉力。间隙元的弹性模量对计算结果有影响,但当间隙元的弹性模量大到一定程度后则不再影响计算结果。经收敛计算,确定间隙元的弹性模量为土基弹性模量的 10^4 倍;CRCP 板下地基按一种材料考虑,基层、垫层的弹性模量均取土的弹性模量。这种方法计算出的结果趋于保守,可以在实际观测的基础上对土体的弹性模量加一个修正提高系数,修正系数的确定还有待研究。当然,当端部区域内的土全部用二灰土等材料换填时,地基模量可直接取换填材料的模量。

8.2.2 参数确定

(1)墙高的确定

锚固力 F 方向如图 8.15 所示,当端墙对土体的作用力大于被动土压力和主动土压力的差(记为 $P'_p - P'_a$)时,土体滑动。根据朗金理论,被动土压力 P'_p 为:

$$P'_p = \frac{\rho H^2}{2}\tan^2(45^\circ + \varphi/2) + 2cH\tan(45^\circ + \varphi/2) \tag{8.16}$$

当墙高 $H \geqslant \tan(45^\circ + \varphi/2)$ 时,主动土压力 P'_a 为:

$$P'_a = \frac{\rho H^2}{2\tan(45^\circ + \varphi/2)} - \frac{2cH}{\tan(45^\circ + \varphi/2)} + \frac{2c^2}{\rho} \tag{8.17}$$

当墙高 $H < \tan(45^\circ + \varphi/2)$ 时

$$P'_a = 0 \tag{8.18}$$

式中:ρ——土体密度(kN/m³);

H——端墙高度(m);

c——土的黏聚力(kPa);

φ——土的内摩阻角(°)。

每个端墙所承受的力 F' 为:

$$F' = P'_p - P'_a \tag{8.19}$$

墙高的确定按以下步骤进行:

①假定端部设两个端墙,则每个端墙所承受的力 F' 近似为 $F/2$。先假设主动土压力 $P'_a = 0$,将 $P'_p = F/2$ 代入式(8.16)可计算得 H,如果 $H < \tan(45^\circ + \varphi/2)$,则假设正确,否则由式(8.17)计算 P'_a,将 $P'_p = F/2 + P'_a$ 代入式(8.16)可

算得 H。假如 0.5m≤H≤1.5m，墙高就确定下来，否则进行下面的步骤。

②假定端部设三个端墙，则每个端墙所承受的力 F' 近似为 $F/3$，则按照第 1 步的方法，可算得 H。若 0.5m≤H≤1.5m，则墙高就确定下来，否则进行下面的步骤。

③假定端部设四个端墙，则每个端墙所承受的力 $F'=F/4$，按照第 1 步的方法，计算出 H，此 H 即为最后的墙高。

(2)端墙间距的确定

端墙间距的确定可能与墙高(H)和土基弹性模量(E_s)有关，当 $H=1.5$m，E_s 分别为 100MPa 和 200MPa 时，位移、端墙和路面板最大拉应力随端墙间距的变化规律分别见图 8.16 和图 8.17。从图中可以看出，当 E_s 分别为 100MPa 和 200MPa 时，位移、端墙最大拉应力和路面板最大拉应力随端墙间距的变化规律相同，故土基弹性模量对端墙间距的确定没有影响。当 $E_s=100$MPa，H 分别为 0.5m、1.0m、2.0m 时，位移、端墙最大拉应力和路面板最大拉应力随端墙间距的变化规律分别见图 8.18～图 8.20。从图中可以看出，当墙高变化时，端墙和路面板最大拉应力随端墙间距的变化规律相同，位移随端墙间距的变化规律虽不尽相同，但基本上当端墙间距约为 5m 时都趋向收敛。另外，端墙间距太大时施工不方便，故不论墙的高低均取端墙间距为 5m。

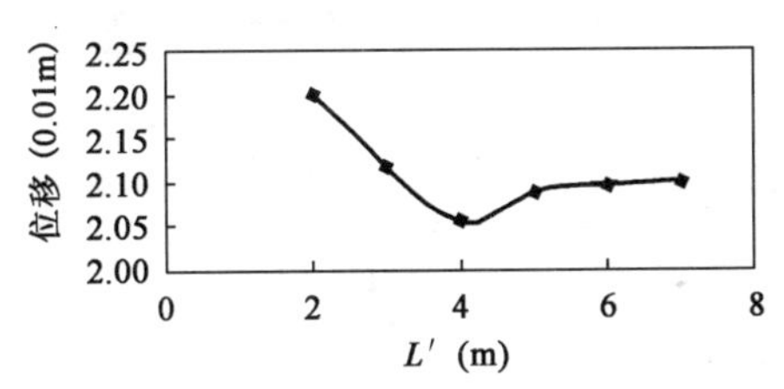

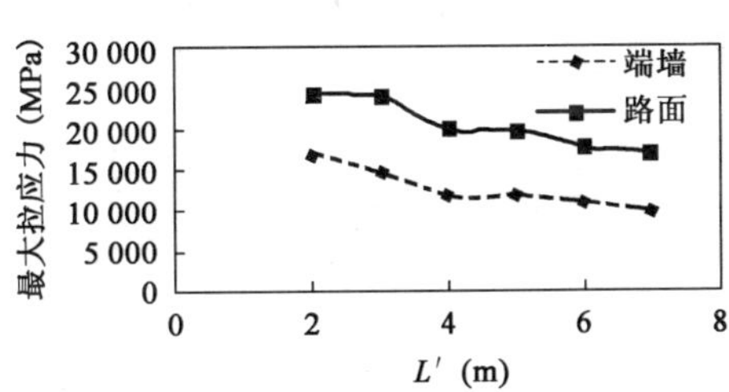

图 8.16 位移和应力随端墙间距变化图($H=1.5$m，$E_s=100$MPa)

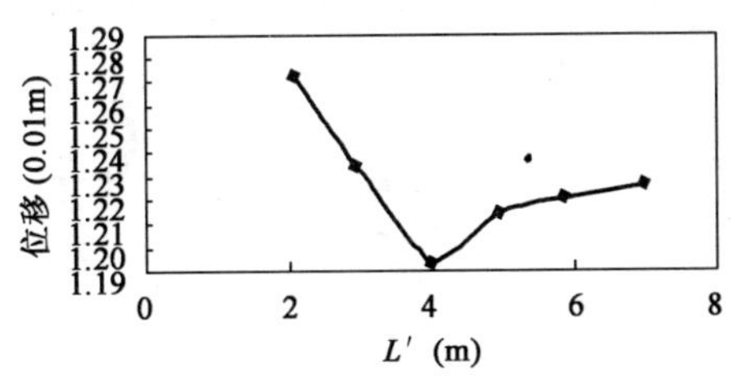

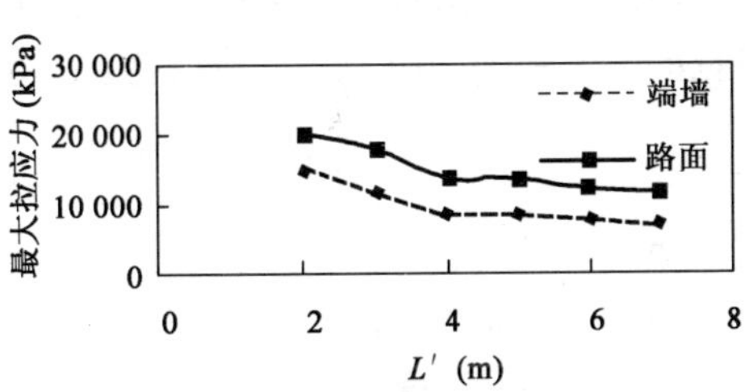

图 8.17 位移和应力随端墙间距变化图($H=1.5$m，$E_s=200$MPa)

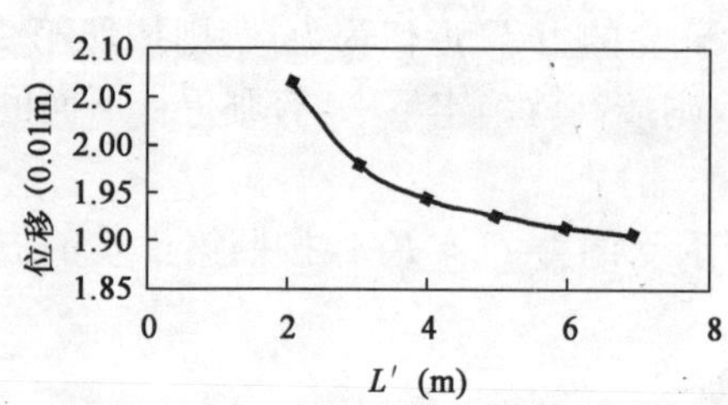

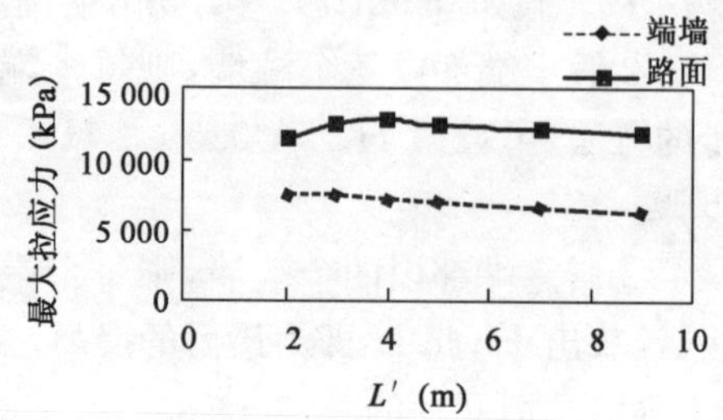

图 8.18 位移和应力随端墙间距变化图($H=0.5\text{m}$, $E_s=100\text{MPa}$)

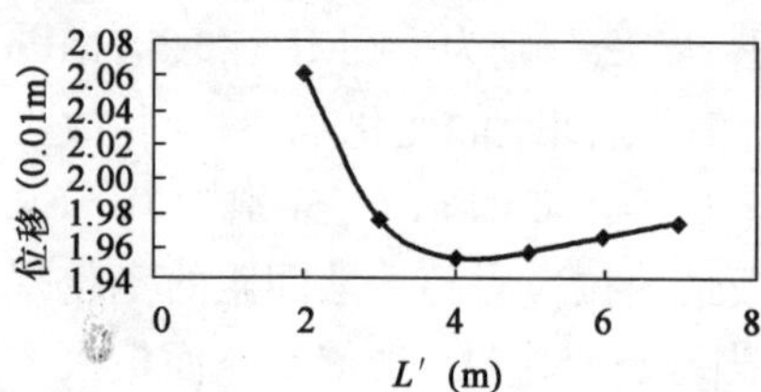

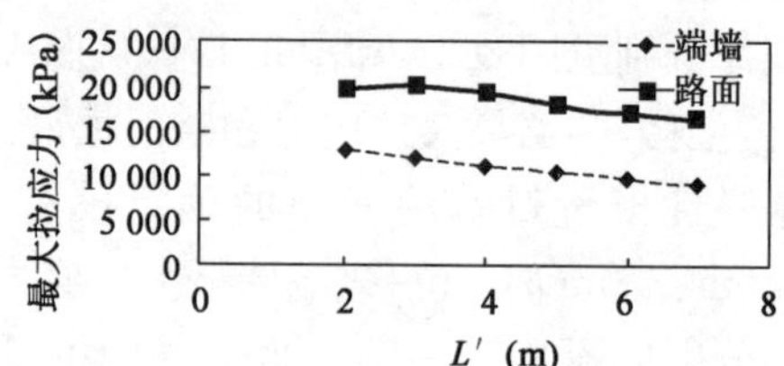

图 8.19 位移和应力随端墙间距变化图($H=1.0\text{m}$, $E_s=100\text{MPa}$)

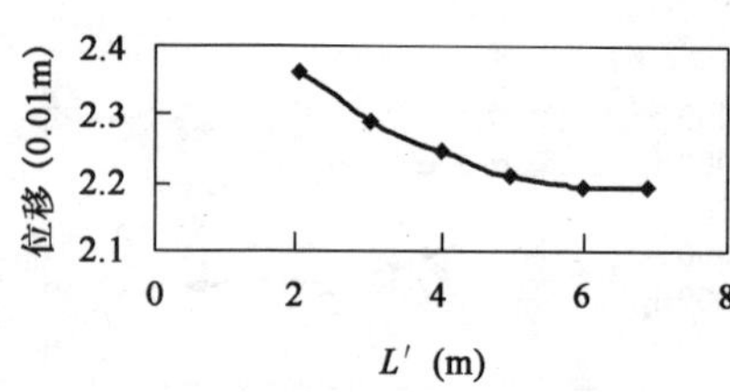

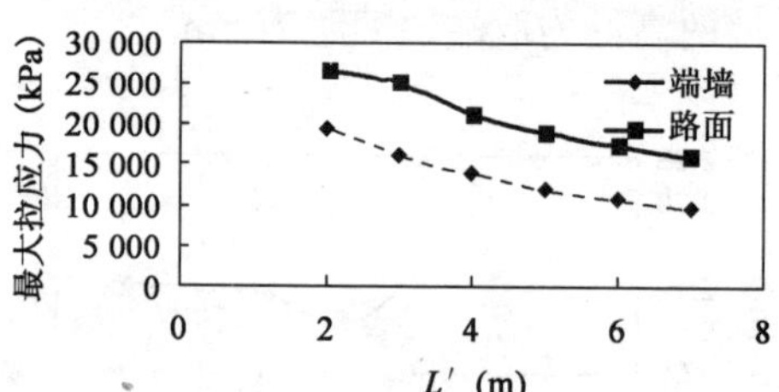

图 8.20 位移和应力随端墙间距变化图($H=2.0\text{m}$, $E_s=100\text{MPa}$)

(3)墙宽的确定

由后文墙宽对计算结果的影响规律可知，墙宽变化仅对端墙应力有影响，而且墙宽的平方和端墙应力近似成反比。另由材料力学知：

$$\sigma = \frac{6M}{Bb^2} \tag{8.20}$$

式中：σ——截面最大拉应力；

M——截面弯矩；

B——路面宽度；

b——端墙宽度。

由上式知，当墙宽增加时端墙最大拉应力减小，节省了钢筋，但混凝土用量增加；反之当墙宽减小时，减少了混凝土用量，但钢筋用量增加，所以要从总体的经济性考虑墙宽的大小。设 $6M/B=1$，分别取 b=0.1m，0.2m，0.3m，…，1m，得 b-σ 曲线，如图 8.21 所示。

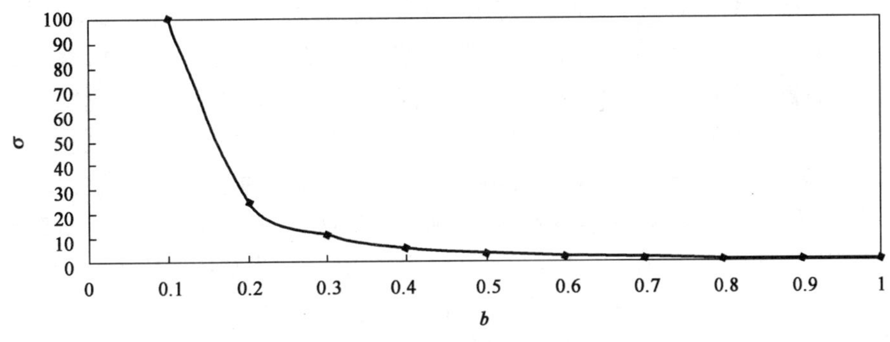

图 8.21 σ 随 b 变化图

从图中可以看出，当 b 在 0.1～0.3m 之间变化时，σ 减小得很快；当 b 在 0.3～0.6m 之间变化时，σ 变化缓慢；当 b 在 0.6～1m 之间变化时，σ 几乎没有变化。另外，由于端墙既承受温度上升产生的力，又承受温度下降产生的力，所以端墙宽度还要满足双面布筋的要求。综合以上原因，墙宽一般取为 0.5m。

8.2.3 参数影响规律分析

有限元计算结果用位移、路面板最大拉应力和端墙最大拉应力三个指标表征。位移指图 8.22 中 A 处的位移，路面板最大拉应力指 B 处的应力。由于左侧端墙位移略大于右侧端墙位移，在土体前后均匀的情况下位移越大，端墙应力就越大，所以取左侧端墙的最大拉应力（即 C 处应力）作为端墙最大拉应力。影响计算结果的因素很多，主要有端部锚固力 F、路面厚度 h_c、端墙宽度 b、端墙高度 H、端墙间距 L'、混凝土弹性模量 E_c、土基弹性模量 E_s 和端墙个数 n 等。基本计算参数取值：F=1 000kN，h_c=0.22m，b=0.5m，H=1.5m，L'=5m，$E_c=2.85\times10^4$ MPa，E_s=100MPa。当考虑某参数的影响时，则改变该参数，其余取基本参数值。

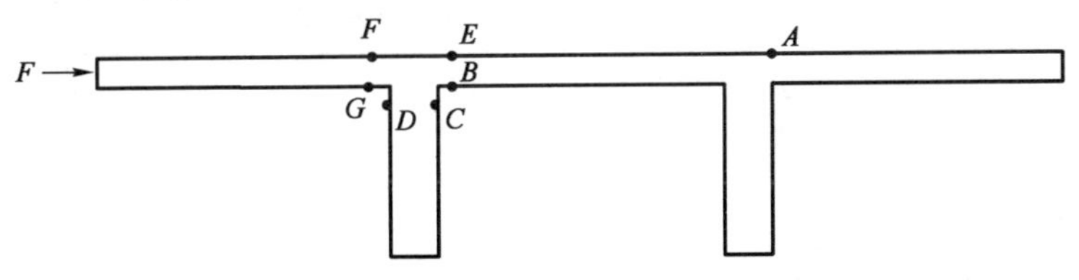

图 8.22 位移和应力位置分布图

由计算结果可知，位移、路面板最大拉应力和端墙最大拉应力均随端部锚固力 F 的增大而呈比例增大；当墙宽 b 分别取为 0.3m、0.4m、0.5m、0.6m 时，计算结果见表 8.2，当墙宽变化时，位移和路面板最大拉应力基本不变，端墙最大拉应力减小；当路面厚度 h_c＝20cm、22cm、26cm、30cm 时，计算结果见图 8.23，随着路面厚度的增加，位移和路面最大拉应力减小，端墙最大拉应力增大；当端墙高度 H＝0.2m、0.5m、1.0m、1.2m、1.5m 时，计算结果见表 8.3，随着墙高的增加，端墙顶端位移、路面板最大拉应力和端墙最大拉应力都稍微增大，端墙底端位移则减小。顶端位移随墙高增加而增大似乎与事实不符，实际上顶端位移由两部分组成，即端墙底端的位移（认为是端墙的平移）和端墙的转动。随墙高的增大平移减小，转动增大。如果转动的影响大于平移的影响，则顶端位移增大，但不能由此认为墙高增大起负作用，因为由式（8.19）知端墙越高能承受的力越大；当端墙间距 L'＝3m、5m、7m、9m 时计算结果见图 8.24，从图中易见，随着 L' 的增大，位移先减后增，路面板最大拉应力和端墙最大拉应力均减小。

墙宽对计算结果的影响 表 8.2

墙宽(m)	0.3	0.4	0.5	0.6
位移(0.01m)	2.184	2.129	2.083	2.052
最大端墙拉应力(kPa)	19 059	14 134	11 813	10 561
最大路面拉应力(kPa)	18 573	19 392	19 026	19 795

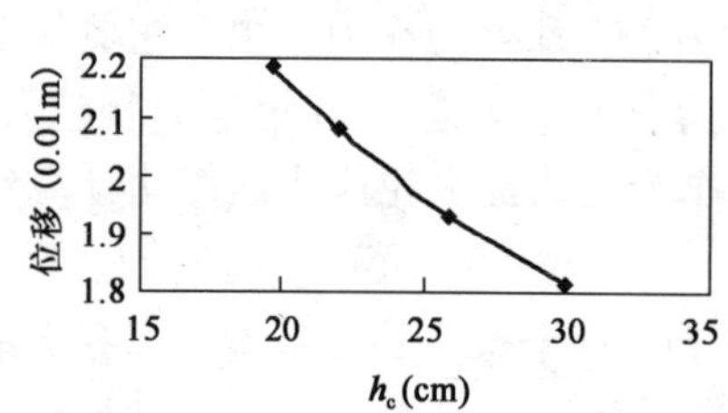

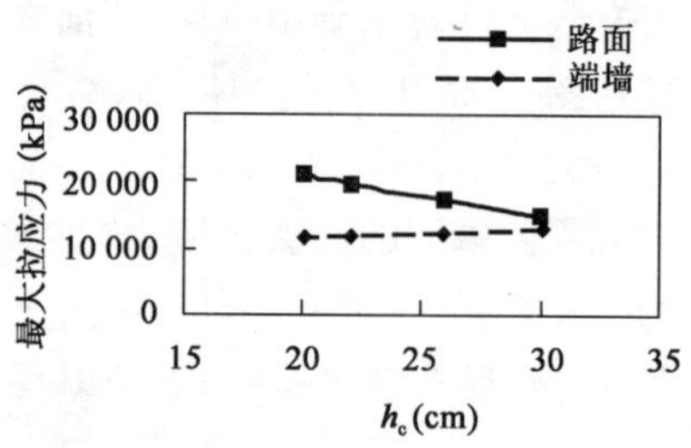

图 8.23 路面厚度对计算结果的影响

端墙高度对计算结果的影响 表 8.3

墙高(m)	0.2	0.5	1	1.5	2
顶端位移(0.01m)	2.155	1.926	1.957	2.088	2.207
底端位移(0.01m)	2.041	1.598	1.181	0.898	0.738

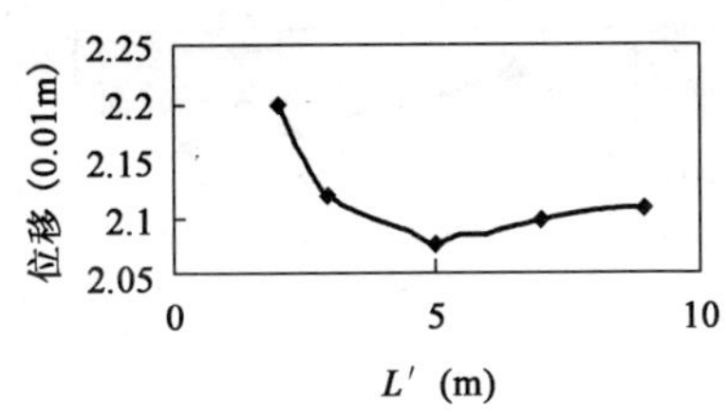

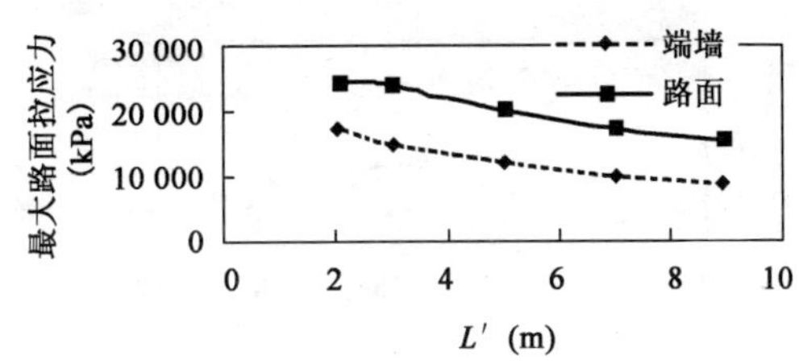

图 8.24　端墙间距对计算结果的影响

混凝土弹性模量 E_c 变化时三种指标变化都很小，又由于 E_c 一般小于 3.3×10^4MPa（邵荣光），所以在有限元计算时统一取 E_c 为 2.85×10^4MPa。当 E_c=2.6×10^4MPa、2.85×10^4MPa、3.0×10^4MPa、3.3×10^4MPa 时，计算结果见表 8.4。从中可以看出，如以 E_c=2.85×10^4 MPa 作为标准，位移最大相差 6%，端墙最大拉应力最大相差 7%，路面板最大拉应力最大相差 7%。当土基弹性模量 E_s=50MPa、100MPa、150MPa、200MPa 时，计算结果见图 8.25，随着土基弹性模量的增大，位移、路面板最大拉应力和端墙最大拉应力均明显减小，说明 CRCP 端部范围内的土基必须充分压实。当端部锚固结构由三、四个端墙组成时，可按每端墙承受的力相等的原则转化为两个端墙进行计算。当 $n=1$，F=1 000kN；$n=2$，F=2000kN；$n=3$，F=3 000kN；$n=4$，F=4 000kN 时，计算结果见表 8.5。从中可以看出，在每端墙承受的力相等的条件下，随端墙个数的增加位移和端墙最大拉应力增大，路面板最大拉应力先增大后减小，但当端墙个数大于 2 以后，端墙最大拉应力和路面板最大拉应力变化幅度均很小，可以认为基本不变。由于墙高以及其他参数对位移的影响很小，所以仅变化土基弹性模量，所得结果见表 8.6。从结果可以看出，位移相对误差随端墙个数的增加而增大，随土基弹性模量的增大而减小。综上，当将三、四个端墙转化成两个端墙进行计算时，所得的应力值不需修正，位移值按表 8.6 进行修正。

混凝土弹性模量对计算结果的影响　　表 8.4

混凝土弹性模量（10^4MPa）	2.6	2.85	3	3.3
位移（0.01m）	2.132	2.088	2.068	2.032
端墙最大拉应力（kPa）	11 324	11 813	12 086	12 583
路面最大拉应力（kPa）	18 738	19 688	20 230	21 185

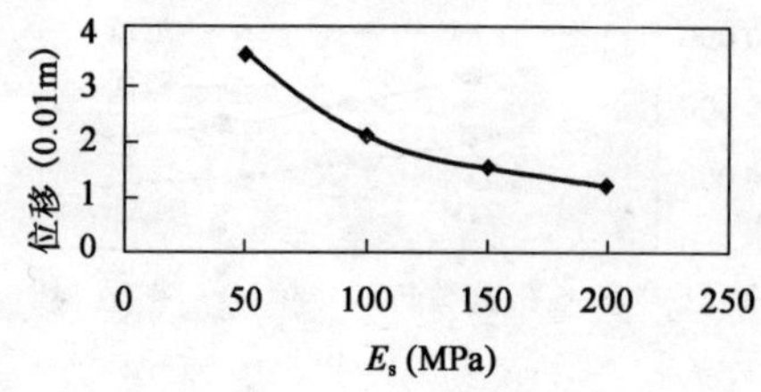

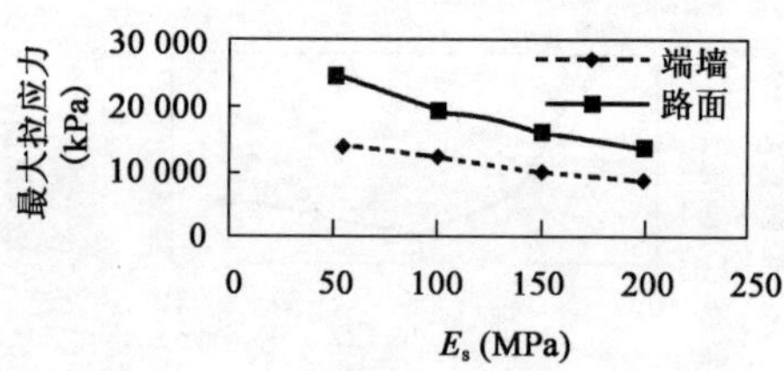

图 8.25　土基弹性模量对计算结果的影响

端墙个数对计算结果的影响　　表 8.5

端墙个数	1	2	3	4
锚固力(kN)	1 000	2 000	3 000	4 000
位移(0.01m)	3.72	4.176	4.557	4.824
端墙最大拉应力(kPa)	12 397	23 626	24 741	24 824
路面板最大拉应力(kPa)	24 308	39 376	39 561	38 184

端墙个数对位移的影响　　表 8.6

端墙个数			2	3	4
锚固力(kN)			2 000	3 000	4 000
土基弹性模量(MPa)	50	位移(0.01m)	7.066	7.929	8.548
		位移相对误差(%)		11	17
	100	位移(0.01m)	4.176	4.557	4.824
		位移相对误差(%)		8	13
	200	位移(0.01m)	2.43	2.583	2.677
		位移相对误差(%)		6	9
	400	位移(0.01m)	1.373	1.416	1.426
		位移相对误差(%)		3	4

8.2.4　试验分析

为了验证有限单元解并寻求墙后土压力沿深度方向分布规律，在长安大学筑机系检测实验室中的大试槽里进行了模型试验。用厚 5cm 的有机玻璃来模拟路面和端墙。试验步骤如下：

(1)用 MTS 测得有机玻璃的泊松比为 0.332，弹性模量为 4 377MPa。

(2)按路基的压实标准，用重型振动压路机压实土基。

(3)用承载板试验测土基回弹模量。

(4)制备有机玻璃及粘贴应变片、土压力盒,具体的布置见图 8.26。

(5)埋板。

(6)测试。

有限元结果和试验结果的对比选用位移、路面板最大压应力(测点 1)和 II 截面最大压应力(测点 7)三项指标。位移、路面板最大压应力和 II 截面最大压应力随荷载变化规律分别见图 8.27~图 8.29。由结果可以看出,有限元结果与实测结果的变化规律一样,而且当荷载较大时,两者之间的相对误差较小。另外,试验还测试了端墙所受的土压力。当荷载为 1 209.27kg 力时,II 截面土压力的有限元解和试验结果对比见图 8.30。由结果可以看出,两者变化规律相同,靠近路面处土压力很大,并不为零或很小。

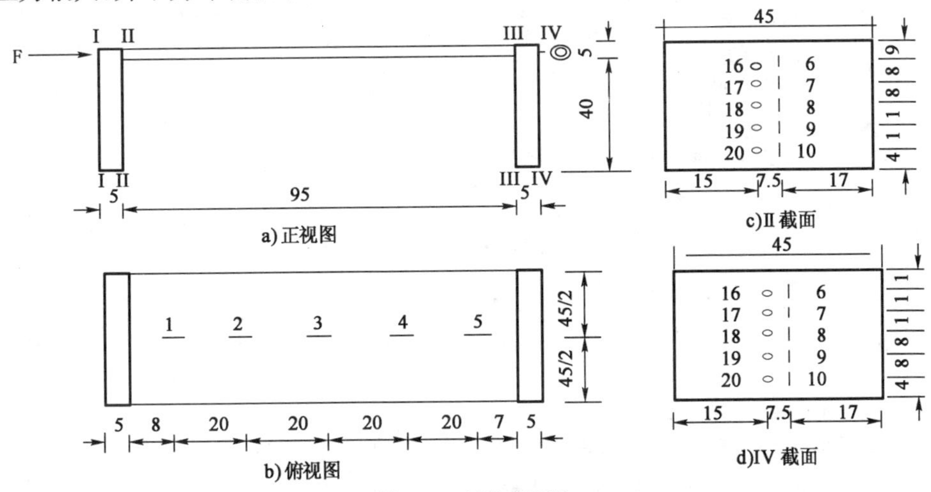

图 8.26 试验布置图

注:1. 图中尺寸单位:cm。

2. 水平向为长度方向,竖直向为深度方向。

3. 图中符号说明:一应变片;○土压力盒;◎千分表。

4. 图中数字为测点编号。

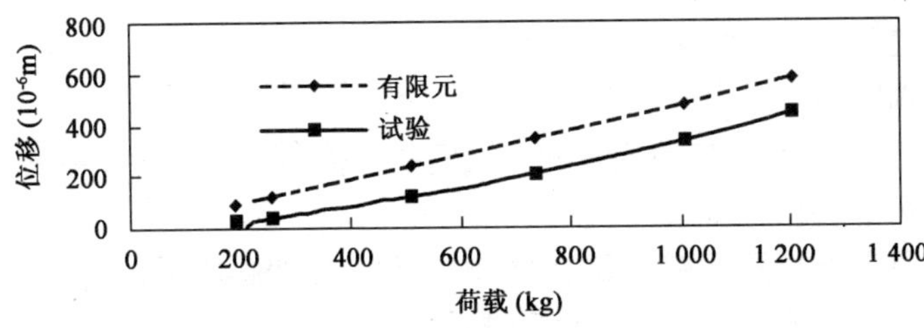

图 8.27 位移随荷载变化图

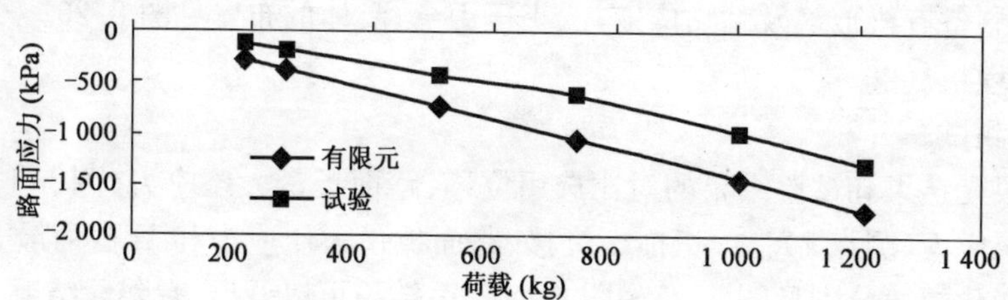

图 8.28　路面板最大压应力随荷载变化图

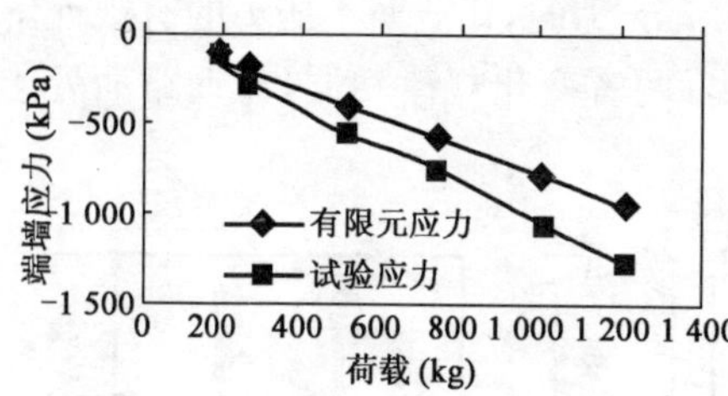

图 8.29　II 截面最大压应力随荷载变化图

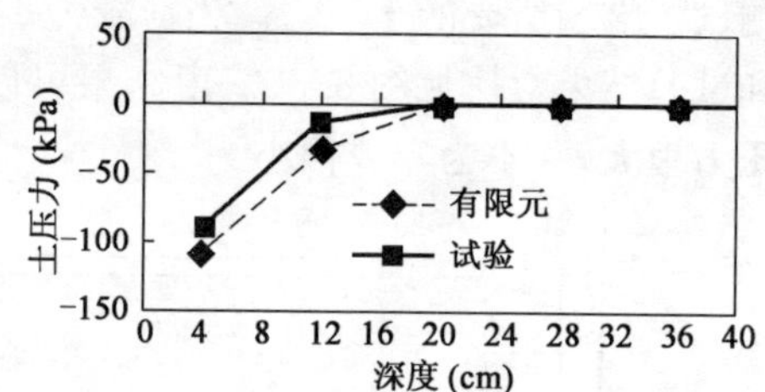

图 8.30　II 截面土压力比较图

8.3　凸形锚固地梁设计

8.3.1　设计方法

1)有限元设计诺谟图

为了便于将有限元计算成果用于生产设计，取 $b=0.5\text{m}$，$E_c=28\,500\text{MPa}$，$F=1\,000\text{kN}$，$n=2$，将计算结果绘制成诺谟图，见图 8.31～图 8.33。由于配筋时需要的是截面弯矩，故将路面板最大拉应力、端墙最大拉应力按式(8.20)转换成路面板设计弯矩和端墙设计弯矩。

2)设计步骤

(1)端部锚固力的计算

①根据气象资料确定最大温差 Δt℃；

②确定端部的最大允许位移 u_R；

③进行直剪试验，确定路面板和基层间的摩擦阻力—相对位移关系，并测定土基的 c、φ、ρ、E_s和泊松比 μ_0 ；

④确定混凝土的弹性模量 E_c、泊松比 μ 和温度线膨胀系数 α_c ；

⑤利用端部锚固力计算程序计算锚固力 F。

(2)端部应力、位移分析

①依据算得的 F 确定端墙个数和端墙高度。在此过程中需用到端墙的极限剪力 $P'_{\mathrm{L}}=P'_{\mathrm{P}}-P'_{\mathrm{a}}$。

②确定墙宽；

③应力和位移分析。

先按 $F=1\,000\mathrm{kN}$，$n=2$，查相应的诺谟图。如果 $n\neq2$，按每端墙承受剪力相等的原则转换成两个端墙，并计算出每个端墙承受的剪力。位移、路面设计弯矩和端墙设计弯矩均与剪力成正比，根据表 8.6 进行位移修正。

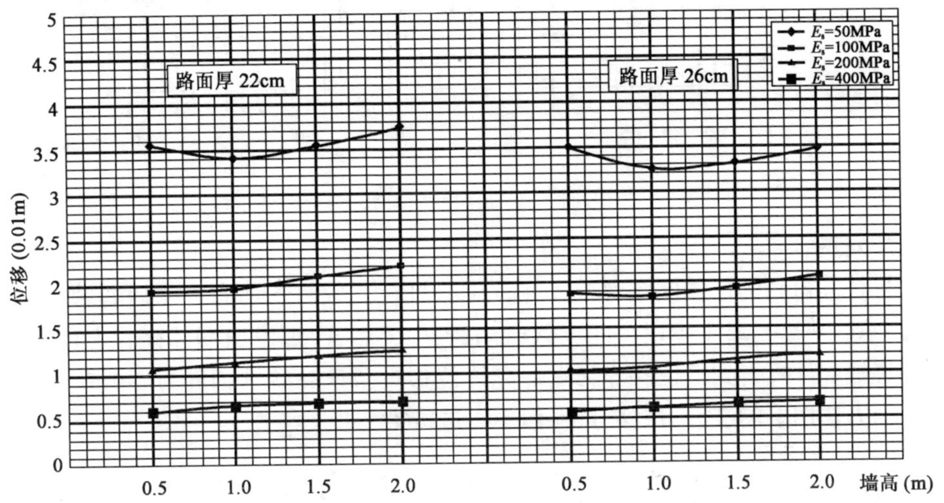

图 8.31 位移设计诺谟图

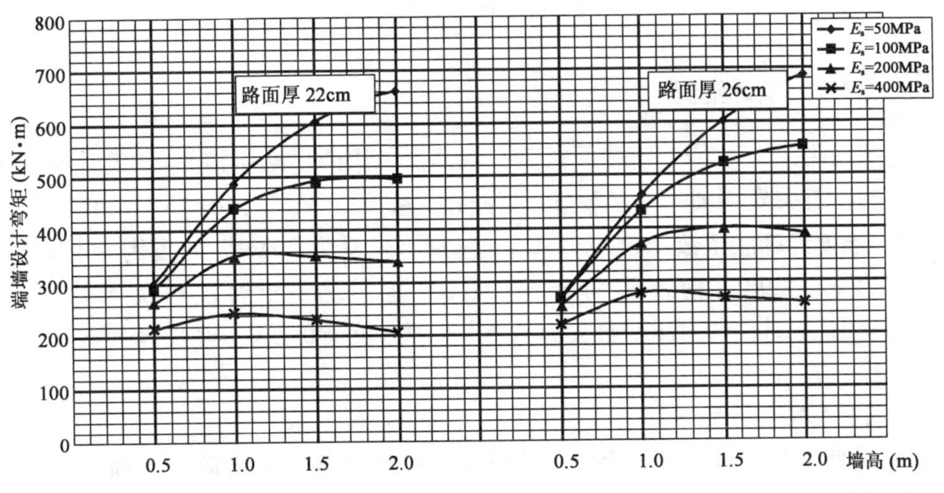

图 8.32 端墙设计弯矩诺谟图

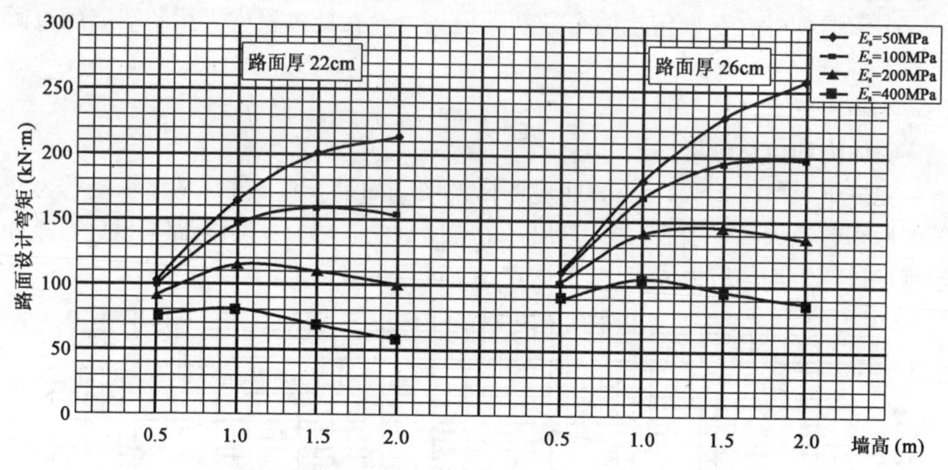

图 8.33　路面设计弯矩诺谟图

(3)校核

将计算得到的位移同端部最大允许位移进行比较。若前者大于后者，则增加端墙个数，并重复第 1 步以后的步骤；若前者小于后者，则说明端部锚固力计算偏小。将端部计算得到的位移作为端部允许位移重新计算端部锚固力，并重新进行该锚固力作用下的应力、位移分析，但不再进行第 2 步的工作。

(4)配筋设计

根据算得的弯矩和剪力，进行端墙配筋设计，按双筋凸形截面梁进行正截面强度计算与配筋，最后校核抗剪强度能否满足要求，若不满足，需按斜截面强度进行设计与计算。

8.3.2　设计案例

某道路拟修建 CRCP，路面宽 7m，端部拟采用凸形地梁锚固，试设计端部锚固结构。有关资料如下：混凝土的弹性模量 $E_c=2.85\times10^4$ MPa，泊松比为 0.15，温度线膨胀系数 $\alpha_c=10^{-5}$/℃；土基回弹模量为 90MPa，密度为 19kN/m^3，黏聚力 $c=70$kPa，内摩阻角 $\varphi=30°$；摩擦阻力—相对位移关系中，$k_c=0.12$MPa/cm，$u_y=0.1$cm；最大温差 $\Delta t=30$℃，路面板厚 $h_c=24$cm，端部最大允许位移 $u_R=1$cm。

设计过程叙述如下：

(1)将参数代入端部锚固力计算程序，算得单位宽度路面端部锚固力 $F=401.5$kN。

(2)端部应力和位移分析。

①确定端墙个数和端墙高度。

$$\tan(45^\circ+\varphi/2)=\tan 60^\circ=1.73\mathrm{m}$$

当 $H\leqslant\tan(45^\circ+\varphi/2)$ 时不计及主动土压力。所以先假设没有主动土压力,只要墙高小于1.73m,墙个数小于4即可。

假设2个端墙,因 $P'_{\mathrm{a}}=0$,所以 $P'_{\mathrm{P}}=F/2$,再由式(8.16)得:

$$\frac{\rho H^2}{2}\tan^2(45^\circ+\varphi/2)+2cH\tan(45^\circ+\varphi/2)=401.5$$

代入数据解得 H=1.42m,取 H=1.5m。

因为 H=1.5m<1.73m,所以假设是合理的,最后确定采用2个端墙,墙高1.5m。

②确定墙宽。墙宽范围为0.4~0.6m,在这范围内取值根据经济性确定。本例定为0.5m。

③应力和位移分析。因墙高1.5m,相应端墙间距为5m。按 F=1 000kN,查22cm厚路面诺谟图得如下结果:位移为 2.31×10^{-2} m,路面板设计弯矩为168.8kN·m,端墙设计弯矩为504kN·m。查26cm厚路面诺谟图得如下结果:位移为 2.20×10^{-2} m,路面板设计弯矩为199.4kN·m,端墙设计弯矩为533kN·m。内插得24cm厚路面结果:位移为 2.26×10^{-2} m,路面板设计弯矩为184.1 kN·m,端墙设计弯矩为519kN·m。由于实际的锚固力不为1 000kN,所以需进行转化,由 $453/1\,000=0.453$,将计算结果乘以系数0.453即得如下结果:位移为 1.02×10^{-2} m,路面板设计弯距为83.4 kN·m,端墙设计弯矩为235.1kN·m。

(3)由于 0.97×10^{-2} m小于允许位移(1×10^{-2} m),端部设计满足要求。

(4)端墙配筋设计。

把端墙视为梁,则梁高0.5m,梁长1.5m。混凝土设计抗压强度为14.5MPa。主钢筋采用II级钢筋 ϕ20mm,其抗拉设计强度为340MPa。箍筋采用I级钢筋 ϕ6.5,其抗拉设计强度为240MPa。钢筋的保护层厚度为3.0cm。

①主筋设计。当按双筋计算时,求得单位宽度内所需主筋截面积 $A_g=19.6\mathrm{cm}^2$,按单筋计算时 $A_g=20\ \mathrm{cm}^2$,所以取 $A_g=19.6\ \mathrm{cm}^2$。

②主筋布置。单根II级钢筋 ϕ20mm截面积为3.14 cm²,所以单位宽度需布筋 n=19.6/3.14=6.24根。在路面全宽范围内,端墙共需布主筋44根,主筋布置如图8.34所示。主筋与连续配筋混凝土面层中的纵向钢筋要连接在一起。

③箍筋设计与布置。由于墙高较小,所以仅配箍筋,不配弯起钢筋。假设配

21 箍 42 肢闭口箍筋，如图 8.34 所示，则算出箍筋间距 $s_k = 9.5$ cm。所以在端墙高度范围内设 19 根箍筋，箍筋在墙高方向的布置见图 8.35。

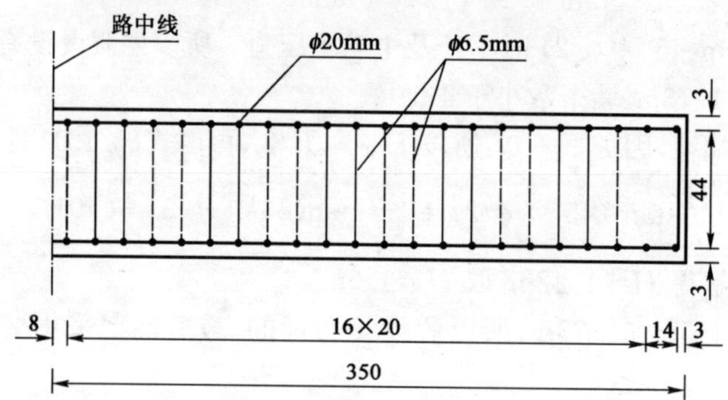

图 8.34　凸形锚固地梁钢筋布置立面图(尺寸单位:cm)

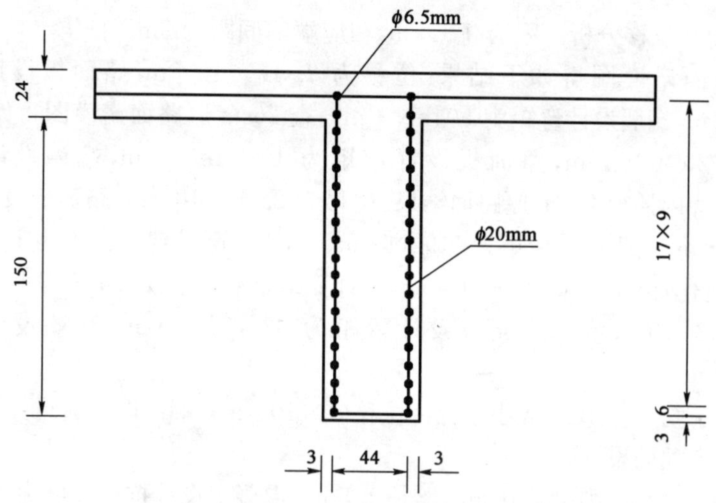

图 8.35　凸形锚固地梁钢筋布置断面图(尺寸单位:cm)

8.4　混凝土灌注桩锚固分析

8.4.1　计算模型假定

将 CRCP 端部混凝土灌注桩视作群桩，考虑群桩效应计算横向承载力，假定：

(1)路面自重、车辆荷载等全部由路面下路基承担，即桩顶不承受竖向荷载；

(2)忽略桩底摩阻力的影响,桩底边界条件视为弹性支承;

(3)端部锚固区域内路面与路基之间的摩擦阻力忽略不计。

8.4.2 单桩横向承载力的确定

当桩顶水平位移的允许值为 u_0 时,可按下式计算桩顶自由时单桩横向承载力(顾晓鲁) H_0:

$$H_0 = 0.41\alpha^3 EIu_0 - 0.665\alpha M_0 \tag{8.21}$$

式中:M_0——桩顶承受的弯矩(kN·m);

α——桩的变形系数,$\alpha = \sqrt[5]{mb_1/EI}$;

E——桩身材料的弹性模量(MPa);

I——桩身截面惯性矩;$I = \pi d^4/64$,d 为桩径(m);

m——“m 法”中土的 m 值(MPa/m²);

b_1——桩的计算宽度,$b_1 = k_f \cdot k_0 \cdot k \cdot d$,$k_f = 0.9$,$k_0 = 1+1/d$,$k = 1$(顾晓鲁)。

若 $M_0=0$,式(8.21)可简化为:

$$H_0 = 0.41\alpha^3 EIu_0 \tag{8.22}$$

配筋率较低的钻孔灌注桩往往在桩头位移较小(3~6mm)时,桩身已开裂(徐和)。出于安全考虑,u_0 可取为 3mm,也可以通过试验确定。

8.4.3 群桩效应

混凝土灌注桩的群桩效应主要有桩的相互影响效应和桩顶约束效应。

(1)桩的相互影响效应

桩的相互影响主要是由于桩的位移导致桩后地基土出现松弛,甚至在桩土间出现间隙,使后一排桩的桩前地基土丧失侧向约束,从而导致反力系数明显降低。桩距愈小,这种削弱影响愈大;沿荷载方向的桩数愈多,群桩整体削弱影响愈大。桩的相互影响使群桩的整体横向承载力降低,前排桩(远离加力端)的横向承载力最大,且接近于独立单桩荷载,后排桩的荷载最小,中排桩次之。

CRCP 端部灌注桩由于在垂直于荷载(指 CRCP 端部锚固力)方向间距较宽(大于 2.5d),而且该方向对桩之间的相互影响不大,所以可忽略垂直荷载方向桩之间的相互影响,桩的相互影响效应系数 η_i 按下式计算(刘金砺):

$$\eta_i = \frac{\left(\frac{s_a}{d}\right)^{0.6}}{0.15n_z + 2.0} \tag{8.23}$$

式中：s_a/d——沿荷载方向桩的中心距与桩直径之比；

n_z——沿荷载方向每排桩的桩数。

(2)桩顶约束效应

桩顶与路面之间的连接，实际上为介于嵌固与铰接(自由)之间的有限约束，这种有限约束有利于提高群桩横向承载力，称为“桩顶约束效应”。若桩顶自由与桩顶非完全嵌固状态下位移均为 y_0，自由状态下剪力为 $H_0{}^0$，最大弯矩为 $M_{max}{}^0$；非完全约束状态下剪力为 $H_0{}^r$，最大弯矩为 $M_{max}{}^r$。设桩顶约束效应系数 $\eta_r = H_0^r/H_0^0$，弯矩比 $R_m = M_{max}^0/M_{max}^r$。按“m 法”求得 η_r、R_m值，见表 8.7(刘金砺)。

桩顶约束效应影响　　表 8.7

换算深度($\bar{h}$m)	2.4	2.6	2.8	3.0	3.5	≥4.0
η_r	2.58	2.34	2.20	2.13	2.07	2.08
R_m	1.44	1.57	1.71	1.82	2.00	2.07

注：换算深度 $\bar{h} = \alpha h$，h 为桩的入土深度，α 为桩的变形系数。

(3)综合群桩效应系数和横向承载力

综合群桩效应系数计算公式如下：

$$\eta_H = \eta_i \cdot \eta_r \qquad (8.24)$$

则群桩横向承载力 H 为：

$$H = \eta_H \cdot n_z \cdot H_1 \qquad (8.25)$$

式中：H_1——单桩横向承载力。

8.4.4 设计方法与步骤

混凝土灌注桩端部锚固设计可按以下步骤进行：

(1)按单车道计算端部锚固力 F。

(2)拟订桩径、桩长、桩距。CRCP 端部锚固桩桩径一般为 40cm 左右，钻(挖)孔桩的摩擦桩中心距不得小于 2.5 倍的成孔直径，支承或嵌固在岩层的柱桩不得小于 2.0 倍的成孔直径(矩形桩为边长)，桩的最大中心距一般不超过 5～6 倍桩径(凌治平)。桩的有效深度 $z=4.0/\alpha$，所以取桩长为 z 收尾以后得到的整数值。

(3)由允许位移确定单桩横向承载力 H_1。

(4)确定群桩的根数。先假定单车道群桩的根数，计算群桩承载力 H，最终试算确定出满足 $H \geqslant F$ 的单车道群桩的最少根数 n_z。

(5)计算单桩承受的弯矩。群桩中离 CRCP 端部最近的那根桩承受的剪力近

似为 H_1。此时单桩的边界条件为:上部仅承受横向荷载 H_1,下部为弹性支承,桩底弯矩(凌治平) $M_h = -\varphi_n \cdot C_0 I_0$,$\varphi_n$ 为桩底转角,I_0 为桩底面积对其重心轴的惯性矩,C_0 为基底土的竖向地基系数。可求出桩底自由时桩身的最大弯矩 M_{max}^0(凌治平),进而可求出非完全约束时的最大弯矩 M_{max}^r。

(6)依据 M_{max}^r 进行单桩配筋设计。为施工与计算的方便,各桩均可根据 M_{max}^r 进行相同的配筋设计。

9　连续配筋混凝土路面施工技术

9.1　连续配筋混凝土路面施工技术概述

9.1.1　施工工序

连续配筋混凝土路面施工工序如图 9.1 所示。

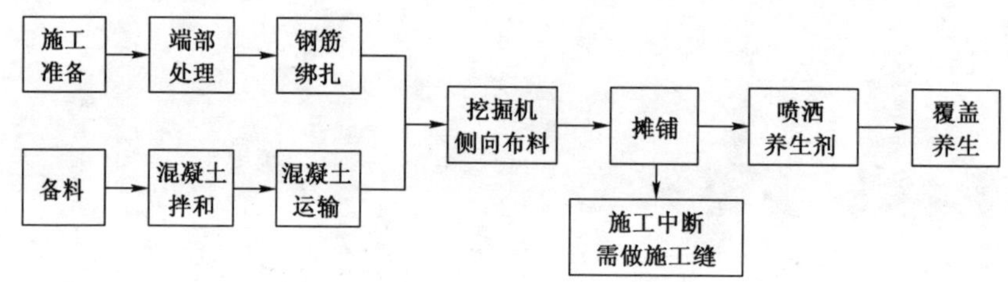

图 9.1　连续配筋混凝土路面施工工序

9.1.2　基层施工

基层中开级配水泥碎石先在实验室进行配合比的试配，满足强度及排水要求后再在工地进行施工。沥青混凝土隔离层施工前先将基底清扫干净，复核基底标高和边线，符合要求后再放设出基层的边线。沥青混凝土隔离层摊铺采用沥青摊铺机施工，宽度每侧比面层宽出 300mm，表面应平整、密实。施工中严格控制基层标高，使其满足设计及规范要求。

9.1.3　钢筋网制作

(1)钢筋加工

钢筋加工步骤如下：

①钢筋下料在钢筋加工厂进行；

②环氧树脂钢筋禁止采用电焊和氧气切割；

③钢筋下料尺寸应满足设计及规范要求。

(2)钢筋网安设

纵向与横向钢筋的固定措施必须保证钢筋网稳固,以防止在滑模施工时将其推倒。采用钢筋支架垫支法稳定纵向与横向钢筋网。钢筋支架采用钢筋弯曲成的三角支座,支架横向间距为75cm,纵向间距为横向钢筋的间距(即每根横向钢筋下均设置支架)。施工时将横向钢筋点焊在支架上,并摆放到基层上,然后将纵向钢筋安设在横向钢筋之上,从而形成稳固支撑的钢筋网。要求完成的钢筋网纵筋顺直,横筋端正,平面如水。同时,支架钢筋不得打入基层,以避免支架钢筋阻止面板的自由伸缩,并防止面板伸缩造成支架钢筋破坏基层。

对于滑模施工,由于摊铺速度快,钢筋网必须预先安设,并根据施工进度保证具有足够的长度,以提供滑模摊铺的工作面。纵向钢筋的搭接不宜采用全部焊接的方式,这是因为焊接的钢筋形成整体,而焊接较长的钢筋网因施工时的昼夜温差,容易造成钢筋网端部产生较大的伸缩。由于绑扎连接位置允许钢筋之间有一定的错动,因此纵向钢筋的搭接宜采用绑扎形式,并应按100m的段落提前绑扎,在浇注混凝土前再焊接或绑扎成连续网片。绑扎长度为钢筋直径的35～50倍。另外,也可以每隔30～50m采用焊接形式,然后在浇注混凝土前对10～20m进行绑扎。纵向钢筋的焊接宜采用电弧双面焊,焊接长度不小于5倍钢筋直径。焊接前应将焊接部位的环氧树脂先刮掉再行焊接(曹东伟)。

绑扎环氧树脂涂层钢筋时,应采用尼龙、环氧树脂、塑料或其他材料包裹的铁丝。架立环氧树脂涂层钢筋的钢筋垫座、垫块应以尼龙、环氧树脂、塑料或其他材料包裹。

钢筋容许偏差应满足表9.1规定。钢筋的检验按照设计及规范要求进行。

钢 筋 容 许 偏 差 表9.1

项　　目	允许偏差(mm)
纵向钢筋间距	10
横向钢筋间距	20
断面位置	10

9.1.4 混凝土面层施工

1)施工前的准备工作

施工前的准备工作主要包括以下四个部分。

(1)基层表面处理:混凝土面层浇注前先将基层清扫干净,摊铺面板位置应用水湿润，但不得积水。

(2)板厚检查:板厚控制必须在摊铺前的拉线上进行，在面板标高误差范围内，可适当调整面板高程，但应在足够长的路线长度内调整。

(3)设备和机具:所有施工用的机械和机具均应处于良好状态，试运转正常并全部就位。

(4)测量放线:用绑扎钢筋前放设好的边线，并将路面标高引到滑模摊铺的基准线上。

2)端部处理

试验段端部处理采用凸形地梁锚固。端部凸形锚固地梁钢筋网在现场绑扎完成。应按设计位置和尺寸开挖地槽，并应尽量避免扰动和超挖两侧基层、垫层及路基。按设计位置安装钢筋骨架并固定，然后进行水泥混凝土的浇筑和养生。当尺寸较规矩，超挖较少时，地锚梁浇筑可不设侧模；当超挖较多时，地锚梁浇筑则应安设侧模，拆模后，超挖部位应回填并夯实路基和垫层，基层应采用贫混凝土修复。岩石路基上可直接将钢筋锚固在岩基中。地锚梁钢筋应与路面钢筋相焊接，地锚梁混凝土采用振捣棒分层振实，并应与面板浇筑成整体。

3)布料

滑模施工时，足够长度的钢筋网必须预先安设，所以混凝土运输车无法纵向进料，必须采用侧向进料方式，侧向布料应连续进行并防止混凝土离析。布料时，不得将钢筋网压垮、压坏或发生变形。

4)混凝土摊铺

混凝土摊铺应注意以下几点。

(1)应严格保证施工质量的稳定性，减小由于施工因素引起的参数变异性。若混凝土强度离散性过大，就会导致横向裂缝间距过大或过小，严重影响 CRCP 的耐久性。

(2)保证钢筋网上下的混凝土充分振捣密实是连续配筋混凝土路面滑模摊铺的关键。振实时必须首先使拌和物振捣为连续介质，然后将拌和物中的气泡排除干净。振捣速度缓慢而均匀，连续不间断进行。插入振捣棒应控制在钢筋网以上至少 2cm，以防止振捣棒与钢筋网接触而造成振捣棒损坏，从而影响混凝土的密实。同时，由于振捣棒无法插入到钢筋网下的混凝土内，振捣棒宜采用高频低幅，以确保钢筋网下混凝土的密实性(曹东伟)。

(3)施工期间气温过高或风力过大时，不得进行混凝土的摊铺。若因为工期等原因必须进行混凝土浇注时，应给予足够重视，防止混凝土水分蒸发过多。当气温较高时，应采取如下温度控制措施，控制混凝土入模温度不能超过 33℃(曹东伟)。

①为降低水泥温度，工地水泥棚用白色反光材料涂刷，棚顶装有喷水设备以冷却外表温度，有些棚内配有空气流动设备。同时，要提前从生产厂家把水泥运来，存放在水泥棚内。

②蓄水池用锌棚遮挡阳光，避免阳光直射，并安装制冷设备降低拌和用水的温度，可以降低水温 13℃左右。

③集料放在阴凉地方，并安装喷水设备向集料喷水，通过水分蒸发冷却集料。

④混凝土在运输过程中也要使用遮蔽措施，或夜间施工。

⑤混凝土浇筑完成后，表面宜覆盖一定的保温材料(如活动罩棚)，以减小混凝土内外温差，防止混凝土水分的迅速挥发。

⑥掺用减水剂，可节约水泥，减少用水量，增加早期混凝土的塑性，减少早期裂缝。

⑦选用低热高强水泥，并可考虑掺入一定剂量的粉煤灰。

(4)对于滑模摊铺机起步时的 5～10m 范围内的混凝土面板，在进行人工摊铺时，必须尽快在滑模摊铺的混凝土初凝之前完成，否则将会影响该处混凝土的黏结。

(5)滑模摊铺过程中应控制好摊铺速度和振捣棒振捣频率，混凝土配合比应严格按照施工配合比执行，施工现场不得随意加水。

5)养生

连续配筋混凝土路面的养生至关重要，先喷洒养生剂，然后覆盖保湿膜、土工毡、土工布、麻袋、草袋、草帘等，最后洒水保湿养生。养生一定要及时，养生时间一般 14～21d。

6)预成缝

由于 CRCP 受到很多不确定因素的影响，横向裂缝通常达不到预期开裂的效果。实际调查发现，横向裂缝存在 Y 形裂缝、错开裂缝、密集裂缝以及宽裂缝等形式。密集裂缝和宽裂缝处均容易发生冲断。为了避免出现不合理的裂缝形式，通常对 CRCP 进行预切缝，即进行裂缝的主动控制，即预成缝。

裂缝主动控制主要有两种方法：一种是采用软切缝机预切缝，切口深度一般为 3.7cm；另一种是在路面施工时将很薄的条带压入路面中，待混凝土达到一定强度后抽出该条带而成缝，缝隙宽一般为 0.076mm，缝深一般为 7.6cm。

9.2 连续配筋混凝土路面裂缝主动控制间距

如果主动控制裂缝间距过大，可能会在两条诱导缝之间出现新的裂缝，而且裂缝宽度可能会过大，容易造成冲断；反之，如果裂缝间距过小，也容易导致冲断，因此要考虑不再二次开裂、裂缝不过宽以及不产生冲断(指裂缝间距过小时造成的冲断)三个因素综合确定裂缝主动控制间距。

9.2.1 不再二次开裂的裂缝间距

当预成缝的间距过大时，在温降和混凝土干缩作用下，CRCP 产生收缩应力，当收缩应力大于混凝土抗拉强度时，CRCP 将会产生新的横向开裂，而出现二次开裂。在给定混凝土材料性能和气候条件下，CRCP 不再二次开裂的裂缝间距确定步骤如下：

(1)确定 CRCP 所在地区的最大温降和最不利空气相对湿度下混凝土的干缩以及混凝土的允许抗拉强度。

(2)假设裂缝间距，通常为 1～2m，计算混凝土拉应力。

(3)比较计算得到的混凝土应力和混凝土抗拉强度。

(4)如果混凝土应力大于混凝土抗拉强度，则减小裂缝间距，重复第 2 步和第 3 步；如果混凝土应力小于混凝土抗拉强度，则增加裂缝间距，重复第 2 步和第 3 步，直到混凝土应力和混凝土抗拉强度差值在容许范围内，此时的裂缝间距为满足不再横向开裂的裂缝间距。

9.2.2 裂缝不过宽的裂缝间距

裂缝宽度直接影响裂缝处传荷能力，预成缝间距应使得裂缝宽度不过宽。我国《公路水泥混凝土路面设计规范》(JTG D40—2002)规定裂缝宽度小于 1mm，美国《力学-经验法公路设计指南》要求裂缝宽度小于 0.02in(约 0.6mm)。在确定满足不再二次开裂的裂缝间距之后，利用第 3 章的公式计算裂缝处混凝土位移，将计算得到的混凝土位移与规定裂缝宽度的一半相比较，如果混凝土位移大于规定裂缝宽度的一半，则减小裂缝间距，直到混凝土位移不大于规定宽度的一半为止。

9.2.3 不产生冲断的裂缝间距

较小裂缝间距的板在车辆荷载的反复疲劳作用下，很容易产生纵向裂缝，即冲断破坏，不冲断的裂缝间距即为最小裂缝间距。Kim 等学者给出了车辆荷载作用下混凝土板的横向应力计算公式和疲劳方程。式(9.1)为车辆荷载作用下混凝土板横向应力简单的预估公式，式(9.2)为疲劳方程。

$$\sigma = 5.1702 \times 10^{-6} e^{9.8474} h^{-1.8143} S^{-0.4477} \tag{9.1}$$

式中：σ——重 80kN 的单轴双轮组轴载作用下混凝土板横向拉应力(MPa)；

e——自然常数；

h——CRCP 板厚(m);

S——横向裂缝间距(m)。

$$N = C_1\left(\frac{f}{\sigma}\right)^{C_2} \tag{9.2}$$

式中:N——允许荷载作用次数;

f——混凝土弯拉强度;

C_1,C_2——系数,通常 $C_2=4$,C_1 取值见表 9.2。

系数 C_1 取值(单位:10^6)　　表 9.2

粗集料类型		硅酸岩		石灰岩	
基层膨胀		是	否	是	否
可靠度	95%	1.4	2.0	1.8	2.6
	75%	2.4	3.1	2.5	3.7
	50%	3.1	4.2	3.1	4.8

我国公路水泥混凝土结构设计以 100kN 的单轴-双轮组荷载作为标准轴载,而国外标准轴载为 80kN 的单轴-双轮组荷载。根据疲劳等效原则将轴载进行换算。根据邓学钧、黄晓明的研究,采用式(9.3)进行换算。

$$\frac{N_1}{N_2} = 0.4137 \tag{9.3}$$

式中:N_1,N_2——单后轴为 100kN 和 80kN 时相对应轴载作用次数。

9.2.4 裂缝主动控制间距确定示例

某地区一条连续配筋混凝土路面,面层厚 0.24m,水泥混凝土抗折弹性模量为 30GPa,混凝土抗拉强度为 3.5MPa,混凝土线膨胀系数为 10^{-5}/℃,钢筋为 HRB335 螺纹钢筋,直径为 16mm,钢筋弹性模量为 200GPa,钢筋黏结刚度系数为 34MPa/mm。该地区最大温度差为 35℃,混凝土干缩为 0.0002。设计年限内标准轴载累计作用次数为 2×10^7 次。裂缝宽度要求小于 0.6mm。试确定主动控制裂缝间距。

通过编写程序对满足不再开裂的最大裂缝间距和不冲断的最小裂缝间距进行了计算,计算得到满足不再二次开裂的最大裂缝间距为 1.8m,满足裂缝宽度要求的最大裂缝间距为 1.2m,满足不冲断的最小裂缝间距为 0.6m。满足不再二次开裂、裂缝不过宽和不冲断的 CRCP 裂缝主动控制间距宜为 0.6~1.2m。

10 连续配筋混凝土路面试验路

10.1 试验路修筑目的

为研究CRCP的施工技术以及裂缝和冲断的发展规律，并验证前文建立的温降和干缩作用下应力分析模型以及车辆荷载和温度梯度作用下应力分析模型，于2008年2月～2008年11月在烟威高速公路修建了11个CRCP试验段，具体的试验目的如下：

(1)研究CRCP的施工技术，特别是裂缝主动控制技术、混凝土性能变异性控制技术、环氧树脂防锈技术等新技术。

(2)对比不同基层类型CRCP的性能。主要考虑的基层类型为密级配沥青碎石基层(ATB)和水泥稳定碎石基层(CTB)，其中CTB顶面加一层厚4cm的沥青混凝土或加润滑剂。

(3)对比不同钢筋类型的抗腐蚀性能。采用普通HRB335螺纹钢筋和HRB335环氧树脂涂层钢筋，对比两种类型钢筋的抗腐蚀性能。

(4)对比裂缝主动控制对于CRCP性能的影响。本试验路分为自然成缝部分和主动控制裂缝部分，对比分析主动控制裂缝的CRCP性能。主动控制裂缝的间距分别为1m、1.5m、2m、2.5m、3m、3.5m、4m、4.5m和5m。

(5)分析横向钢筋倾斜的影响。为研究横向钢筋对横向裂缝的影响，横向钢筋分别与公路前进方向成90°和60°夹角。

(6)分析纵向钢筋的埋置深度对CRCP性能的影响。为了对比分析不同钢筋埋置深度对横向裂缝宽度的影响，钢筋分别放置在板中和距离板顶面9cm处。

(7)对比不同水泥混凝土面层的效果。为了研究不同水泥混凝土面层的效果，采用不加粉煤灰的水泥混凝土、加粉煤灰的水泥混凝土和钢纤维水泥混凝土三种混凝土类型，而且掺加粉煤灰的剂量分为10%和15%两种。

(8)获取环境荷载作用下路面内部的应力、应变和温度状况，并验证前文建立的温降和干缩作用下CRCP应力分析模型。

(9)进行车辆荷载和温度梯度作用下CRCP应力的现场测试，验证前文建立

的车辆荷载和温度梯度作用下 CRCP 应力分析模型。

(10)分阶段观测横向裂缝数量、间距、形状、缝宽和裂缝传荷能力的变化情况。CRCP 修筑后不同时期对试验路进行观测,分析横向裂缝的数量、间距、形状、缝宽以及传荷能力等的变化情况。

(11)测试不同龄期混凝土的强度及模量。混凝土摊铺时,现场取新拌混凝土制作试件测试不同龄期混凝土的强度和模量,分析强度和模量随龄期的变化。

(12)观测施工时的气候及养护状况,并分析对 CRCP 性能的影响。采用气象站连续测试混凝土摊铺和养护时的气温、风速和太阳辐射等状况,分析施工和养护条件对 CRCP 性能的影响。

10.2 试验路设计和测试方案

10.2.1 试验段划分及结构类型

各试验段划分和结构类型见表 10.1 和表 10.2。

试验段划分 表 10.1

起始桩号	长度(m)	试验段编号
K160+880～K161+080	200.0	TLM1
K161+080～K161+130	50.0	TLM2
K161+130～K161+230	100.0	TLM3
K161+330～K161+430	100.0	TLM4
K157+972～K158+100	128.0	TLM5
K158+100～K158+150	50.0	TLM6
K158+150～K158+350	200.0	TLM7
K158+350～K158+400	50.0	TLM8
K158+400～K158+600	200.0	TLM9
K158+600～K158+765	165.0	TLM10
K158+765～K158+913.6	148.6	TLM11

各试验段结构类型

表 10.2

试验段编号	路面结构	基层类型	面层类型	钢筋距板顶面的距离(cm)	钢筋防锈类型	横向钢筋与公路前进方向的夹角(°)
TLM1	30cmCRC+4cm AC-13+20cm 开级配水泥碎石+20cm 级配碎石	I	II	9	I	90
TLM2	30cmCRC+4cm AC-13+20cm 开级配水泥碎石+20cm 级配碎石	I	I	9	II	90
TLM3	30cmCRC+石蜡+20cm 开级配水泥碎石+20cm 级配碎石	II	I	9	I	90
TLM4	30cmCRC+4cm AC-13+20cm 开级配水泥碎石+20cm 级配碎石	I	IV	9	I	90
TLM5	30cmCRC+4cm AC-13+20cm 开级配水泥碎石+20cm 级配碎石	I	I	15	I	90
TLM6	30cmCRC+4cm AC-13+20cm 开级配水泥碎石+20cm 级配碎石	I	I	9	I	60
TLM7	30cmCRC+4cm AC-13+20cm 开级配水泥碎石+20cm 级配碎石	I	I	9	I	90
TLM8	30cmCRC+4cm AC-13+20cm 开级配水泥碎石+20cm 级配碎石	I	III	9	I	90
TLM9	30cmCRC+10cm ATB +封层+20cm 级配碎石	III	I	9	I	90
TLM10	30cmCRC+≥4cm AC-13 +旧水泥混凝土面层	IV	I	9	I	90
TLM11	30cmCRC+1cm 轧制碎石+≥8cm CTB+2 层同步碎石+砸裂稳压后的旧 JPCP	V	I	9	I	90

注:1. 基层类型:I——4cmAC-13+CTB;II——石蜡夹层+CTB;III——ATB;
IV——4cmAC-13+旧 JPCP;V——4cmAC-13+碎石化(或砸裂)后的旧 JPCP。
2. 面层类型:I——普通连续配筋混凝土;II——掺加 15%粉煤灰的连续配筋混凝土;
III——钢纤维混凝土;IV——掺加 10%粉煤灰的连续配筋混凝土。
3. 钢筋防锈类型:I——涂环氧树脂;II——不采取任何防护措施。

10.2.2 预切缝方案

试验路部分自然成缝,部分采用 SOFT-CUT 软切缝机预切不同间距的横缝,详细方案见表 10.3。

预切缝方案 表 10.3

<table>
<tr><th>试验段编号</th><th>起始桩号</th><th>成缝方案</th><th>备注</th></tr>
<tr><td rowspan="5">TLM1</td><td rowspan="5">K160+880～K161+080</td><td>K160+880～K160+970 自然成缝</td><td rowspan="5">共 33 条</td></tr>
<tr><td>K160+970～K160+990 间距 1m</td></tr>
<tr><td>K160+990～K161+010 间距 1.5m</td></tr>
<tr><td>K161+010～K161+030 间距 2m</td></tr>
<tr><td>K161+030～K161+080 自然成缝</td></tr>
<tr><td>TLM2</td><td>K161+080～K161+130</td><td>自然成缝</td><td></td></tr>
<tr><td rowspan="4">TLM3</td><td rowspan="4">K161+130～K161+230</td><td>K161+130～K161+170 自然成缝</td><td rowspan="4">共 33 条</td></tr>
<tr><td>K161+170～K161+190 间距 1m</td></tr>
<tr><td>K161+190～K161+210 间距 1.5m</td></tr>
<tr><td>K161+210～K161+230 间距 2m</td></tr>
<tr><td rowspan="4">TLM4</td><td rowspan="4">K161+330～K161+430</td><td>K161+330～K161+370 自然成缝</td><td rowspan="4">共 33 条</td></tr>
<tr><td>K161+370～K161+390 间距 1m</td></tr>
<tr><td>K161+390～K161+410 间距 1.5m</td></tr>
<tr><td>K161+410～K161+430 间距 2m</td></tr>
<tr><td>TLM5</td><td>K157+972～K158+100</td><td>自然成缝</td><td></td></tr>
<tr><td>TLM6</td><td>K158+100～K158+150</td><td>自然成缝</td><td></td></tr>
<tr><td rowspan="4">TLM7</td><td rowspan="4">K158+150～K158+350</td><td>K158+150～K158+180 间距 1m</td><td rowspan="4">共 65 条</td></tr>
<tr><td>K158+180～K158+210 间距 1.5m</td></tr>
<tr><td>K158+210～K158+240 间距 2m</td></tr>
<tr><td>K158+240～K158+350 自然成缝</td></tr>
<tr><td>TLM8</td><td>K158+350～K158+400</td><td>自然成缝</td><td></td></tr>
<tr><td rowspan="4">TLM9</td><td rowspan="4">K158+400～K158+600</td><td>K158+400～K158+430 间距 2m</td><td rowspan="4">共 37 条</td></tr>
<tr><td>K158+430～K158+460 间距 2.5m</td></tr>
<tr><td>K158+460～K158+490 间距 3m</td></tr>
<tr><td>K158+490～K158+600 自然成缝</td></tr>
<tr><td rowspan="3">TLM10</td><td rowspan="3">K158+600～K158+765</td><td>K158+600～K158+665 自然成缝</td><td rowspan="3">共 24 条</td></tr>
<tr><td>K158+665～K158+710 间距 3.5m</td></tr>
<tr><td>K158+715～K158+760 间距 4m</td></tr>
<tr><td rowspan="3">TLM11</td><td rowspan="3">K158+765～K158+913.6</td><td>K158+760～K158+810 间距 4.5m</td><td rowspan="3">共 21 条</td></tr>
<tr><td>K158+810～K158+860 间距 5m</td></tr>
<tr><td>K158+860～K158+913.6 自然成缝</td></tr>
</table>

10.2.3 测试方案

1)测试元件布置

测试元件埋设在 TLM7 和 TLM9 段。TLM7 段测试元件埋设在 K158＋260 处,TLM9 段测试元件埋在 K158＋560 处。测试元件有静态混凝土应变计、静态钢筋计、无应力瓦、动态混凝土应变计、动态钢筋计和温度传感器。为了测试气候对混凝土摊铺和养生的影响,还配备了便携式气象站。

混凝土的应力不能由应变计测得的 CRCP 中的应变直接乘以混凝土弹性模量来计算,因为测得的应变包括与应力有关的应变和与应力无关的应变两部分。因此,安装无应力瓦测试与应力无关的应变。无应力瓦测试原理如图 10.1 所示。振弦式应变计安装在半圆柱桶中,用来测试与应力无关的应变。桶内贴两层塑料膜以减小试模壁与混凝土之间的摩擦,同样地,将双层塑料膜放置在桶的两端,以便混凝土内部产生拉应力时将试模内外的混凝土分开。如果无应力瓦植入路面内部,桶的顶面也需要贴双层塑料膜,以便减小桶内外混凝土摩擦。

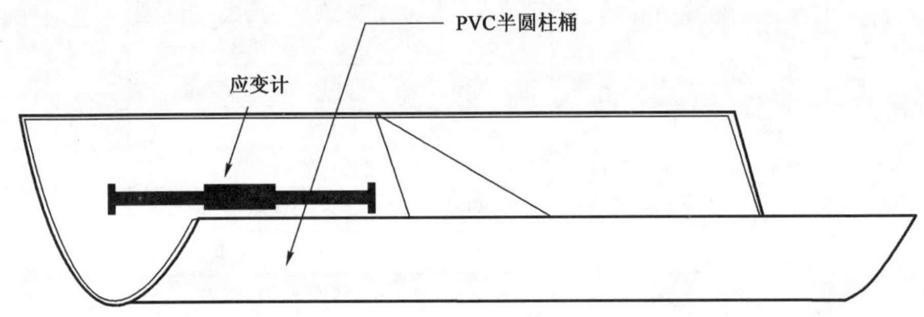

图 10.1 无应力瓦

(1)TLM7 段测试元件布置

TLM7 段混凝土应变计、无应力瓦和温度传感器的布置如图 10.2 所示,钢筋计的布置如图 10.3 所示。混凝土应变计与钢筋计相对于三条诱导缝的纵向位置是一致的。

静态混凝土应变计 b、d、e 和 f 沿深度方向只有一层,仅埋设在混凝土面层。跨越混凝土面板诱导缝 I 和 III 的 a 和 c 在面层内分三层埋设,并在沥青混凝土隔离层和水泥稳定碎石基层埋设,分别记为 a(上)、a(中)、a(下)、a(AC)、a(CTB)以及 c(上)、c(中)、c(下)、c(AC)和 c(CTB)。面层内静态混凝土应变计 a～f 横向距板边的距离 $l=1.9$m,基层内 a 和 c 处的静态混凝土应变计横向距板边的距离 $l=1.7$m。

g和h为在混凝土面层内横向埋置的动态混凝土应变计，横向距离板边1.36m。无应力瓦j埋设在混凝土面层，并分上下两层记为j(上)和j(下)。温度传感器在面层分五层埋设，并在沥青混凝土隔离层和水泥稳定碎石基层埋设，分别记为i(1)、i(2)、i(3)、i(4)、i(5)以及i(AC)和i(CTB)。测试元件埋置深度见表10.4。

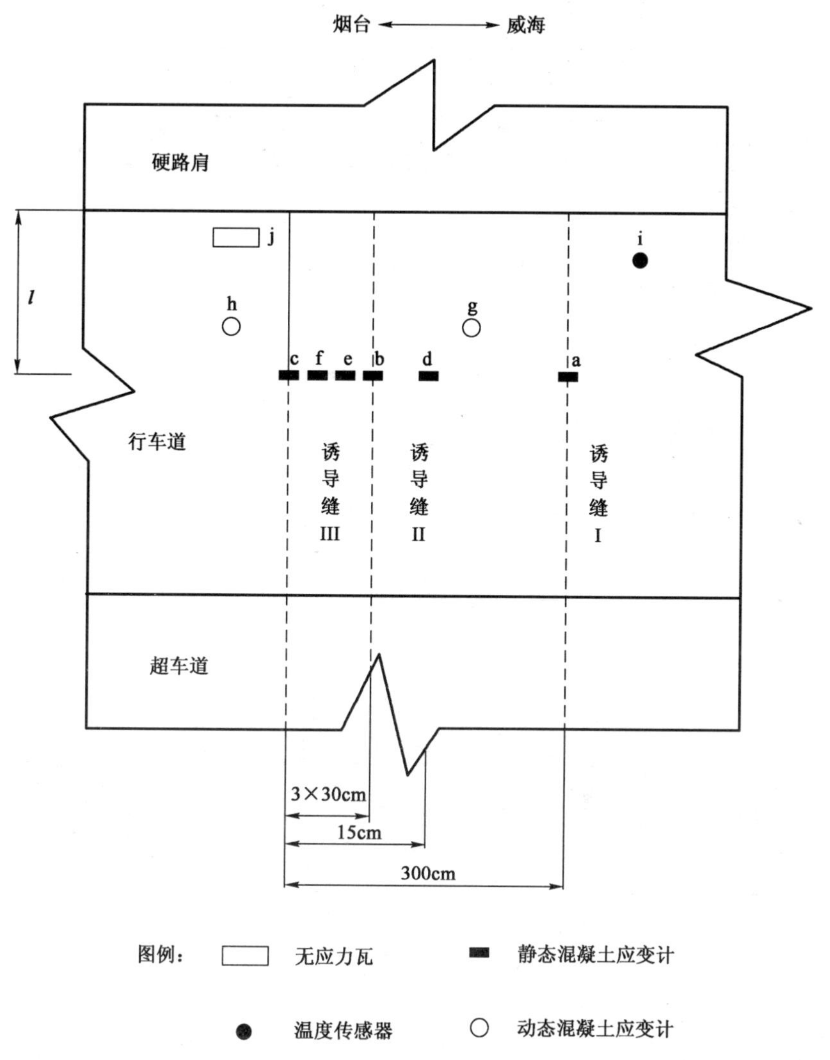

图10.2 TLM7(TLM9)混凝土应变计平面布置图

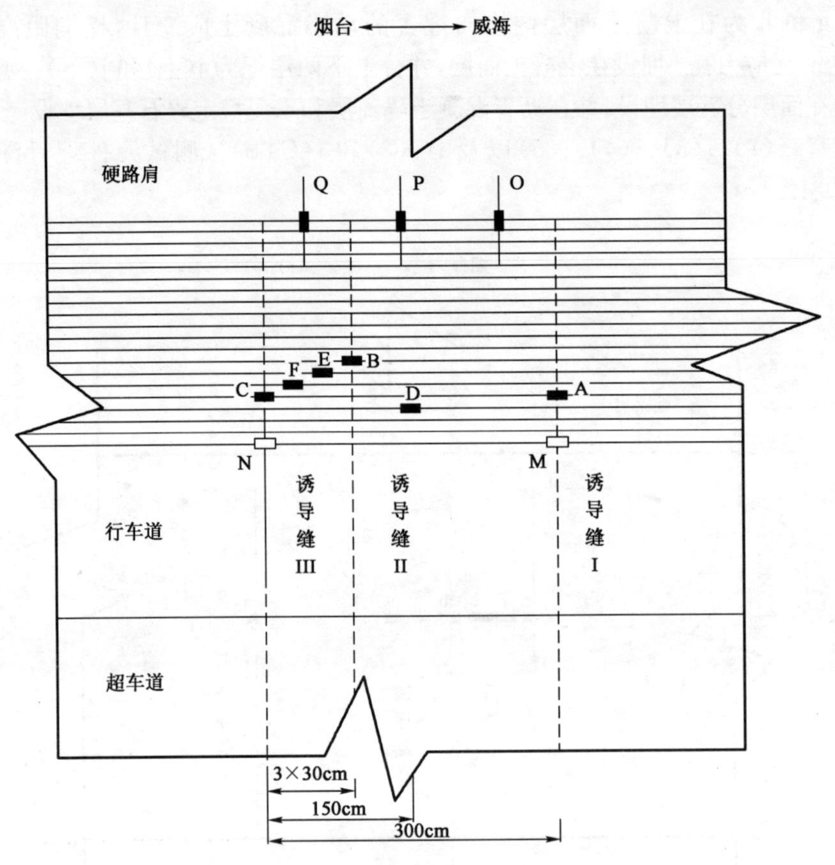

图 10.3 TLM7 钢筋计平面布置图

TLM7 段元件埋置深度(单位:cm) 表 10.4

编号	深度	编号	深度	编号	深度	编号	深度
a(上)	7	c(中)	13.2	g	2.5	i(AC)	32
a(中)	14	c(下)	26	h	2.5	i(CTB)	42
a(下)	26.5	c(AC)	34	i(1)	2.5	j(1)	2.5
a(AC)	34	c(CTB)	54	i(2)	10	j(2)	10
a(CTB)	54	d	2.5	i(3)	16		
b	7	e	2.5	i(4)	20.7		
c(上)	7	f	2.5	i(5)	27.5		

注:“深度”指距板顶的距离。

为了体现混凝土应变计与钢筋计相对三条诱导缝的纵向位置一致性，钢筋计采用同混凝土应变计相对应的大写字母表示。由于钢筋计需要焊接在钢筋上，所以结合纵向钢筋说明钢筋计位置。纵向钢筋的间距为 12cm，边缘钢筋距离板边的保护层厚 10cm，纵向钢筋由路面边缘向中央分隔带方向依次编号。

动态钢筋计 *M* 和 *N* 安装在第 19 根钢筋上，静态钢筋计 *A*、*B*、*C*、*D*、*E*、*F* 分别埋设在第 15、12、15、16、13 和 14 根钢筋上。可以根据钢筋间距和钢筋的编号计算钢筋计距离板边的横向距离。O、P 和 Q 为横向拉杆钢筋计。

(2)TLM9 段测试元件布置

TLM9 段混凝土应变计、无应力瓦和温度计的平面布置图同图 10.2。与 TLM7 段基层内混凝土应变计和温度计各有两层不同，因基层类型不同，TLM9 段基层的混凝土应变计和温度计只有一层。各元件的埋置深度见表 10.5。

TLM9 段元件埋置深度(单位：cm) 表 10.5

编号	深度	编号	深度	编号	深度	编号	深度
a(上)	7	*c*(中)	14.5	*g*	2.5	*i*(5)	27.5
a(中)	14.5	*c*(下)	26.8	*h*	2.5	*i*(ATB)	35
a(下)	26.7	*c*(ATB)	40	*i*(1)	2.5	*j*(1)	2.5
a(ATB)	40	*d*	2.5	*i*(2)	9.8	*j*(2)	10
b	7	*e*	2.5	*i*(3)	16		
c(上)	7	*f*	2.5	*i*(4)	20.7		

注：深度指距板顶的距离。

TLM9 段钢筋计的平面布置见图 10.4，与 TLM7 段钢筋计的布置图基本相同，只是埋设钢筋计的钢筋编号不同。动态钢筋计 *M* 和 *N* 安装在第 17 根钢筋上，静态钢筋计 A、B、C、D、E、F 分别埋设在第 15、12、16、16、14 和 15 根钢筋上。

为区分不同试验段的测试元件，可在元件编号前冠以试验段编号，如 7-b 为 TLM7 段编号为 b 的混凝土应变计，9-a(上)为 TLM9 段编号为 a(上)的混凝土应变计，其他与此类似。

(3)气象数据测试

由于早期混凝土的性能受气候环境影响很大，为了准确研究 CRCP 早期性能，在施工期间及施工后养护期间采用便携式气象站对施工及养护期的温度、湿度、风速和辐射进行连续测试。

2)数据采集和分析

采集的数据主要包括：

(1)路面内部温度沿着时间的变化情况，得到温度沿板厚的分布。

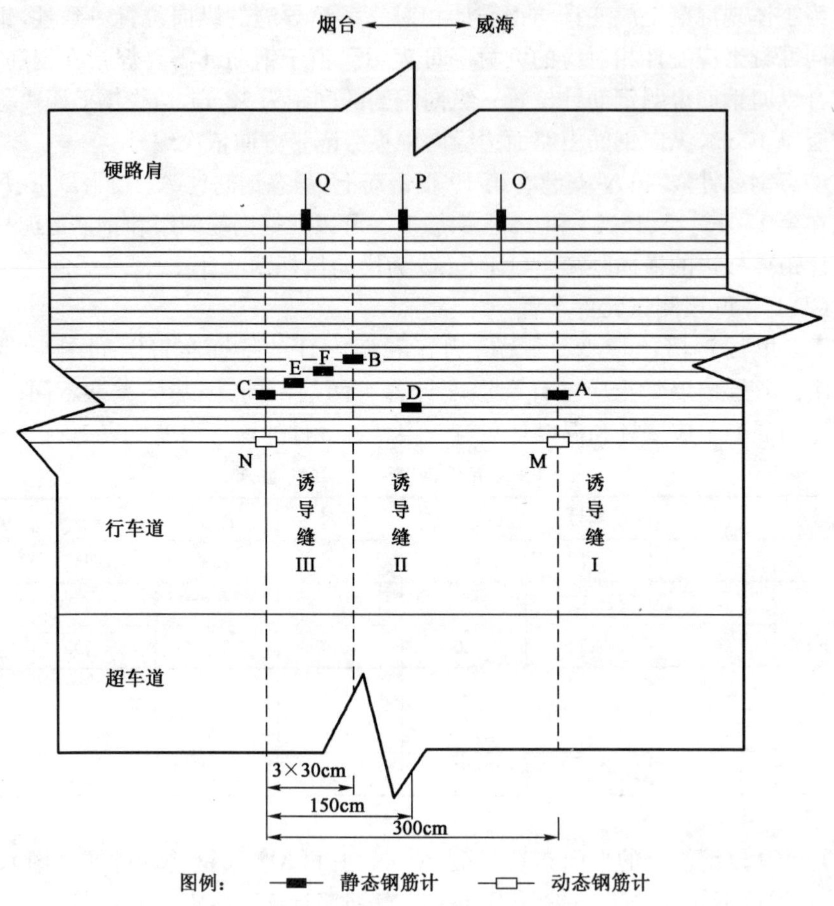

图 10.4 TLM9 钢筋计平面布置图

(2)环境条件,如温度、湿度、风速、热辐射、风向等。

(3)混凝土凝结温度。混凝土的凝结温度很重要,此时的应变应作为初始应变,后面测得的应变值应减去此时的应变才是总应变。

(4)未通车以前以及通车以后,环境荷载作用下混凝土纵横向静态应变、钢筋的应变以及与应力无关的应变的发展过程。对于跨越裂缝处的混凝土应变计,开裂前测试混凝土应变随时间的发展过程;开裂后测试裂缝宽度随时间的发展过程。

(5)采用丈量的方法观测裂缝的间距,采用图像分析法、应变计等方法测量裂缝的宽度,得到裂缝间距的分布、裂缝间距和裂缝宽度的发展过程、裂缝间距和裂缝宽度的综合分布。

(6)冲断数随时间的发展。

(7)在 CRCP 表面进行 FWD 测试,反算得到混凝土弹性模量、路基反应模量、裂缝处的传荷系数、路面刚度等。

10.3 试验路施工

试验路原材料要求和配合比设计按照第 7 章的要求进行,施工按照第 9 章的要求进行。

粗集料采用石灰石,集料的粒径组成见表 10.6。各种混凝土配合比如表 10.7 所示。

原材料的累计筛余和混合料要求级配范围　　表 10.6

筛孔尺寸(mm)	累计筛余(%)	普通混凝土规范要求(%)	筛孔尺寸(mm)	累计筛余(%)	普通混凝土规范要求(%)
31.5	1.46	0～5	4.75	4.95	0～10
26.5	10.56	20～35	2.36	25.26	0～25
19.5	51.95	40～60	1.18	51.13	10～50
16	63.16	60～75	0.6	74.31	41～70
9.5	87.62	75～90	0.3	90.19	70～92
4.75	98.71	90～100	0.15	95.9	90～100
2.36	99.96	95～100			

连续配筋水泥混凝土配合比　　表 10.7

混凝土类型	水泥(kg)	水(kg)	外加剂(kg)	石子(kg)		砂子(kg)	粉煤灰(kg)	钢纤维(kg)
				16～26.5	4.75～16			
I	363	143	5.08	809	347	708		
II	309	143	5.166	809	347	682	60	
III	390	156	5.85	685	457	762		35
IV	327	143	5.138	809	347	690	40	

为了防止钢筋网片锈蚀而加剧混凝土路面的破坏,采用环氧树脂钢筋。混凝土采用滑模摊铺机进行摊铺。端部处理采用凸形地梁锚固。路面裂缝主动控制采用预切缝技术,切口深度为 3.7cm,宽度为 2mm,切缝时间在混凝土初凝和终凝之间,约在浇筑混凝土 6h 以后。切缝距离为 1～4m 不等,以寻求最佳预切缝间距。

10.4 试验路使用效果评价

10.4.1 路面病害调查

路面病害调查结果见表 10.8，以 TLM7 为基本类型，其路面结构为 30cmCRC＋4cm AC-13＋20cm 开级配水泥碎石＋20cm 级配碎石，钢筋距离混凝土板顶面为 9cm，横向钢筋与公路前进方向夹角为 90°，以单位长度(1km)内 2010 年 5 月份的冲段和密集裂缝数量为依据，从此各因素、对 CRCP 性能的影响。

横向裂缝及冲断统计表　　表 10.8

项目及观测时间 \ 试验段		TLM1	TLM2	TLM3	TLM4	TLM5	TLM6	TLM7	TLM8	TLM9	TLM10	TLM11
各个试验段自然成缝段长度(m)		140	50	40	40	128	50	110	50	110	75	48.6
横向错开裂缝数目(处/km)	2008 年 12 月	—	—	—	—	—	—	—	—	—	—	—
	2009 年 3 月	21.4	0.0	25.0	0.0	23.4	0.0	0.0	0.0	27.3	26.7	0.0
	2009 年 8 月	21.4	0.0	25.0	0.0	23.4	0.0	0.0	0.0	36.4	26.7	0.0
	2010 年 5 月	28.6	0.0	25.0	0.0	31.3	0.0	27.3	20.0	36.4	40.0	0.0
横向密集裂缝(处/km)	2008 年 12 月	50.0	80.0	25.0	0.0	31.3	20.0	63.6	80.0	54.5	53.3	0.0
	2009 年 3 月	57.1	120.0	50.0	0.0	39.1	20.0	63.6	80.0	54.5	120.0	0.0
	2009 年 8 月	57.1	120.0	50.0	0.0	39.1	20.0	63.6	80.0	54.5	120.0	0.0
	2010 年 5 月	78.6	120.0	75.0	25.0	78.1	80.0	118.2	140.0	109.1	120.0	0.0
横向裂缝间距平均值(m)	2008 年 12 月	—	—	—	—	—	—	—	—	—	—	—
	2009 年 3 月	2.8	1.7	3.1	4.4	4.9	9.7	3.4	2.8	3.5	3.4	—
	2009 年 8 月	2.7	1.7	2.55	4.4	4.2	4.8	3	2.8	2.6	2.5	—
	2010 年 5 月	2.4	1.6	2.3	3	2.8	2.9	2.8	1.6	2.5	2.4	6.4
横向裂缝间距变异系数	2008 年 12 月	—	—	—	—	—	—	—	—	—	—	—
	2009 年 3 月	1.1	1.5	0.9	0.6	0.8	0.9	1.2	1.8	1.1	1.3	—
	2009 年 8 月	1.1	1.5	0.9	0.6	0.9	0.7	1.3	1.7	1.3	1.4	—
	2010 年 5 月	1.1	1.2	0.9	0.6	0.8	0.7	1.3	1	1.2	1.2	0.8
横向裂缝宽度(mm)	2008 年 12 月	—	—	—	—	—	—	—	—	—	—	—
	2009 年 3 月	—	—	—	—	—	—	—	—	—	—	—
	2009 年 8 月	0.09	0.08	0.06	0.06	0.14	0.08	0.09	0.09	0.11	0.11	0.11
	2010 年 5 月	0.09	0.08	0.1	0.08	0.9	0.08	0.1	0.17	0.1	0.11	0.11
横向裂缝宽度变异系数	2008 年 12 月	—	—	—	—	—	—	—	—	—	—	—
	2009 年 3 月	—	—	—	—	—	—	—	—	—	—	—
	2009 年 8 月	0.6	1.3	0.4	0.6	0.7	0.4	0.9	0.5	0.6	0.4	—
	2010 年 5 月	0.5	1.0	0.3	0.3	0.5	0.5	0.5	0.5	0.5	0.4	0.3
冲断数目(处/km)	2008 年 12 月	—	—	—	—	—	—	—	—	—	—	—
	2009 年 3 月	0.0	20.0	25.0	0.0	7.8	0.0	9.1	60.0	9.1	26.7	0.0
	2009 年 8 月	7.1	20.0	25.0	0.0	7.8	0.0	18.2	60.0	9.1	26.7	0.0
	2010 年 5 月	7.1	20.0	25.0	0.0	7.8	20.0	27.3	60.0	18.2	13.3	0.0

(1)面层混凝土类型对 CRCP 性能的影响

①试验段 TLM1 与基本类型相比仅改变了面层类型,即面层从普通混凝土变为掺加 15%粉煤灰的混凝土,其密集裂缝数目、冲断数目均有所减小,特别是冲断数目减小比较明显,因此 TLM1 的使用效果要比 TLM7 理想,但其使用效果不如 TLM4,从中可以看出,粉煤灰掺量亦有一个最佳值,掺量太大无疑会过多减少水泥用量,造成较大强度损失,太少则不能充分发挥其火山灰活性作用。

②钢纤维混凝土面层的试验段 TLM8 与基本类型相比,其密集裂缝和冲断数目均大于基本类型,因此使用效果不如基本类型。一般情况下,钢纤维混凝土抗折强度、抗压强度等均要比普通混凝土好,不应该出现这个结果,可能是由于施工时钢纤维混凝土拌和不均匀引起的,也可能是由于试验段过短,试验结果不具有代表性。

③面层混凝土为掺 10%粉煤灰的混凝土的 TLM4 试验段,密集裂缝和冲断数目远小于基本型的相应值,即性能远优于基本类型。从结果可以看出合适掺量的粉煤灰能改善混凝土性能。

以密集裂缝和冲断数目作为评价标准,掺 10%粉煤灰的试验段 TLM4 性能最理想,掺 15%粉煤灰的试验段 TLM1 次之,然后为不掺粉煤灰的试验段 TLM7,使用性能最差的是面层为钢纤维混凝土的试验段 TLM8。当然,由于观测时间较短,长期的性能排序钢纤维混凝土不一定差,因为它能有效防止裂缝变宽。

(2)基层类型对 CRCP 性能的影响

①基层为石蜡+20cm 开级配水泥碎石+20cm 级配碎石的试验段 TLM3 与基本类型相比,密集裂缝和冲断的数目均减少。

②基层为 10cm ATB +封层+20cm 级配碎石的试验段 TLM9 与基本类型相比,其密集裂缝和冲断数目均减少,因此沥青层变厚对减少密集裂缝和冲断是有利的。

③基层为≥4cm AC-13 +旧水泥混凝土面层的试验段 TLM10 与基本类型相比,密集裂缝数目略微增加,冲断数目减少,总体性能较优。

④基层为 1cm 轧制碎石+大于或等于 8cm CTB+2 层同步碎石+砸裂稳压后的旧 JPCP 的试验段 TLM11,冲断和密集裂缝数目均为零,从目前的调查结果看优于基本类型。但是,原因可能是此试验段距离较短,且试验段前面接胀缝,使得混凝土有足够的空间承受变形。也可能是由于试验段过短,试验结果不具有代表性。

由于基层类型对于密集裂缝和冲断的影响排序不一致,以冲断数目为依据的性能排序如下:TLM11>TLM10>TLM9>TLM3>TLM7;以密集裂缝为依据的性能排序如下:TLM11>TLM3>TLM9>TLM7>TLM10。密集裂缝数量大表示将来产生冲断的可能性大。

(3)钢筋与混凝土面层顶面之间的距离对 CRCP 性能的影响

试验段 TLM5 将钢筋至混凝土板板顶之间的距离从 TLM7 段的 9cm 变成为 15cm 后,冲断和密集裂缝的数目均略微减小。这与以往美国等学者的调查研究结论不符。可能是由于对比的试验段过短,观测的时间过短造成的。

(4)横向钢筋与公路前进方向的夹角对 CRCP 性能的影响

将横向钢筋与公路前进方向的夹角从 TLM7 的 90°变成试验段 TLM6 的 60°后,冲断数目和密集裂缝数目明显下降。横向加筋在 CRCP 中主要是用于固定纵向钢筋,但部分研究表明,横向裂缝经常与横向钢筋的位置重合,因此改变横向钢筋与公路前进方向的夹角可以有效控制横向裂缝及其他病害的发生。

(5)预切缝效果

为了控制 CRCP 的不均匀开裂,在试验段将近一半的里程进行了预切缝处理,以防止因混凝土路面不规则开裂对路面带来的各种病害。通过调查发现,截至 2009 年 8 月,仅在试验段 TLM4、TLM7、TLM11 的预切缝分别出现了 2、3 和 1 处横向裂缝,说明以 1~5m 的间距进行预切缝均能很好地防止横向裂缝的出现。纵向裂缝在这些路段则没有出现。因此预切缝处理对预防路面病害的发生起到了明显的作用,特别是能通过防止密集横向裂缝的出现来防止冲断出现。

10.4.2 落锤式弯沉仪测试

在混凝土摊铺约 5 个月后对 11 个试验段均进行了 FWD 测试,各段的平均弯沉值列在表 10.9 中。根据 FWD 测试结果反算出地基的 k 值以及混凝土的动模量,列在表 10.9 中。另外,对于自然裂缝还测试了传荷系数 LTE,测试结果也列在表 10.9 中。

FWD 及传荷系数各种指标统计表 表 10.9

测试项目 \ 试验段	1	2	3	4	5	6	7	8	9	10	11
最大动弯沉平均值(0.001mm)	55.9	56.7	59.2	43.4	37	43.8	55.1	51.9	54.4	54.9	31.6
地基反应模量平均值(MPa/m)	480	340	377	498	588	469	480	436	406	499	657
混凝土弹性模量平均值(MPa)	36 576	30 557	34 256	38 470	52 970	41 443	37 644	35 355	35 798	41 322	49 067
传荷系数平均值	0.90	0.93	0.91	0.93	0.93	0.92	0.91	0.95	0.92	0.94	0.93
传荷系数变异系数	1.4	1.6	1.7	2.4	2.3	2.5	2.6	2.8	2.9	3.1	3.3

10.4.3 环境荷载作用下应变测试和分析

1)与应力无关的应变

对混凝土线膨胀系数(记作 a_c)在试验室进行了测试,测试值为 $5.5\times10^{-6}/℃$。图 10.5 为位置 $j(1)$处测试得到的混凝土温度和总应变随时间的变化曲线。在最初的 5d 内,每昼夜的最低温度比较接近,但是混凝土总应变昼夜变化曲线却一直在上升,这说明存在干缩应变。干缩应变增量可以根据下式计算得到:

$$\Delta\varepsilon_i^{\text{sh}} = \Delta\varepsilon_i^{0} - \Delta\varepsilon_i^{\text{th}} = \Delta\varepsilon_i^{0} - \Delta T \cdot a_c \tag{10.1}$$

式中:$\Delta\varepsilon_i^{0}$ ——无应力瓦测试得到的混凝土总应变增量;

ΔT ——温度变化量。

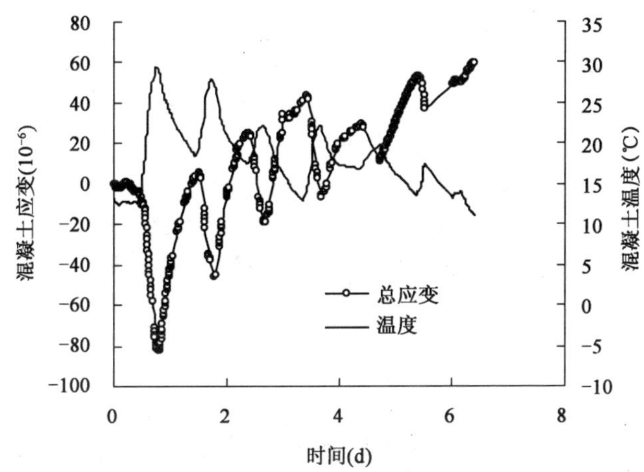

图 10.5 位置 $j(1)$处与应力无关的应变随时间的变化

2)混凝土总应变

(1)开裂前不同深度处混凝土应变

如图 10.6 所示为开裂前路面上、中、下三个深度处测试得到的混凝土总应变变化曲线。由该图可以看出,由于结构边界约束的存在,总应变的变化与温度变化不成比例。混凝土总应变是与应力无关的应变和与应力有关的应变之和,与应力无关的应变通常与环境荷载成比例,那么与应力有关的应变由于约束条件的影响与环境荷载不成比例。许多 CRCP 研究者对 CRCP 的边界条件进行简化,例如为方便将裂缝处简化成完全约束的边界条件。如果完全约束条件是正确的,那么总应变在混凝土开裂前不应该变化,但实际上,在开裂诱导区域混凝土总应变在路面开裂前是变化的。

第一条诱导缝大约在混凝土摊铺后的第三天开裂，开裂后测得到的混凝土总应变曲线见图 10.7。开裂后，测试得到的应变乘以应变计的长度就是裂缝的宽度。

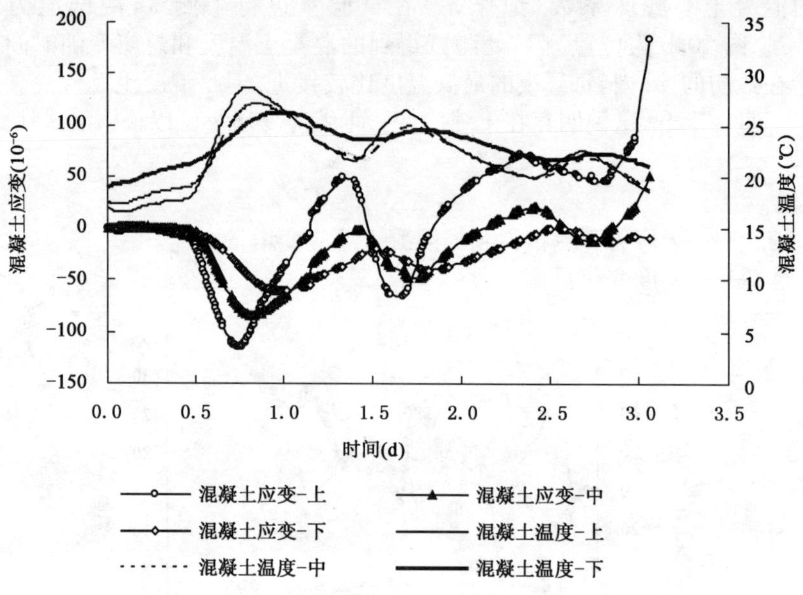

图 10.6　诱导缝 III 处开裂前混凝土总应变

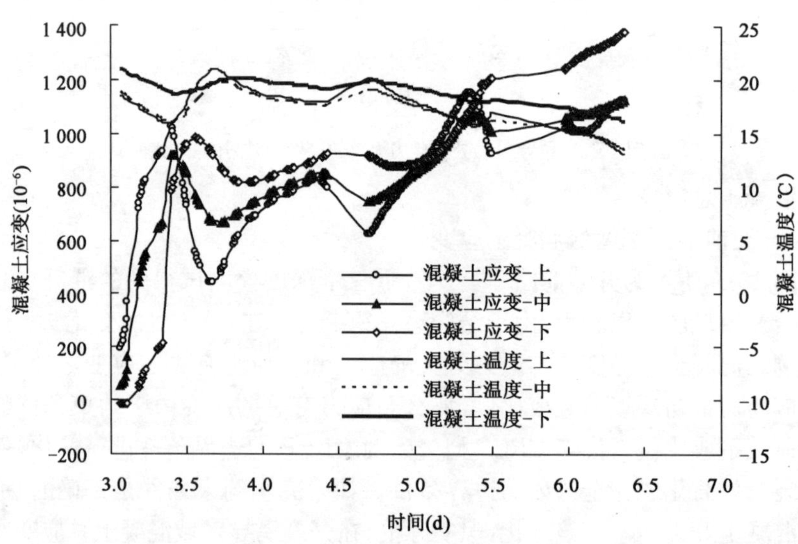

图 10.7　诱导缝 III 处开裂后混凝土总应变

(2)混凝土凝结温度

凝结温度对裂缝宽度有重要的影响,精确估计混凝土凝结温度是非常重要的。一般采用 Glisic 等提出的方法测试凝结温度。该方法基于这样一个事实:当混凝土处于流塑性状态时,应变计与温度的变化是一致的,混凝土对应变计不施加力。一旦混凝土开始凝结,应变计与混凝土会黏结在一起,此时应变计应变与温度的变化方向是相反的。如图 10.8 所示为混凝土摊铺后,混凝土应变和温度随时间的变化曲线。由该图可以看出,在混凝土摊铺后大约 12h 以内温度与混凝土应变变化方向一致,之后温度与混凝土应变变化方向相反,说明混凝土凝结约发生在摊铺后 12h,此时应变约为 -13×10^{-6}。在混凝土凝结后进行混凝土的总应变和温度测试时,应以混凝土凝结时的总应变和温度分别作为初始总应变和初始温度,测试得到的混凝土总应变和温度要分别减去初始总应变和初始温度,两个差值分别作为混凝土的总应变增量和温度差。

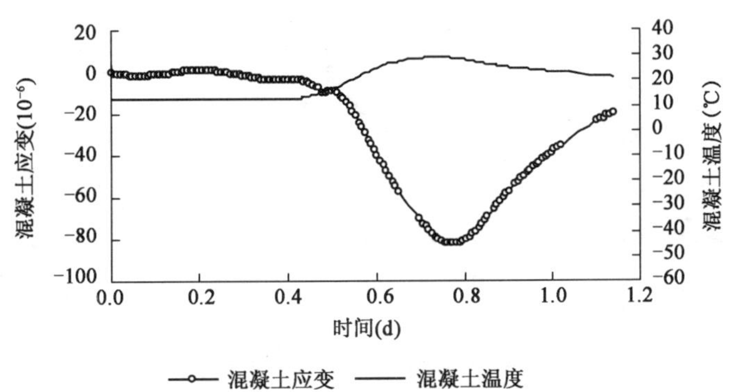

图 10.8 位置 j(1)处混凝土摊铺后混凝土应变和温度变化

3)纵向钢筋应变

纵向钢筋应变变化如图 10.9 和图 10.10 所示。在混凝土开裂时刻纵向钢筋的应力突然增大,说明此时混凝土应力释放,释放的应力转为由钢筋来承担。诱导缝处纵向钢筋应变可以直接用于在环境荷载作用下 CRCP 力学分析模型中裂缝处的边界条件中。

比较相同位置处混凝土应变和钢筋应变,发现两者不相等。例如,2008 年 11 月测得面板下 6cm 和 15cm 处混凝土应变分别为 184×10^{-6} 和 51×10^{-6},假设混凝土沿深度方向的应变为线性变化,考虑到应变计安装深度的误差因素,面板下 9cm 深度处混凝土应变应在 $79\times10^{-6}\sim100\times10^{-6}$ 之间,但是测试得到钢筋应变却为 26×10^{-6},所以在分析 CRCP 早期性能时假设钢筋与混凝土完全黏结是不合理的。

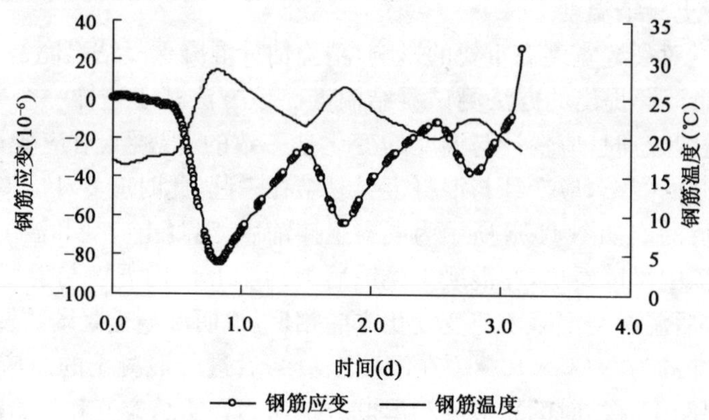

图 10.9 诱导缝 III 处混凝土开裂前纵向钢筋应变

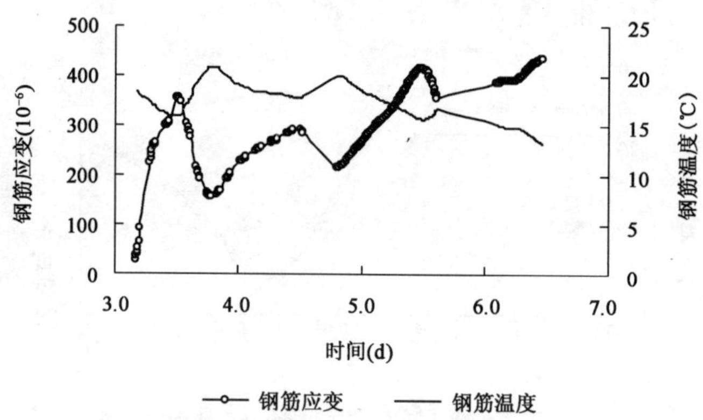

图 10.10 诱导缝 III 处混凝土开裂后钢筋应变

4)温降和干缩作用下应力分析解析模型验证

诱导缝处混凝土和钢筋的应变由两部分组成,分别来自诱导缝左右边混凝土和钢筋应变,测试得到的诱导缝处混凝土和钢筋的应变为两部分的和。诱导缝 II 处混凝土和钢筋的应变由板长为 0.9m 和 2.1m 两板块应变的和得到。诱导缝 I 处的混凝土和钢筋应变一部分是确定的,即由板长为 2.1m 的板块引起的部分是确定的,而另一部分因板长不确定是不确定的。同样,诱导缝 III 处的混凝土和钢筋应变一部分确定,即由板长为 0.9m 的板块引起的部分是确定的,而另一部分因板长不确定是不确定的。故在比较测试结果和理论分析结果时,以诱导缝 II 处的比较结果来判断测试的正确性。表 10.10 为试验路温度和干缩数据,由于路面平均温度相对于凝结温度为零,故 3d 温降为零。表 10.11 为 TLM7 段 3d 测试结果与计算结果的比较,诱导缝 II 处混凝土应变的计算值较测试值大 13%,钢筋应变的测试值较计算值小 1.7%，测试结果与计算结果接近，说明温降和干缩作用下 CRCP 应力解析分析方法是正确的。

试验路温度数据 表 10.10

位 置	凝 结 温 度	摊 铺 温 度	3d
h(1)	17.5	13.2	16.7
h(2)	17.5	17.3	19.8
h(3)	17.5	17.5	20
h(4)	17.5	18.6	20.8
h(5)	17.5	18.9	21.8
路面平均温度		17.1	19.8
路面温度下降平均值		0	0(−2.3)
干缩量		0	48.024×10^{-6}

3d 测试应变与计算应变比较 表 10.11

TLM7 段 B 点的混凝土应变		TLM7 段 B 点的钢筋应变	
测试结果	计算结果	测试结果	计算结果
24×10^{-6}	20.8×10^{-6}	-12×10^{-6}	-12.2×10^{-6}

10.4.4 车辆荷载作用下应变测试和分析

(1)应变测试

2010 年 5 月 17 日在烟威高速公路 TLM7 进行应变测试，采用 15t 汽车静压在裂缝处，测得面板内埋设的混凝土应变计 h 和 g 的光谱，根据公式(10.2)算得 h 和 g 处的应变分别为 4.44×10^{-6} 和 6.72×10^{-6}。

$$\varepsilon = k(\lambda_1 - \lambda_0) \tag{10.2}$$

式中：ε——应变量($\mu\varepsilon$)；

k——应变计应变系数($\mu\varepsilon$/nm)；

λ_1——应变光栅当前波长值(nm)；

λ_0——应变光栅初始波长值(nm)。

同时，进行了 FWD 动弯沉测试，动弯沉盆数据反算面层弹性模量以及地基反应模量(彭文俊，黄晓明)分别为 48 393.17MPa 和 1 523.644MP/m。

(2)理论计算

采用试验路 TLM7 为研究对象，3 条诱导缝间距 90cm 和 210cm。模型纵向取5段裂缝间距，分别为1.5m、1.5m、0.9m、2.1m和1.5m。试验路路宽8m，采用1/2三维模型，即横向板宽尺寸为4m。为进一步简化计算模型，将面层以下各层合并模拟为地基，面层弹性模量和地基反应模量根据以上测试结果分别取为48 393.17MPa和1 523.644MP/m。

取在施工现场拌和的混凝土成形试件进行标准湿养护，并在实验室对混凝土线膨胀系数进行了测试，测试结果为5.5×10^{-6}/℃。表10.12为2008年12月19日在烟威高速公路用气象站测得的温度数据，最大温度梯度为8.6℃/m。其他模型参数详见表10.13。荷载采用轴重为1 500kN的单轴双轮组荷载，采用理论模型得到h和g处的应变分别为4.072×10^{-6}和4.456×10^{-6}。

温度数据表 表10.12

时间	表层温度	底层温度	差值
13:55	4.5	2.1	2.4
14:05	4.5	2.1	2.4
14:15	4.4	2.1	2.3
14:25	4.2	2.2	2
14:35	4.3	2.4	1.9
14:45	4.2	2.3	1.9
14:55	3.7	2.6	1.1
15:05	4.2	2.4	1.8
15:15	4	2.5	1.5
17:05	3.7	3.4	0.3

模型参数 表10.13

参数	面板厚度(cm)	弹性模量(MPa)	线膨胀系数(℃$^{-1}$)	混凝土自重(kg/m^3)	结构层泊松比	地基反应模量(MPa/m)	裂缝间LTE(%)	路肩LTE(%)	温度梯度(℃/m)
值	28	48 393.17	5.5×10^{-6}	2400	0.15	1 523.644	92	70	8.6

(3)理论模型论证

将理论模型计算结果和实测结果进行对比，h和g处应变的理论值与实测值分别相差8.3%和33%，限于试验路的影响因素众多，该相对误差基本是可以接受的，证明模型比较合理。

附录 A 连续配筋混凝土面层配筋设计规范修订

我国现行的《公路水泥混凝土路面设计规范》(JTG D40—2002)中 CRCP 设计方法是参照美国 1993 版的 AASHTO 规范制定的，面层的纵向配筋率按允许的裂缝间距、缝隙宽度和钢筋屈服强度确定。现在美国《力学-经验法公路设计指南》中的 CRCP 设计方法在 1993 版的 AASHTO 规范中的设计方法的基础上有了很大的改进，以冲断、平整度和裂缝宽度作为设计指标。其中，冲断预估方法需要使用专门的软件，而且需要大量的气候和材料等参数，在中国目前还不具备进行冲断预估的条件。平整度经验公式是根据美国的 CRCP 调查得到的，中国尚缺乏资料，故在中国的适用性尚需验证。前文对于考虑材料的变异性的冲断预估方法进行了研究，目前仅限于理论研究阶段，尚缺乏材料的变异性方面的实测资料，而且这种预估方法也非常复杂，需要开发专门的软件，因此，本书的冲断预估方法用于规范的修订还不成熟。美国《力学-经验法公路设计指南》中有裂缝间距、裂缝缝隙宽度和裂缝处钢筋应力的计算公式，而且重新推荐了容许裂缝间距和容许裂缝缝隙宽度，均比目前我国《公路水泥混凝土路面设计规范》(JTG D40—2002)中的公式或容许值要合理。

鉴于以上原因，在参与起草《公路水泥混凝土路面设计规范》(修订稿)中 CRCP 设计方法时，CRCP 板厚设计仍旧按照普通的接缝式水泥混凝土路面进行，但需注意在进行结构组合设计时，若基层为无机结合料稳定材料，应在基层和面层之间设厚度为 4～6cm 的沥青混合料(如沥青混凝土或密级配沥青碎石)夹层，以减少基层的冲刷，同时改善横向裂缝的分布。CRCP 配筋设计仍然以裂缝间距、裂缝缝隙宽度和裂缝处钢筋的应力作为设计指标，但结合中国的国情，在美国《力学-经验法公路设计指南》的基础上对于计算公式和设计标准均进行修订。

A.1 连续配筋混凝土面层配筋设计

根据美国《力学-经验法公路设计指南》，连续配筋混凝土面层的纵向配筋量按下述要求确定：

(1)纵向钢筋埋置深度处的裂缝缝隙平均宽度不大于0.5mm;

(2)横向裂缝的平均间距不大于1.8m;

(3)钢筋所承受的拉应力不超过其屈服强度,钢筋的屈服强度按表A.1取值。

钢筋强度和弹性模量经验参考值　　表A.1

钢筋种类	钢筋直径 d(mm)	屈服强度 f_{sy}(MPa)	弹性模量 E_s(MPa)
HPB235	6~22	235	210 000
HPB300		300	
HRB335	6~50	335	200 000
HRB400		400	
HRB500		500	
HRBE335	6~50	335	
HRBE400		400	
HRBE500		500	

满足上述要求所需的纵向配筋率,一般为0.6%~0.7%(中等交通)、0.7%~0.8%(重交通)、0.8%~0.9%(特重交通)或0.9%~1.0%(极重交通)。冰冻地区路面的配筋率宜高于一般地区0.1%。所需配筋率的具体计算方法见后文。

横向钢筋用量的确定方法与钢筋混凝土路面横向钢筋用量的确定方法相同,并应满足施工时能固定并保持纵向钢筋位置的要求。

连续配筋混凝土用于复合式面层的下面层时,环境荷载和车辆荷载均低于做面层时,其纵向配筋率可在以上规定的基础上降低0.1%。

连续配筋混凝土面层的纵向和横向钢筋均应采用螺纹钢筋,其直径为12~20mm。当钢筋可能受到较严重腐蚀时(如路面处于海边),宜采取在钢筋外涂环氧树脂、阴极防护等防锈措施。

钢筋布置应符合下列要求:

(1)研究表明,钢筋越靠近路表,裂缝宽度越小,冲断也越少。但是,可能会造成施工困难。故纵向钢筋距面层顶面的最小距离为90mm,最大深度为1/2面层厚度,在不影响施工的情况下宜接近90mm。

(2)纵向钢筋的间距不大于250mm,不小于集料最大粒径的2.5倍。

(3)纵向钢筋的焊接长度一般不小于10倍(单面焊)或5倍(双面焊)钢筋直径,焊接位置应错开,各焊接端连线与纵向钢筋的夹角应小于60°。

(4)边缘钢筋至纵缝或自由边的距离一般为100~150mm。

(5)横向钢筋位于纵向钢筋之下;横向钢筋间距一般为300~600mm,直径大时取大值。

(6)研究表明,横向裂缝经常与横向钢筋的位置重合。若夏天施工,横向裂缝会比较严重。为避免横向钢筋处出现横向裂缝,规定夏天施工时,横向钢筋可斜向设置,其与纵向钢筋的夹角可取 60°。

(7)相邻车道之间或车道与硬路肩之间的纵向接缝内,必须设置拉杆,该拉杆可用加长的横向钢筋代替。

A.2 连续配筋混凝土面层纵向配筋计算方法

A.2.1 横向裂缝平均间距计算

横向裂缝平均间距按式(A.1)计算确定。

$$L_d = \frac{f_t - C\sigma_0\left(1 - \frac{2\zeta}{h_c}\right)}{\frac{\mu\gamma_c}{2} + \frac{\sigma_{cg}\rho}{c_1 d_s}} \tag{A.1}$$

$$\sigma_0 = \frac{E_c\varepsilon_{td}}{2(1 - v_c)} \tag{A.2}$$

$$\varepsilon_{td} = \alpha_c h_c \beta_h T_g + \varepsilon_\infty (0.245e^{-5.3k_1 h_c}) \tag{A.3}$$

$$\beta_h = 4.81h_c^2 - 5.42h_c + 1.96 \tag{A.4}$$

$$\varepsilon_\infty = a_1(1.51 \times 10^{-4} w_0^{2.1} f_c^{-0.28} + 270) \times 10^{-6} \tag{A.5}$$

$$\sigma_{cg} = 0.234 f_c \tag{A.6}$$

$$c_1 = 0.577 - 9.50 \times 10^{-9}\frac{\ln\varepsilon_{t\zeta}}{\varepsilon_{t\zeta}^2} + 0.198L_d \times (\ln L_d + 3.67) \tag{A.7}$$

$$\varepsilon_{t\zeta} = \alpha_c \Delta T_\zeta + \varepsilon_{sh} \tag{A.8}$$

$$\varepsilon_{sh} = \varepsilon_\infty (1 - \varphi_a^3) \tag{A.9}$$

式中:L_d——横向裂缝平均间距(m);

f_t——混凝土抗拉强度(MPa),可根据混凝土的抗折强度,按表 A.2 选用;

f_c——混凝土抗压强度(MPa),可根据混凝土的抗折强度,按表 A.2 选用;

ζ——钢筋埋置深度(m);

h_c——混凝土面层厚度(m);

γ_c——混凝土重度(MN/m³),一般可取为 0.24MN/m³;

μ——混凝土面层与基层间的摩阻系数,可按表 A.3 选用。

d_s——纵向钢筋直径(m);

ρ——纵向钢筋配筋率，为钢筋断面面积 A_s 与混凝土断面面积 A_c 的比值，以百分数计；

σ_0——温度和湿度变形完全受约束时的翘曲应力，按式(A.2)计算；

E_c——混凝土弹性模量(MPa)，可根据混凝土抗折强度，按表 A.2 选用；

υ_c——混凝土泊松比，一般可取为 0.15～0.18；

ε_{td}——无约束时混凝土面层顶面与底面间的最大当量应变差，按式(A.3)计算；

α_c——混凝土线膨胀系数(℃$^{-1}$)，与粗集料类型有关，可按表 A.4 选用；

T_g——混凝土面层顶面与底面间的最大负温度梯度(℃/m)，根据经验，可参照该地区最大正温度梯度的 1/4～1/3 取用；

β_h——混凝土面层厚度大于或小于 0.22m 时的温度梯度厚度修正系数，按式(A.4)计算；

ε_∞——无约束条件下混凝土的最大干缩应变，可近似按式(A.5)计算；

a_1——养生条件系数，水中或盖麻布养生时，$a_1=1.0$，采用养生剂养生时，$a_1=1.2$；

w_0——混凝土单位用水量(N/m^3)；

k_1——与气候区和最小空气湿度有关的系数，美国将全国按照冰冻和干湿划分为四个区，每个区推荐了 k_1 值，但中国分区的方法和指标与美国不同，近似地，将我国公路自然区划 II、IV 和 V 区划为潮湿区，$k_1=0.4$，将 III、VI 和 VII 区划为干冻区，$k_1=0.68$；

C——翘曲应力系数，按下式计算

$$C = 1 - \frac{\sinh t \cos t + \cosh t \sin t}{\cos t \sin t + \sinh t \cosh t} \tag{A.10}$$

$$t = 1.29/r \tag{A.11}$$

r——面层板的相对刚性半径(m)；

σ_{cg}——混凝土与钢筋间的最大黏结应力，可近似按式(A.6)计算；

c_1——混凝土和钢筋之间的黏结-滑移系数，按式(A.7)计算，由于式中含有未知量 L_d，计算需采用迭代方式进行，先假设 $L_d=L_{ds}$，计算出 c_1 和相应的 L_d，如果 $|L_d-L_{ds}|<0.005$，计算结束，否则，令 $L_{ds}=L_d$，重复计算，直到满足相近的要求为止；

$\varepsilon_{t\zeta}$——钢筋埋置深度处的混凝土最大总应变，按式(A.8)计算；

ε_{sh}——无约束条件下钢筋埋置深度处混凝土干缩应变，可近似按式(A.9)计算；

φ_a——年平均空气相对湿度(以百分数计);

ΔT_ζ——钢筋埋置深度处混凝土温度与硬化时温度的最大温差(℃),可近似取为路面施工月份日最高气温的月平均值与一年中最冷月份日最低气温的月平均值之差,该值可查阅当地的气象资料确定,若进行路面设计时不能确定路面施工的月份,可近似取为一年中最热月份日最高气温的月平均值和最冷月份日最低气温的月平均值之差,该值也宜查阅当地的气象资料确定,若无气象资料,可根据当地所处的公路自然区划确定,对应于公路自然区划 II、III、IV、V、VI、VII,最大温差 ΔT_ζ变动范围为 30~50℃、35~40℃、15~30℃、20~35℃、40~60℃、25~40℃,当 ΔT_ζ超过 35℃时,建议春秋季施工或夜间施工,以降低混凝土硬化时的温度,控制横向裂缝缝隙宽度。

水泥混凝土强度和弹性模量经验参考值 表 A. 2

抗折强度(MPa)	1.5	2.0	2.5	3.0	3.5	4.0	4.5	5.0	5.5
抗压强度(MPa)	7	11	15	20	25	30	36	42	49
抗拉强度(MPa)	0.89	1.21	1.53	1.86	2.20	2.54	2.85	3.22	3.55
弹性模量(GPa)	15	18	21	23	25	27	29	31	33

混凝土面层与基层间摩阻系数经验参考值 表 A. 3

基层材料	取值范围	代表值
级配碎石、级配砾石或碎砾石	0.5~4.0	2.5
沥青混凝土、沥青碎石	2.5~15	7.5
无机结合料稳定粒料	3.5~13	8.9
贫混凝土、碾压混凝土	3.0~20	8.5

注:当基层不是沥青混合料,但基层与面层间设置沥青隔层时,摩阻系数按照沥青混合料基层时选取。

水泥混凝土线膨胀系数经验参考值 表 A. 4

粗集料类型	石英岩	砂岩	砾石	花岗岩	玄武岩	石灰岩
水泥混凝土线膨胀系数 (10^{-6}/℃)	12	12	11	10	9	7

A. 2. 2 横向裂缝缝隙平均宽度计算

纵向钢筋埋置深度处的横向裂缝缝隙平均宽度按式(A. 12)计算确定。

$$b_j = 1\,000 L_d \left(\varepsilon_{sh} + \alpha_c \Delta T_\zeta - \frac{c_2 f_t}{E_c} \right) \tag{A. 12}$$

$$c_2 = a + \frac{b}{17\,000 f_c} + 6.45 \times 10^{-4} \frac{c}{L_d^2} \tag{A.13}$$

$$a = 0.761 + 1\,770\varepsilon_{t\zeta} - 2 \times 10^6 \varepsilon_{t\zeta}^2 \tag{A.14}$$

$$b = 9 \times 10^8 \varepsilon_{t\zeta} + 149\,000 \tag{A.15}$$

$$c = 3 \times 10^9 \varepsilon_{t\zeta}^2 - 5 \times 10^6 \varepsilon_{t\zeta} + 2\,020 \tag{A.16}$$

式中：b_j——钢筋埋置深度处的横向裂缝缝隙平均宽度(mm)；

c_2——与混凝土和钢筋之间的黏结-滑移特性有关的系数，按式(A.13)计算；

其他参数的含义与计算裂缝间距时相同。

A.2.3 纵向钢筋应力计算

裂缝处纵向钢筋应力按式(A.17)计算确定。

$$\sigma_s = 2f_t \frac{E_s}{E_c} - E_s[\Delta T_\zeta(\alpha_c - \alpha_s) + \varepsilon_{sh}] + \frac{0.234 f_c L_d}{d_s c_1} \tag{A.17}$$

式中：σ_s——裂缝处钢筋应力(MPa)；

E_s——钢筋弹性模量(MPa)，按表A.1取值。

α_s——钢筋的线膨胀系数，通常 $\alpha_s = 9 \times 10^{-6}/℃$；

其他参数的含义与计算裂缝间距时相同。

A.2.4 纵向配筋率计算步骤

纵向配筋率计算包括以下4个步骤。

(1)初拟配筋率 ρ，按式(A.1)计算横向裂缝平均间距 L_d。当 $L_d > 1.8$m时，应增大配筋率，重复上述计算至符合要求。

(2)按式(A.12)计算裂缝缝隙平均宽度 b_j。当 $b_j \leqslant 0.5$mm时，满足要求；否则应增大配筋率，重复上述计算至符合要求。

(3)按式(A.17)计算钢筋应力 σ_s。当 σ_s 不大于钢筋屈服强度时，满足要求；否则应增大配筋率，重复上述计算至符合要求。

(4)综合上述3项计算结果，最终确定配筋率，并进一步确定钢筋根数。在满足纵向钢筋间距要求的条件下，宜选用直径较小的钢筋。

A.3 连续配筋混凝土面层纵向配筋计算示例

公路自然区划III区新建一条一级公路，重交通荷载等级，选用连续配筋混凝土面层厚0.26m。路基土为黏土，基层采用厚0.18m的水泥稳定碎石。

(1)计算参数

混凝土抗折强度为5.0MPa，查表A.2，混凝土抗压强度 f_c=42MPa，混凝土抗拉强度 f_t=3.22MPa。混凝土泊松比 v_c=0.15，混凝土重度 r_c=0.024MN/m^3，混凝土线膨胀系数 $\alpha_c=1.1\times10^{-5}/℃$。查表A.3，混凝土面层与基层间摩擦阻力系数 $\mu=7.5$。

取公路自然区划III区的最大正温度梯度为92℃/m，最大负温度梯度按1/3正温度梯度取值，$T_g=-92/3$℃/m$=-30.7$℃/m。公路自然区划III区，k_1=0.68。年平均空气相对湿度 φ_a=40%，钢筋埋置处混凝土温度与硬化时温度的最大温差 ΔT_ζ= 35℃。

混凝土水灰比0.4，混凝土用水量 w_0 = 1 400 N/m^3。采用盖麻布养生，a_1=1.0。

纵向钢筋选用HRB335钢筋，设配筋率 ρ=0.75%，钢筋的埋置深度 ζ= 0.10 m，钢筋直径 d_s=16mm，钢筋的线膨胀系数 $\alpha_s=9\times10^{-6}/℃$。按表A.1，取钢筋的弹性模量 E_s=200 000MPa，钢筋屈服强度 f_{sy}= 335MPa。

(2)计算横向裂缝间距

$$
\begin{aligned}
\varepsilon_\infty &= a_1\times(1.51\times10^{-4}w_0{}^{2.1}f_c{}^{-0.28}+270)\times10^{-6}\\
&=1.0\times(1.51\times10^{-4}\times1\,400^{2.1}\times40^{-0.28}+270)\times10^{-6}\\
&=4.845\times10^{-4}
\end{aligned}
$$

$$
\begin{aligned}
\varepsilon_{sh} &=\varepsilon_\infty(1-\varphi_a^3)=4.845\times10^{-4}\times(1-40^3\times10^{-6})\\
&=4.535\times10^{-4}
\end{aligned}
$$

$$
\begin{aligned}
\varepsilon_{t\zeta} &=\alpha_c\Delta T_\zeta+\varepsilon_{sh}=1.1\times10^{-5}\times35+4.534\times10^{-4}\\
&=8.385\times10^{-4}
\end{aligned}
$$

$$
\begin{aligned}
\beta_h &=4.81h_c^2-5.42h_c+1.96\\
&=4.81\times0.26^2-5.42\times0.26+1.96=0.876
\end{aligned}
$$

$$
\begin{aligned}
\varepsilon_{td} &=-\alpha_c h_c\beta_h T_g+\varepsilon_\infty(0.245e^{-5.3k_1h_c})\\
&=-1.1\times10^{-5}\times0.26\times0.876\times(-30.7)+4.845\times\\
&\quad 10^{-4}(0.245e^{-5.3\times0.68\times0.26})\\
&=7.69\times10^{-5}+4.845\times10^{-4}\times0.096\\
&=1.234\times10^{-4}
\end{aligned}
$$

$$
\sigma_0=\frac{E_c\varepsilon_{td}}{2(1-v_c)}=\frac{31\,000\times1.234\times10^{-4}}{2\times(1-0.15)}=2.250\text{ MPa}
$$

混凝土板相对刚度半径 r = 0.870 m，计算得到翘曲应力系数 C= 0.494。

设平均裂缝间距初始值为0.7 m，经迭代计算得到 c_1 = 1.148，根据式(A.1)

计算得到 $L_d = 0.722\ \text{m} \approx 0.72\text{m}$(小于裂缝平均间距 1.80m 的要求)。

(3)计算横向裂缝平均缝隙宽度

$$b = 9 \times 10^8 \varepsilon_{t\zeta} + 149\,000$$
$$= 9 \times 10^8 \times 8.385 \times 10^{-4} + 149\,000$$
$$= 903\,650\ \text{mm}$$
$$c = 3 \times 10^9 \varepsilon_{t\zeta}^2 - 5 \times 10^6 \varepsilon_{t\zeta} + 2\,020$$
$$= 3 \times 10^9 \times (8.385 \times 10^{-4})^2 - 5 \times 10^6 \times 8.385 \times 10^{-4} + 2\,020$$
$$= -63.253\ \text{mm}$$
$$c_2 = a + \frac{b}{17\,000 f_c} + 6.45 \times 10^{-4} \frac{c}{L_d^2}$$
$$= 0.839 + \frac{903\,650}{17\,000 \times 42} + 6.45 \times 10^{-4} \times \frac{-63.253}{0.722^2} = 2.026\ \text{mm}$$
$$b_j = 1\,000 L_d \left(\varepsilon_{sh} + \alpha_c \Delta T_\zeta - \frac{c_2 f_t}{E_c} \right)$$
$$= 1\,000 \times 0.722 \times \left(4.535 \times 10^{-4} + 1.1 \times 10^{-5} \times 35 - \frac{2.026 \times 3.22}{31\,000} \right)$$
$$= 0.453\ \text{mm} \approx 0.45\text{mm}$$(小于缝隙平宽度 0.50mm 的要求)

(4)计算裂缝处纵向钢筋应力

$$\sigma_s = 2 f_t \frac{E_s}{E_c} - E_s [\Delta T_\zeta (\alpha_c - \alpha_s) + \varepsilon_{sh}] + \frac{0.234 f_c L_d}{d_s c_1}$$
$$\sigma_s = 2 \times 3.22 \times \frac{200\,000}{31\,000} - 200\,000 \times [35 \times (1.1 \times 10^{-5} - 9 \times 10^{-6}) + 4.535 \times 10^{-4}] + \frac{0.234 \times 42 \times 0.722}{0.016 \times 1.148}$$
$$= 323.162 \approx 323.16\text{MPa}$$(小于钢筋屈服强度 335MPa)

计算结果满足裂缝宽度、裂缝间距和裂缝处钢筋的应力三方面的要求,因此初拟的纵向钢筋配筋率是合适的。

(5)计算钢筋间距或根数

钢筋间距为:

$$\frac{\pi d_s^2}{4 \rho h_c} = \frac{\pi \times 0.016^2}{4 \times 0.007\,5 \times 0.26} = 0.103\ \text{m}$$

或每延米纵向钢筋根数为:

$$1/0.103 = 9.7 \approx 10\ \text{根}$$

附录B 气象数据

山东省月平均温度(1971～2000年)标准值 表B.1

月	成山头(0.1℃)	济南(0.1℃)	潍坊(0.1℃)
1	−4	−4	−29
2	0	22	−5
3	34	82	55
4	84	161	131
5	134	218	189
6	180	263	237
7	215	275	261
8	235	263	252
9	213	220	205
10	160	161	142
11	91	83	63
12	27	18	−3

山东省月平均湿度(1971～2000年)标准值 表B.2

月	成山头(%)	济南(%)	潍坊(%)
1	63	53	63
2	65	50	60
3	70	47	58
4	73	46	58
5	77	50	62
6	87	55	66
7	94	72	80
8	89	75	81
9	73	64	73
10	64	58	69
11	64	56	67
12	63	55	64

参考文献

[1] 曹东伟,胡长顺. CRCP 混凝土温度松弛应力分析. 中国公路学报,2001,14(1):1-4.

[2] 曹东伟, 胡长顺. 连续配筋混凝土路面温度应力分析. 西安公路交通大学学报, 2001, 21 (2): 4-8.

[3] 曹东伟. 连续配筋混凝土路面结构研究. 西安:长安大学,2001.

[4] 曹东伟, 胡长顺. 受地基约束时的连续配筋混凝土路面温度应力分析//第九届全国结构工程学术会议论文集. 工程力学:增刊,2000.

[5] 曹东伟,胡长顺. 考虑地基-混凝土非线性相互作用关系的 CRCP 端部锚固力计算方法. 长安大学学报:自然科学版,2002,22(2):1-5.

[6] 曹东伟,胡长顺. 连续配筋混凝土路面端部锚固力计算方法. 西安建筑科技大学学报,2000,32(3):300-303.

[7] 曹东伟,景彦平,等. CRCP 施工技术研究. 公路交通科技,19(5):55-58.

[8] 曹东伟,胡长顺. 连续配筋混凝土路面裂缝间距的可靠性分析. 交通运输工程学报,2001,1(3):40-44.

[9] 曹东伟, 王秉纲,等. 连续配筋混凝土路面的配筋设计方法. 公路,2001(12):13-16.

[10] 长安大学,等. 道路水泥混凝土组成设计研究(分报告之九)——道路水泥混凝土早期收缩及开裂性能研究. 西安:长安大学,2008.

[11] 陈江. 连续配筋混凝土配合比设计方法及施工技术研究. 西安:长安大学,2010.

[12] 陈云鹤,庞有师,邓学钧. 连续配筋混凝土路面结构总应力的计算方法. 华东公路,2000(5):45-46.

[13] 陈云鹤, 邓学钧, 周早生. 连续配筋混凝土路面温度应力的弹性解. 应用力学学报,2000,17(4):76-80.

[14] 陈云鹤, 邓学钧等. 连续配筋混凝土路面早期裂缝宽度分析. 中国公路学报:增刊,1998(11):37-42.

[15] 查旭东,张起森,等. 高速公路连续配筋混凝土路面施工技术研究. 中外公路,2003,23(1):1-4.

[16] 查旭东. 连续配筋混凝土路面横向开裂发展规律. 交通运输工程学报,2008,8(2):65-68.

[17] 邓学钧, 陈荣生. 刚性路面设计. 北京:人民交通出版社,1990.

[18] 丁润铎. 连续配筋混凝土基层结构设计方法研究. 西安:长安大学,2006.

[19] 傅智. 配合比参数对滑模混凝土路面变形性能的影响. 公路交通科技,1997

(12):1-5.
[20] 蒲俊,吉家峰,伊良忠. MATLAB6.0 数学手册. 上海:浦东电子出版社,2002.
[21] 巨锁基, 李宇峙. 局部脱空条件下 CRCP 荷载应力分析. 公路交通科技,2005,22(5): 20-25.
[22] 高英,黄晓明,陈锋锋. 基于可靠度的连续配筋混凝土路面配筋率设计方法. 东南大学学报:自然科学版,2009,39(4):835-839.
[23] 顾星宇,董乔,倪富健. 连续配筋水泥混凝土路面裂缝发展规律研究. 公路交通科技,2007,24(6):37-45.
[24] 顾晓鲁, 钱鸿缙, 刘惠珊,等. 地基与基础. 北京:中国建筑工业出版社,2005.
[25] 郭明洋. 道路工程水泥混凝土材料抗冻耐久性研究. 北京:北京工业大学,2008.
[26] 韩以谦,李成才. 以抗折强度为指标的水泥混凝土配合比设计方法. 混凝土与水泥制品,1989,15(6):7-11.
[27] 何锦云, 李瑞,王景, 王继宗. 砂率对混凝土和易性及强度影响的试验研究. 河北建筑科技学院学报,2002, 19(4):27-29.
[28] 胡长顺,曹东伟,张洪亮,等. 连续配筋混凝土路面设计理论与方法研究: 国家自然科学基金项目结题报告,长安大学,2000.
[29] 胡长顺, 李成才,等. 连续配筋混凝土路面试验路研究. 公路,2001,(7):28-32.
[30] 胡长顺, 曹东伟. 连续配筋混凝土路面结构设计理论与方法研究. 交通运输工程学报,2001,1(2):57-62.
[31] 洪毓康. 土质与土力学. 北京:人民交通出版社,1987
[32] 黄晓明, 唐益民,等. 连续配筋混凝土路面端部锚固原理研究. 东南大学学报,1996,26(4):106-110.
[33] 黄颖星.水泥砂浆与混凝土干缩相关性研究.南京: 南京工业大学, 2006.
[34] 刘金砺.群桩横向承载力的分项综合效应系数计算法. 岩土工程学报,1992,14(3): 9-19.
[35] 凌治平. 基础工程. 北京:人民交通出版社,1997.
[36] 李坚.水灰比对水泥混凝土各力学指标影响的试验研究.长春:吉林大学,2008.
[37] 李卓, 查旭东, 张起森. 连续配筋混凝土路面早期横向开裂分析. 中外公路,2003,23(2):26-28.
[38] 李兴翠, 邓德华, 何富强. 混凝土中含气量影响因素的研究. 低温建筑技术, 2004 (6):3-4.

[39] 李文科. 连续配筋混凝土复合式路面(CRC+AC)层间结合与施工关键技术研究. 长沙:长沙理工大学, 2009.
[40] 刘文, 凌建明, 赵鸿铎. 考虑接缝影响的机场水泥混凝土道面结构响应. 公路交通科技, 2007, 24(12):15-23.
[41] 刘朝晖,林佛光,华正良. 连续配筋混凝土复合式沥青路面温度应力分析. 交通科学与工程,2009,25(1):5-9.
[42] 刘朝晖,郑建龙,华正良. CRC+AC 刚柔复合式路面结构与工程应用. 公路交通科技,2008,25(12):59-64.
[43] 刘太军. 粗集料对道路水泥混凝土路用性能的影响研究. 西安:长安大学, 2007.
[44] 刘寒冰, 张云龙, 魏志刚. 连续配筋混凝土路面早期裂缝. 交通运输工程学报,2008,8(2):59-64.
[45] 刘贺, 付智. 含气量对混凝土性能影响的试验研究. 公路交通科技:学术版, 2009,26(7):38-43.
[46] 吕丽华. 引气剂对混凝土干缩趋势的影响. 东北林业大学学报, 2007,35(12):48-49.
[47] 长安大学. 连续配筋混凝土加铺层结构研究. 西安:长安大学,2003.
[48] 马庆雷. 基于刚性基层的沥青路面结构研究. 西安:长安大学,2006.
[49] 马保国. 掺高效减水剂水泥砂浆的早期开裂研究. 建筑材料学报, 2005,8(6):593-598.
[50] 倪富健,卢杨,董乔,等. 沥青混凝土与连续配筋混凝土复合式路面承载力分析. 交通运输工程学报,2007,7(1):43-48.
[51] 欧洲混凝土委员会. CEB 耐久性混凝土结构设计指南. 北京:中国建筑工业出版社,1989.
[52] 彭文俊, 黄晓明. 利用 FWD 弯沉数据进行模量正算的研究. 中外公路, 2004, 24(1):79-81
[53] 曲双石,王会娟. Monte Carlo 方法及其应用. 统计教育,2009,112(1):45-55
[54] 钱家欢, 殷宗泽. 土工原理与计算. 北京:中国水利水电出版社,1996
[55] 任峰. 集料对混凝土影响性能的试验研究. 大连: 大连理工大学, 2007.
[56] 宋开伟. 粗集料对混凝土抗折强度影响的研究. 重庆: 重庆大学, 2005.
[57] 宋柳. 车辆荷载、温度梯度和湿度梯度综合作用下 CRCP 结构应力分析. 西安:长安大学,2010.
[58] 申爱琴. 水泥与水泥混凝土. 北京:人民交通出版社,2000.
[59] 苏清贵, 张起森. 连续配筋混凝土路面的端部位移. 中外公路,2002,22(3):19-21.
[60] 孙祥,徐流美,吴清. Matlab7.0 基层教程. 北京:清华大学出版社,2005.

[61] 邵容光. 结构设计原理. 北京:人民交通出版社,1995.
[62] 田寅春,胡长顺,等. 连续配筋混凝土路面荷载应力分析. 西安公路交通大学学报,2000,20(3):9-13.
[63] 田寅春. 连续配筋混凝土路面设计理论与方法研究. 西安:西安公路交通大学,1999.
[64] 唐益民,黄晓明,邓学钧. 连续配筋水泥混凝土路面荷载应力分析. 岩土工程学报,1996,18(6):88-95.
[65] 王虎,胡长顺,王秉纲. 连续配筋混凝土路面在横向荷载作用下的解析解. 西安公路交通大学学报,1999,19(4):1-5,21.
[66] 王虎. 连续配筋混凝土路面静动力学计算与分析. 西安:长安大学,2001.
[67] 王虎,胡长顺,王秉纲. 简支梁梁桥端处桥面连续铺装层结构计算分析. 西安公路交通大学学报,2000,20(4):4-6.
[68] 王虎,胡长顺,王秉纲. 连续配筋混凝土路面荷载应力精确解. 中国公路学报,2000,13(2):3-6.
[69] 王虎,胡长顺,王秉纲. 连续配筋混凝土路面动荷响应分析. 工程力学,2001,18(5):119-126.
[70] 王卫中,冯忠绪. 新拌混凝土含气量影响因素. 长安大学学报:自然科学版,2009,29(3):107-110.
[71] 王铁成,赵会强,戎贤. 连续配筋混凝土机场道面节点的动载响应分析. 河北工业大学学报,2005,34(6):76-81.
[72] 王衍辉. 连续配筋混凝土路面横向裂缝分布预估研究. 西安:长安大学,2010.
[73] 王正林,龚纯,何倩. 精通 MATLAB 科学计算. 北京:电子工业出版社,2008.
[74] 吴政. 大砂率对混凝土力学特性的影响. 水电工程研究,1998,(2):7-14.
[75] 肖秋明,查旭东,张起森. 连续配筋混凝土路面一维非线性力学分析. 长沙交通学院学报,2004,20(3):20-26.
[76] 肖秋明. 连续配筋混凝土路面宽翼缘工字梁接缝损坏原因分析. 中外公路,2005,25(6):30-32.
[77] 肖秋明,王文强. 基于可拓方法的连续配筋混凝土路面裂缝宽度评价. 铁道科学与工程学报,2006,3(1):87-91.
[78] 肖瑞敏,张雄,张小伟,等. 混凝土配合比对其干缩性能的影响. 混凝土,2003,(7):38-40.
[79] 徐和、徐敏若、郑春生. 单桩横向承载力试验研究. 岩土工程学报,1992,14(3):20-25.
[80] 徐钟济. 蒙特卡罗方法. 上海:上海科学技术出版社,1985.

[81] 熊建平. 基于系统论的道路混凝土多指标组成设计方法. 西安:长安大学,2008.

[82] 阳宏毅. 连续配筋混凝土复合式路面层间应力分析与结合技术研究. 长沙:长沙理工大学,2005.

[83] 杨医博,文梓芸. 高效减水剂对砂浆干燥收缩性能的影响. 建筑材料学报,2002 (4):336-341.

[84] 杨利民. 外加剂对胶砂和混凝土收缩性能影响的试验. 西安:西安建筑科技大学,2006.

[85] 杨全兵,黄士元. 对混凝土结构抗冻融及盐冻侵蚀耐久性设计的建议. 混凝土结构耐久性设计与施工——土建结构工程安全性与耐久性科技论坛论文集,2001.

[86] 殷宗泽,朱泓,等. 土与结构材料接触面的变形及数学模拟. 岩土工程学程,1994,16(3):14-22.

[87] 张洪亮,胡长顺. 连续配筋混凝土路面端部锚固力研究. 重庆交通学院学报,2002,21(1):30-33.

[88] 张洪亮,胡长顺. 连续配筋混凝土路面矩形地梁锚固有限元分析. 长安大学学报:自然科学版,2002,22(3):1-5.

[89] 张洪亮. 连续配筋混凝土路面端部锚固结构研究. 西安:长安大学,2000.

[90] 张洪亮,方锐. 连续配筋混凝土路面混凝土灌注桩锚固分析. 路基工程,2009,(4):7-8.

[91] 张洪亮,王秉纲. 连续配筋混凝土路面设计与施工技术. 重庆交通大学学报:自然科学版,2008,27(5):722-728.

[92] 张哲. 道路混凝土早期收缩及开裂性能研究. 西安: 长安大学,2008.

[93] 周正峰,凌建明,袁捷. 机场水泥混凝土道面接缝传荷能力分析. 土木工程学报,2009,42(2):112-118

[94] 钟春玲,刘寒冰,张云龙等. 考虑地基摩阻作用的 CRCP 温度应力非线性分析. 吉林大学学报:工学版(增刊),2008,38:74-79.

[95] 中国工程院土木水泥与建筑学部工程结构安全性与耐久性研究咨询项目组. 混凝土结构物耐久性设计与施工指南. 北京:中国建筑工业出版社,2004.

[96] 左惠. 水泥的技术性质对道路水泥混凝土路用性能的影响研究. 西安:长安大学,2008.

[97] 左志武,张洪亮,陈江. 连续配筋混凝土路面性能参数影响的试验. 长安大学学报:自然科学版,2010,30(1):23-29.

[98] 左志武,张洪亮,王衍辉. 连续配筋混凝土路面早期力学响应现场测试与分析. 中国公路学报,2010,23(3):22-28.

[99] 左志武. 连续配筋混凝土路面横向裂缝分布和冲断预估研究. 西安:长安大

学,2010.

[100] 中华人民共和国行业标准. JGJ 55—2000 普通混凝土配合比设计技术规程. 北京:中国建筑工业出版社. 2000.

[101] 中华人民共和国行业标准. JTG F30—2003 公路水泥混凝土路面施工技术规范. 北京:人民交通出版社. 2003.

[102] 中华人民共和国行业标准. JTG D40—2002 公路水泥混凝土路面设计规范. 北京:人民交通出版社. 2002.

[103] 中华人民共和国行业标准. JTG E30—2005 公路工程水泥及水泥混凝土试验规程. 北京:人民交通出版社. 2005.

[104] J. M. 格雷戈里. 连续配筋混凝土路面. 交通部公路规划设计院,译,1986.

[105] Hanselman D., Littlefield B. 精通 Matlab7. 0. 朱仁峰,译. 北京:清华大学出版社,2006.

[106] Abrams, D. A.. Design of concrete mixtures. Lewis Institute, Structural Materials Research Laboratory, Bulletin No. 1, PCA LS001, Chicago, 1918.

[107] ACI Committee 211. Standard practice for selecting proportions for normal, heavyweight and mass concrete. American Concrete Institute, Farmington Hills, Michigan, 1991.

[108] ACI Committee 221. Guide for use of normal weight aggregates in concret. American Concrete Institute, Farmington Hills, Michigan, 1996.

[109] ACI Committee 211. Guide for selecting proportions for no-slump concrete. ACI 211.

[110] Bates A. A., Woods H., Tyler I. L., et al. Rigid-type pavement. Association of Highway Officials of the North Atlantic States. 28th Annual Convention Proceedings, 1952: 164-200.

[111] Beyer F. R.. Stresses in reinforced concrete due to volume changes. Journal Proceedings, 1949, 45(6):713-722.

[112] Brooks J. J.. How admixtures affect shrinkage and creep. Concrete International, 1999, 21(4): 35-38.

[113] Buch N. J.. Development of empirical-mechanical based faulting models in the design of plain jointed concrete pavements. Ph. D. Dissertation, Texas A&M University, 1995.

[114] Carrol L. Concrete paving in the U K (one contractor's experience and approach since 1983). 6th International Symposium on Concrete Roads, Madrid, 1990: 8-10.

[115] Cho Y. H., Dossey T., cCullough B. F.. Early age performance of

CRCP with different types of aggregate. Transportation Research Record, 1997, 1568: 35-43.

[116] Colley B. E., Humphrey H. A.. Aggregate interlock at joints in concrete pavements. Highway Research Record, 1967.

[117] Cordon W. A.. Entrained air-A factor in the design of concrete mixes. Materials Laboratories Report No. C-310, Research and Geology Division, Bureau of Reclamation, Denver, 1946.

[118] Crassous J., Charlaix E., Gayvallet H., Loubet J. L.. Experimental study of anemometric liquied bridge with a surface force apparatus, Langmuir,1995～1998(8).

[119] Darter M. L., LaCourseiere S. A., Smiley S. A.. Field performance of continuously reinforced concrete pavement in Illinois. Transportation Research Record, 1999, 1568: 44-50.

[120] Darter, M. I.. Report on the 1992 U. S. tour of European concrete highways. Report FHWA-SA-93-012, Federal Highway Administration, Washington, D. C., 1992.

[121] Darter, M. I.. CRCP distress study on I-77 Fairfield and Chester Counties, South Carolina. ERES Consultants, Inc., Champaign, IL, 1988.

[122] Dossey T., McCullough B. F.. Characterization of concrete properties with age. Report No. 1244-2, Center for transportation research, University of Texas at Austin., 1991.

[123] Duracrete team. General guidelines for durability design and redesign. 2000.

[124] Folliard K. J., Whitney D. P., et al. Fibers in continuously reinforced concrete pavements: a summary. Report 0-4392-S, Center for Transportation Research, the University of Texas at Austin, 2006.

[125] Garboczi E. J., Bentz D. P.. Analytical formulas for interfacial transition zone properties. Journal of Advanced Cement-Based Materials, 1997, (6): 99-108.

[126] Gilkey H. J.. Re-proportioning of concrete mixtures for air entrainment. Journal of the American Concrete Institute, 1958, 54(2). 633-645.

[127] Gregory J. M., Burke A. E.. Continuously reinforced concrete pavements: a report of the study group. Transportation Research Record, 1974, 612.

[128] Gharaibeh N. G., Darter M. I., Heckel L. B.. Field performance of continuously reinforced concrete pavement in Illinois. Report IHR-540,

Illinois cooperative highway research program, 1999.

[129] Gharaibeh N. G., Darter M. I., Heckel L. B.. Field performance of CRCP in Illinois. Report FHWA-IL-UI-268, Illinois Department of Transportation, 1999.

[130] Glisic B, Simon N. Monitoring of concrete at very early age using stiff SOFO sensor. Cement and Concrete Composites, 2000, 22: 115-119.

[131] Guide specifications for highway construction. USA, 1998.

[132] Hawks N. F., Teng T. P.. Distress identification manual for the long-term pavement performance program. Report SHRP-P-338, Washington D. C., 1993.

[133] Hall K. T., Darter M. I., Hoerner T. E., Khazanovich L. LTPP data analysis-phase I: validation of guidelines for k-value selection and concrete pavement performance prediction. Technical Report FHWA-RD-96-198, Federal Highway Administration, McLean, VA., 1997.

[134] Haque M. E., Zamen M., Soltani A. A.. Cracking characteristics of model continuously reinforced concrete pavements. Transportation Research Record, 1998, 1629: 90-98.

[135] Heckel L.. Performance problems of open-graded drainage layers under continuously reinforced concrete pavements in Illinois. Transportation Research Record, 1997,1596: 51-57.

[136] Hover K.. Graphical approach to mixture proportioning by ACI 211. 1-91. Concrete International, 1995,17(9):49-53.

[137] Ioannides A. M. Dimensional analysis in NDT rigid pavement evaluation. Journal of Transportation Engineering. 1990, 116(1):23-36.

[138] Hughes B. P. A new look at rigid concrete pavement design. Proceedings of the institution of civil engineers. 2003,156(1): 29-36.

[139] Jeong J. H., Zollinger D. G.. Characterization of stiffness parameters in design of continuously reinforced and jointed pavements. Transportation Research Record, 2001, 1778: 54-63.

[140] Jimenez M., McCullough B. F., Hankins K.. Monitoring of siliceous river gravel and limestone 2 years after placement, and development of a crack width model for the CRCP-7 model. CTR Research report 1244-4. University of Texas at Austin, March 1992.

[141] Johunston D. P., Surdahl R. W.. Effects of base type on modeling long-term pavement performance of continuously reinforced concrete sections. Transportation Research Record, 2006,1979, 93-101.

[142] Klieger P. Extensions to the long-time study of cement performance in concrete. Research Department Bulletin RX157, Portland Cement Association, 1963.

[143] Kohler E. ,R Roesler J. R. Non-destructive testing for crack width and variability on continuously reinforced concrete pavements. TRB 2006 Annual Meeting CD-ROM, TRB, National Research Council, 2006.

[144] Kohler E. R. , Roesler J. R.. Crack width measurements in continuously reinforced concrete pavements. Journal of Transportation Engineering, 2005, 131(9): 645-652.

[145] Kohler E. R, Roesler J. R. Active crack control for continuously reinforced concrete pavements. TRB 2004 Annual Meeting CD-ROM, TRB, National Research Council, Washington D. C. , 2004.

[146] Kosmatka S. , Kerkhoff B. , Panarese W. Design and Control of Concrete Mixtures. Portland Cement Association, Skoie, Illinois, 2003.

[147] Kim S. M. , Won M. C. , McCullough B. F.. Development of a finite element program for continuously reinforced concrete pavements. Report No. 1758-s, Center for transportation research, University of Texas at Austin. , 1997.

[148] Kim S. M. , Won M. C. , McCullough B. F.. Numerical modeling of continuously reinforced concrete pavement subjected to environmental loads. Transportation Research Record, 1998, 1629: 76-89.

[149] Kim S. M. , Won M. C. , McCullough B. F.. CRCP-9: Improved computer program for mechanistic analysis of continuously reinforced concrete pavements. Report No. 1831-2, Center for TransportationResearch, University of Texas at Austin. , 2001.

[150] Kim S. M. , Won M. C. , McCullough B. F.. CRCP-9 computer program user's guide. Report No. 1831-3, Center for Transportation Research, University of Texas at Austin. , 2001.

[151] Kim S. M. , Won M. C. , McCullough B. F.. Three-dimensional nonlinear finite element analysis of continuously reinforced concrete pavements. 1831-1, Center for Transportation Research, University of Texas at Austin. , 2000.

[152] Kim S. M. , Won M. C. , McCullough B. F.. Three-dimensional analysis of continuously reinforced concrete pavements. Transportation Research Record, 2000, 1730: 43-52.

[153] Kim S. M. , Won M. C. , McCullough B. F.. Mechanistic modeling of

continuously reinforced concrete pavement. ACI Structural Journal, 2003, 100(5): 674-682.

[154] Khazanovich L., Selezneva O. I., et al. Development of rapid solution for prediction of critical continuously reinforced concrete pavement stress. Transportation Research Record, 2001, 1778: 54-72.

[155] Kretsinger, D. G., Effect of entrained air on expansion of mortar due to alkali aggregate reaction. Materials Laboratories Report No. C- 425, Research and Geology Division, U. S. Bureau of Reclamation, Denver, 1949.

[156] LaCoureiere S. A., Darter M. I., Smiley S. A.. Structural distress mechanisms in continuously reinforced concrete pavement. Transportation Engineering Series No. 20, University of Illinois at Urbana-Champaign, 1978.

[157] Lerch W. Basic principles of air-entrained concrete. Portland Cement Association, 1960.

[158] McCullough B. F., Moody E. D.. Development of load transfer coefficients for use with the AASHTO guide based on field measurement. Proceedings, 5th International conference on concrete pavement design and rehabilitation, 1993.

[159] McCullough B. F., Zollinger D. G., Dossey T. Evaluation of the performance of Texas pavements made with different coarse aggregates. Research Report 3925-1, Center for Transportation Research, The University of Texas at Austin, 1999.

[160] McCullough B. F., Dossey T.. Controlling early-age cracking in continuously reinforced concrete pavement: observations from 12 years of monitoring experimental test sections in Houston, Texas. Transportation Research Record, 1999, 1684: 35-43.

[161] McCullough B. F., Ayyash A. A., Hudson W R., et al. Design of continuously reinforced concrete pavements for highways. Report No. 1-15, Center for Transportation Research, University of Texas at Austin., 1975.

[162] McCullough B. F., Dossey T. C.. Considerations for high-performance concrete paving: recommendations from 20 years of field experience in Texas. Transportation Research Record, 1999, 1684: 17-24.

[163] Nam J. H., Kim S. M., Won M. C.. Measurement and analysis of early-age concrete strains and stresses in continuously reinforced concrete

pavement under environmental loading. Transportation Research Record, 2006, 1947: 79-90.

[164] NCHRP 1-37A. Guide for mechanistic-empirical design of new and rehabilitated structures. Final Report. 2004.

[165] Nishizawa T., Shimeno S., et al. Study on thermal stresses in continuously reinforced concrete pavement. Transportation Research Record, 1998, 1629: 99-107.

[166] Pinto R. C. A., Hover K. C.. Frost and Scaling Resistance of High-Strength Concrete. Research and Development Bulletin RD122, Portland Cement Association, 2001.

[167] Roesler J. R., Popovics J. S., et al. Longitudinal cracking distress on continuously reinforced concrete pavements in Illinois. Journal of Performance of Constructed Facilities, 2005, 19(4): 331-338.

[168] Reis E. E., Mozer A. C., et al. Causes and control of cracking in concrete reinforced with high-strength steel bars - a review of research. Engineering Experiment Station Bulletin 479, College of Engineering, University of Illinois, 2000.

[169] Selezneva, O. I., Darter M. I., Zollinger D. G., Shoukry S.. Characterization of transverse cracking spatial variability: using of LTPP Data for CRCP design. Transportation Research Record, 2003, 1849: 147-155.

[170] Selezneva O. I., Zollinger D. G., Darter M. I. Mechanistic analysis of factors leading to punchout development for improved CRCP design procedures. Proceedings of the 5th international conference on concrete pavements, Orlando, FL, 2001.

[171] Selezneva O. I, Rao C., et al. Development of a mechanistic-empirical structural design procedure for continuously reinforced concrete pavements. TRB 2004 Annual Meeting CD-ROM, TRB, National Council, Wasington, D. C., 2004.

[172] Simpson, A. L., Rauhut, J. B., Jordahl, P. R., et al. Sensitivity analysis for selected pavement distresses. Report ShRP-P-393, Strategic Highway Research Program, 1994.

[173] Suh Y. C., Hankins K.. Early-age behavior of continuously reinforced concrete pavement and calibration of the failure prediction model in the CRCP-7 Program. CTR Research Report 1244-3. University of Texas at Austin, March 1992.

[174] Schindler A. K., Henry C. P., McCullough B. F.. Validation of CRCP-8

to predict longterm transverse crack spacing distributions in continuously reinforced concrete pavements. TRB 2000 Annual Meeting CD-ROM, TRB, National Council, Wasington, D. C. , 2000.

[175] Sato R. , Hachiya Y. , Kawakami A. . Development of new design method for control of cracking in continuously reinforced concrete pavement. Proc. , 4th Int. Conf. Concrete Pavement Design and Rehabilitation, Purdue Univ. , West Lafayette, Ind, 1989.

[176] Tang T. , Zollinger D. G. , McCullough B. F. . Field tests and analysis of concrete pavements in Texarkana and L Porte, Texas. Research Report 1244-7, Texas Transportation Institute, Texas A&M University, College Station, TX. , 1996.

[177] Van W. A. J. , Lovell C. W. . Prediction of subbase erosion caused by pavement pumping. Transportation Research Record, 1986, 1099: 45-57.

[178] Van W. A. J. Rigid Pavement Pumping: (1)subbase erosion and (2)Economic modeling. Joint highway research project File 5-10. School of Civil Engineering, Purdue University, West Lafayette, Ind. , 1985.

[179] Whiting, D. , Dziedzic, W. . Effects of conventional and high-range water reducers on concrete properties. Research and Development Bulletin RD107, Portland Cement Association, 1992.

[180] Won, M. , Hankins K. , McCulluough B. F. . Mechanistic analysis of continuously reinforced concrete pavements considering material characteristics, variability and fatigue. Report No. 1169-2, Center for Transportation Research, University of Texas at Austin, April 1990.

[181] Won M. C. , Hankins K. , McCulough B. F. . Mechanistic analysis of continuously reinforced concrete pavements considering material characteristics, variability and fatigue. Report No. 1169-2, Center for Transportation Research, University of Texas at Austin. , 1991.

[182] Won M. C. , Dossey T. et al. CRCP-8 program user's guide. Center for Transportation Research, University of Texas at Austin. , 1995.

[183] Walton S. , Bradberry T. . Feasibility of a concrete pavement continuously reinforced. ConMat'05, Vancouver, Canada, 2005.

[184] Zhang H. , Wang Y. , Chen J. Early age performance of continuously reinforced concrete pavements with different design features in China. Proceeding of International Conference on Concrete Pavements, China, Research Institute of Highway of China, China Society of Pavement, International Society for Concrete Pavements, Haikou, 2009, 353-384.

[185] Zollinger D. G., Barenberg E. J. Continuously reinforced pavements: punchouts and other distresses and implications for design, project IHR-518, Illinois Cooperative Highway Research Program, university of Illinois at Urbana-Champaign, 1990.

[186] Zollinger, D. G., Buch N., Xin D., Soares J.. Performance of volume VI-continuously reinforced concrete pavement design, construction, and performance. Final report, FHWA-RD-98-102, PCS/Law Engineering, 1999.

[187] Zollinger D. G., Buch N., Xin D., Soares J.. Performance of continuously reinforced concrete pavements: Volume VII: summary. Final report, FHWA-RD-98-102, PCS/Law Engineering, 1999.

[188] Zuk W.. Analysis of special problems in continuously reinforced concrete pavements. Highway Research Board, Bull. 214, Highway Research Board, Washington, D. C., 1959: 1-21.